龙岩学院博士启动基金资助出版（LB2018006）

龙岩学院“奇迈书系”

金融机构视角下信用衍生品定价的再思考

陈艳声◎著

湖南师范大学出版社

图书在版编目(CIP)数据

金融机构视角下信用衍生品定价的再思考 / 陈艳声著. —长沙:湖南师范大学出版社, 2019. 12

ISBN 978 - 7 - 5648 - 3746 - 4

Ⅰ. ①金…　Ⅱ. ①陈…　Ⅲ. ①金融衍生产品—定价—研究　Ⅳ. ①F830. 95

中国版本图书馆 CIP 数据核字(2019)第 277857 号

金融机构视角下信用衍生品定价的再思考

Jinrong Jigou Shijiao Xia Xinyong Yanshengpin Dingjia de Zai Sikao

陈艳声　著

◇责任编辑:李健宁　江洪波
◇责任校对:蒋旭东
◇出版发行:湖南师范大学出版社
　地址/长沙市岳麓山　邮编/410081
　电话/0731 - 88873071　88873070　传真/0731 - 88872636
　网址/http://press. hunnu. edu. cn
◇经销:新华书店
◇印刷:湖南雅嘉彩色印刷有限公司
◇开本:710 mm × 1000 mm　1/16
◇印张:16
◇字数:300 千字
◇版次:2019 年 12 月第 1 版
◇印次:2019 年 12 月第 1 次印刷
◇书号:ISBN 978 - 7 - 5648 - 3746 - 4
◇定价:59. 00 元

本社购书热线:0731 - 88872256　88872636

投稿热线:0731 - 88872256　13975805626　QQ:1349748847

目 录

第一章
选题意义与本书架构

第一节　选题的意义和目的

2010 年,中债信用增进股份有限公司与中国工商银行签署贷款信用风险缓释合约,本金 5 亿元人民币,该合约是我国第一笔贷款信用风险缓释合约,标志着中国版信用违约互换(CDS,Credit Default Swaps)的诞生。随着中债 II 号、中债 III 号、中债 IV 号合约的签订,信用衍生品逐渐在中国市场落脚并获得关注。对于一个新的产品进入新的市场,我们往往会质疑它是否可以适应市场,关心如何监管新产品及相应新制度的运行。次贷危机以后,信用衍生品被认为是大规模杀伤性武器,在欧洲主权债务危机中推高了国债收益率和融资成本。然而 CDS 有四个方面功能是不可忽略的:首先,它能够促进市场监管,ISDA(国际掉期交易协会,International Swaps and Derivatives Association)在 2008 年之后出台了一些协定书,包括建立信用事件决定委员会,引入信用事件后的强制拍卖结算条款等标准化文件;其次,它具有违约事件的保险功能,例如,2008 年 CDS 的交易成功缓和了雷曼兄弟等大型金融机构信用事件冲击;再次,市场参与者仍然有大量的投资需求,虽然 2007 年以后全球 CDS 市场的名义规模已由 41.9 万亿美元大幅度缩小到 11.8 万亿美元,但是单名 CDS 的名义规模却有一定的增长①,可知信用衍生品的投资需求格局发生了改

① 数据来源:http://www.bis.org/statistics/.

变;最后,CDS 在金融创新中、信用管理上、系统性风险监测上都具有不可替代的作用①。因此,毫无疑问,信用衍生品的适当应用是利大于弊的。事实上,我国已经在应用信用衍生品,只是如何使用才是值得深入研究的。

信用衍生品的定价模型在整个世界范围内已经比较成熟且应用广泛,本书提出信用衍生品定价的新框架,立足点不在于质疑原有定价的合理性,而是基于次贷危机中信用衍生品定价可能存在的风险,在原有定价模型的基础上,为金融机构和监管机构的特定用途提出一个新的定价框架,用于参考。

一、金融机构视角下信用衍生品的定价风险

(一)信用衍生品定价的常规方法

信用衍生品是一种双边合同,目的在于转移、重组和置换信用风险。关于信用衍生品的相关定义和协议主要来源于 ISDA。国际掉期交易协会(International Swaps and Derivatives Association,ISDA)为非营利性组织,成立于 1985 年,在衍生商品品种、ISDA 法律文件、净额结算(netting)及担保品(Collateral)方面的法律意见以及风险管理具有显著的贡献。ISDA 下属部门信用衍生品决定委员会(The ISDA Credit Derivatives Determinations Committees,DCs)是关于信用衍生品相关国际协议制定的权威组织。目前市场上交易的具体的信用违约互换由该组织作出定义,同时该组织也制定相关条款及标准化交易文件②。此外,该组织为信用违约互换提供了一个标准的定价模型及源代码(ISDA CDS Standard Model),使用者可以通过输入具体的参数得到报价。③以下是一组测试数据:

表 1 - 1 ISDA CDS 定价模型的输入测试数据

Today	18 - Sep - 08	19 - Sep - 08	20 - Sep - 08	21 - Sep - 08	22 - Sep - 08	23 - Sep - 08
Effective Date	20 - Mar - 07	20 - Mar - 07	20 - Mar - 07	20 - Mar - 07	20 - Mar - 07	20 - Mar - 07
Maturity	20 - Jun - 13	20 - Jun - 13	20 - Jun - 13	20 - Jun - 13	20 - Jun - 13	20 - Jun - 13
Coupon	500	500	500	500	500	500
Recovery Rate	40%	40%	40%	40%	40%	40%
Quoted Spread	550	550	550	550	550	550

① 谢平,邹传伟. CDS 的功能不可替代[J]. 金融发展评论,2011(1):81 - 89.

② 资料来源:http://www2. isda. org/.

③ 资料来源:http://www2. isda. org/.

表 1－2　ISDA CDS 定价模型的输出测试结果

Quoted Spread	550.000	550.000	550.000	550.000	550.000	550.000
Cash Settle Amount	59,463.70	57,994.28	56,513.73	185,588.44	184,120.95	182,652.04
Accrued Premium	126,388.89	127,777.78	129,166.67	—	1,388.89	2,777.78
Accrued Days	91	92	93	—	1	2
Clean Price	8.1414741	8.1422794	8.1431961	8.1441156	98.1449016	98.1457019
Upfront	0.0185853	0.0185772	0.0185680	0.0185588	0.0185510	0.0185430

由 ISDA 互换信息网站提供 OTC(场外端 over-the-counter)衍生品市场的公开交易信息,形式如下:

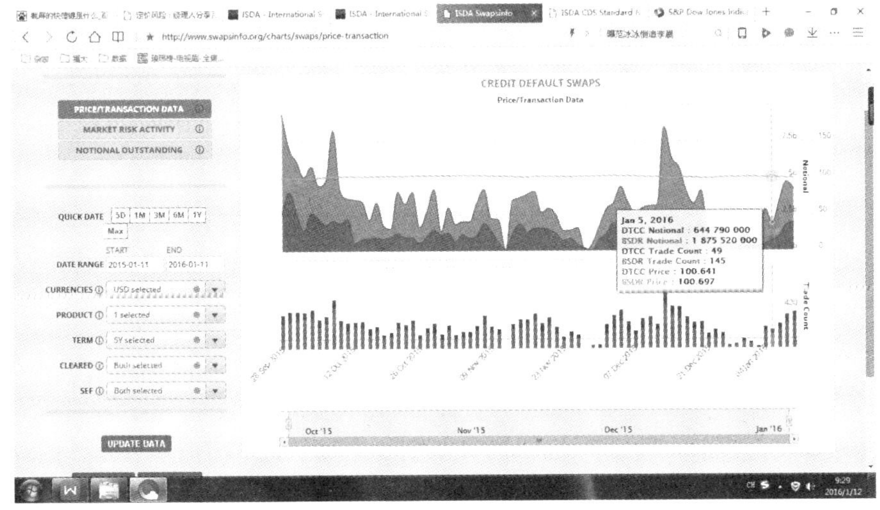

图 1－1　ISDA 的 OTC 衍生品市场公开交易信息①

目前 ISDA 使用的 CDS 定价模型是通过输入各种相关参数,如回收率等,根据无套利原理定价。而 CDO(担保债务凭证 Collateralized Debt Obliqation)的定价方法繁多,通常使用的 CDO 定价模型是基于 Copula 的蒙特卡洛定价法,即目前信用衍生品使用的主流定价法都是基于无套利原理的定价方法。

(二)金融机构角度下的信用风险

信用衍生品的定价方法核心在于违约相关性、违约强度、回收率等参数的确定,这些数据都是基于资本市场上的历史统计数据(如著名评级机构

① 数据来源:http://swapsinfo.org/swaps－transaction－data/.

Moody's、Standard & Poor's 的统计数据)。虽然对投资人来说,只需要关注债券利差变化有关的信用风险即可,但是这仅仅是信用风险的一个表现①。金融机构视角的信用风险应该是更为宏观的,包括整体经济环境的信用风险。

1. 宏观视角要求纳入实体经济

对于金融机构来说,观察信用衍生品的角度并不局限于资本市场。信用衍生品真正衡量的是参考资产的信用质量变化。由于参考资产时时刻刻都在变化,不同的参考资产面临的经营环境也在不断变化,且信用质量的变化是资本市场和产品市场的因素共同导致的,所以从金融机构的角度,仅仅用资本市场上的信用风险利差或回收率等并不能真正说明金融机构所需观察的参考资产所面临的违约风险。因此在次贷危机期间,金融机构所观察到的信用衍生品定价有可能只关注了资本市场的均衡,却忽视了房地产市场本身的风险,使得定价出现泡沫。市场无序的结果最后导致危机愈演愈烈,变成全球性的金融危机。换句话说,对金融机构或监管机构来说,信用衍生品的定价模型是有风险的,而造成其定价风险的原因是对参考资产的错误认识。市场应该要给金融机构提供一个可以参考的信用衍生品定价,使得其衡量的价格包含资本市场与产品市场的信用风险,更贴近金融机构的需要。因此构建适合金融机构的信用衍生品定价模型时,应该要在定价模型中融入产品市场因素。

2. 宏观视角要求考虑违约传染

宏观经济中的企业通常是处于供应链中的企业。供应链上的中小企业由于其资信低、抗风险能力弱等,融资存在一定难度。有学者提出,使用纵向联贷联保融资模式解决供应链信用风险问题②。使用纵向联贷联保融资虽然可以分散信用风险,但同时也会因为联保成员集体违约导致系统性风险,特别是当联保成员为供应链上的成员企业时更容易造成这样的问题。典型的案例如威海钢贸企业集体违约事件,说明供应链企业在行业景气程度下降时,会使得联保融资模式的信用风险分散功能彻底失效③。该案例同时也说明管理债务

---

① 达菲·辛格尔顿. 信用风险:定价、度量和管理[M]. 许勤,魏嶷,杜鹃,译. 上海:上海财经大学出版社,2009:10.

② 田江,温璐. 供应链纵向联贷联保融资模式与策略研究[J]. 合肥工业大学学报(社会科学版),2015(3):36-42.

③ 葛志强. 联保融资的有效边界:威海钢贸企业集体违约案例[J]. 金融发展研究,2014(5):59-62.

组合不可忽略供应链债务违约的传染性。

综上所述,对金融机构来说,信用衍生品定价模型的误导很可能对这场金融危机有着直接或间接的推波助澜的作用。虽然模型无法完全解释现实世界,但至少应该提供一个理想的现实世界的参考模式。而信用衍生品定价模型离这一原则相去甚远。信用衍生品定价即使符合风险中性的定价原则,也仅仅是建立在严格的金融资产市场的无套利假设之上。它仅仅是一个局部均衡,而与实体经济没有多少联系,从而使标的信用资产的内在价值降低;另一方面,违约传染很可能导致金融危机时期定价模型的失效,最终造成系统性的经济危机。因此本书选择从金融机构的角度对信用衍生品的定价模型进行再思考,具有深刻的理论意义和现实意义。

二、文献综述

目前关于信用风险的定价模型主要分成两种类型:结构化模型和简化模型。CDS 是信用违约互换,也是信用衍生品最基本的品种,具有单一的收益方式。CDO 具有多种收益方式。

(　)信用风险

1. 结构化模型

结构化模型以资不抵债为违约定义,因此针对的定价对象是企业债的信用风险。可以说,结构化模型是从参考实体的角度来看参考资产的信用风险。结构化模型使用无套利定价方法,该方法源于 Merton①(1974)的思想,此类模型建立在 Black 和 Cox 的结构化模型基础上,把信用风险归为公司资产,成为行业内信用风险标准定价模型之一。结构化模型有多种扩展方向。

一类扩展方向为修改违约时刻。Black 等②(1976)改进了 Merton 模型,引进了契约安全条款,称为首次通过模型。该模型提出了与 Black 违约类似但不完全相同的定义,即当资产价值第一次大幅下跌到违约极限时,违约就会

① Merton R C. On the Pricing of Corporate Debt: the Risk Structure of Interest Rates[J]. The Journal of Finance, 1974(2): 449 -470.

② Black F, Cox J C. Valuing Corporate Securities: Some Effects of Bond Indenture Provisions[J]. The Journal of Finance,1976(2): 351 -367.

发生。Thomas①(2009)将 Black 和 Cox 模型应用于消费贷款,假设消费者有一个买入期权,又假设违约基于消费者的可支付能力,从消费者的角度建立消费贷款的信用风险的结构化模型。Katz 等②(2010)扩展了 Black 和 Cox 模型,加入了公司规避违约能力的不确定性,用具有辐射边界条件的线性势场中的扩散来模仿公司的违约过程,引入有限比例的违约范围改进了信用风险的短期界限的定价。Liang 等③(2012)对 Merton 模型进行了修改,基于公司对冲信用的资产不用于交易的假设,引入股票和金融指数用于对冲信用风险,对公司的可违约债进行无差异定价,引入投资者的风险规避参数和可交易程度参数改进了短期的信用价差。

一类是优化违约条件。第二代的结构化模型将回收率作为独立于公司资产价值的外生变量,如 Longstaff 等④(1995)。Longstaff 否定了 Merton 关于违约的定义,认为违约的时刻并非固定,且不一定在资不抵债时。该模型扩展 Black 和 Cox 模型,引入了违约风险和利率风险,得出风险型公司债的固定利率和浮动利率定价,优化了关于违约条件的设定。Duffie 等⑤(2001)认为由于二级市场上投资人无法观察到公司资产的真实情况,因此违约服从一个违约到达强度的过程,该违约强度是关于资产的条件分布。Giesecke⑥(2004)引入具有多个公司违约相关性的传染结构化模型,假设债务投资人不知道各个企业违约的债务相关门槛,只是先有信念,后随着企业到达违约状态而更新这个认知。

---

① Thomas L C. Modelling the Credit Risk for Portfolios of Consumer Loans: Analogies with Corporate Loan Models[J]. Mathematics and Computers in Simulation, 2009(8): 2525 - 2534.

② Katz Y A, Shokhirev N V. Default Risk Modeling beyond the First-Passage Approximation: Extended Black-Cox model[J]. Physical Review E Statistical Nonlinear and Soft Matter Physics, 2010(1):1103 - 1122.

③ Liang G, Jiang L. A Modified Structural Model for Credit Risk[J]. IMA Journal of Management Mathematics, 2012, 23(2):147 - 170.

④ Longstaff F A, Schwartz E S. A Simple Approach to Valuing Risky Fixed and Floating Rate Debt[J]. The Journal of Finance, 1995(3): 789 - 819.

⑤ Duffie D, Lando D. Term Structures of Credit Spreads with Incomplete Accounting Information[J]. Econometrica, 2001(3):633 - 664.

⑥ Giesecke K. Correlated Default with Incomplete Information[J]. The Journal of Banking and Finance, 2004(7): 1521 - 1545.

一类用于优化资产结构。Leland[①](1994)开发的模型仍然建立在Black和Cox的期权定价基础上,在无限生命债务的假设下研究了优化资本结构和具有信用风险的债务定价,这一系列的模型主要目的在于优化资产结构、节约交易成本。Leland等[②](1996)扩展了该模型,假设公司可以选择债务总量和到期日,用于估计杠杆率、信用价差、违约率和减值率。Collin-Dufresne等[③](2001)使用Black和Cox的公司资产定义,引入新的违约概念,用随机利率捕捉均值回归,从利率与均值回复杠杆比率的角度建立新的结构化模型,并在实证上发现该模型用于投资级别的债务是有效的。Hackbarth等[④](2006)在前者的基础上增加限制,即债券以面值发行,而股东只需选择违约条件以最大化股票价值,然后引入动态资产结构,而股东选择初始发债量并重新选择违约条件。Chen[⑤](2010)基于信用价差难题和低杠杆率难题,假设消费和公司的现金流是内生变量,资产价格取决于具有回归偏好的代表家庭,公司基于权衡税收利益和违约损失选择资本结构,该损失由投资人事前预期并与违约时的公司债券投资人的损失紧密相关,提出在整个经济周期中内化公司的融资和违约决策的结构化模型。

一类研究组合信用风险。CreditMetrics[⑥]模型又称信用计量模型,是JP摩根公司于1997年开发的一种通过风险价值(Value at Risk,VaR)来衡量风险的计量方法。VaR指的是在一定时间内在给定的置信水平下资产或负债可能遭受的最大损失。CreditMetrics模型主要用于对交易性信用资产特别是贷款、私募债券等的信用风险评估,是VaR在非交易性信用资产方面的延伸,所以从违约定义上可以归结为结构化模型。CreditMetrics模型注重直接分析企

---

① Leland H E. Corporate Debt Value, Bond Covenants, and Optimal Capital Structure[J]. The Journal of Finance,1994(4):1213－1252.

② Leland H E and Toft K B. Optimal Capital Structure, Endogenous Bankruptcy, and the Term Structure of Credit Spreads[J]. The Journal of Finance,1996(3):987－1019.

③ Collin-Dufresne P, Goldstein R S. Do Credit Spreads Reflect Stationary Leverage Ratios? [J]. The Journal of Finance, 2001(5):1929－1957.

④ Hackbarth D, Miao J, Morellec E. Capital Structure, Credit risk, and Macroeconomic Conditions [J]. Ssrn Electronic Journal, 2006(3): 519－550.

⑤ Chen H. Macroeconomic Conditions and the Puzzles of Credit Spreads and Capital Structure[J]. The Journal of Finance, 2010(6): 2171－2212.

⑥ Gupton G M, Finger C C, Bhatia M. Credit Metrics-Technical Document[J]. JP Morgan, 1997(3): 48－51.

业间信用状况变化的相关关系,注重解决的是风险集中度的计量问题,将单一信用资产放入资产组合中衡量其对整个组合风险状况的作用,即债务人同时出现违约的非预期风险。目前该模型已经成为信用风险计算领域最为主流的方法之一。CreditRisk +①是 CreditMetrics 模型的延伸,是由瑞士信贷银行开发的一个贷款组合信用风险分析模型。该模型运用了保险精算学思想,假设债务组合中每个单项债务是相互独立的,并且每项债务违约可能性都非常小,因而贷款者的违约概率分布与泊松分布类似。该模型用于计算贷款损失,在评级机构 CDO 的资产池损失中得到广泛应用。麦肯锡公司借用 Wilson 的建模思想,为经济周期的各种宏观因素与转移概率间的关系建立了数学模型,并在计算中根据现实宏观经济因素用蒙特卡洛模拟取代以历史数据为基础的无条件转移矩阵,求出对经济周期敏感的 VaR 值,建立 Credit Portfolio View② 模型。Credit Portfolio View 模型对所有风险暴露都采用盯市的方法。与前两者不同的是,该方法估计的是国家或部门的信用风险。Credit Portfolio View 模型可以看做是 CreditMetrics 模型的一个补充。

结构化模型的优点是:使人在一定程度上可以了解违约事件发生的经济背景,并把难以测量的信用违约概率用容易观察到的上市公司股价计算出来。这对于我国企业债券交易不是很活跃的情况尤为适用。此外,它还可以应用于信用评级,可以较容易用于内控等监测。缺点是其假设与现实情况存在较大的差距,在实践中难以应用。

2. 简化模型

目前的文献主要采用简化模型研究信用风险,该模型往往把违约强度作为外生变量,基于投资人的视角进行定价。最原始的简化模型为 Jarrow 等③(1995)提出的离散时间强度模型,假设无风险利率符合马尔科夫过程,并假设:(1)清偿率是外生常量,即清偿率独立于任何状态变量;(2)违约强度为外生常数,即在债券整个生命周期内,违约概率总是相等的。该模型也有多种扩

---

① Credit Suisse First Boston (CSFB). CreditRisk +: A Credit Risk Management Framework [EB/OL]. [1997] Technical document. http://www.csfb.com/creditrisk/.

② McKinsey And Company, McKinsey Company. Credit Portfolio View, Approach Documentation and User's Documentation[M]. Switzerland: McKin-Sey and Company Zurich, 1998: 126 - 145.

③ Jarrow R A, Turnbull SM. Pricing Derivatives on Financial Securities Subject to Credit Risk[J]. The Journal of Finance, 1995(1): 53 - 85.

展方向。

一类扩展方向为引入其他风险。为了克服该模型的缺点,1997 年 Jarrow 又提出了将违约概率与信用评级联系起来的模型,该模型取消了违约强度是常数的假设。Jarrow 等①(2001)提出违约强度与对手的违约情况有关,在模型中引入对手风险。后来 Darrel 对应文献②(2005)又在原有模型引入仿射的马尔科夫过程,该模型可用于违约相关风险的度量,特别是首次违约的相关性。Millossovich③(2003)扩展 Jarrow 的模型,引入了随机回收率。

一类扩展方向为引入跳跃风险。Lando④(1998)使用双随机泊松 Cox 过程为具有信用风险的金融工具提供一个定价框架,将违约时间假设为一个拥有强度为某个强度过程的首次跳跃时间的 Cox 过程。这一类模型叫做跳跃 - 违约强度,应用较多,如 Das 等⑤(2004), Carr 等⑥(2006)。Zhou⑦(2001)将跳跃风险加入违约过程,认为公司价值突然降低会导致违约。Das 等(2004)提出违约强度是关于股票价格和利率的随机过程。Carr 等(2006)假设股票价格在违约前服从固定弹性的波动过程,风险中性灾难率是衰退次方的股票价格函数,从而确立了股票价格跳跃违约 CEV 过程。Peter⑧(2010)在资产价值中使用 Merton 的几何布朗运动动态过程,而在违约定义上使用跳跃 - 违约类模型。柳卫静⑨(2011)对 Zhou 的模型加以扩展,假设负债服从连续扩散过

---

① Jarrow R A, Yu F. Counterparty Risk and the Pricing of Defaultable Securities[J]. The Journal of Finance, 2001(5):1765 - 1799.

② Duffie D. Credit Risk Modeling with Affine Processes[J]. The Journal of Banking and Finance, 2005(11): 2751 - 2802.

③ Pietro M. An Extension of the Jarrow-Lando-Turnbull Model to Random Recovery Rate[J]. Signal Processing, 2003(2):315 - 321.

④ Lando D. On Cox Processes and Credit Risky Securities[J]. Review of Derivatives Research, 1998(2): 99 - 120.

⑤ Das S R, Sundaram R K. A Simple Model for Pricing Securities with Equity, Interest-Rate, and Default Risk[J]. Ssrn Electronic Journal, 2004: 161 - 198.

⑥ Carr P, Linetsky V. A Jump to Default extended CEV Model: An Application of Bessel Processes[J]. The Finance and Stochastics, 2006(3): 303 - 330.

⑦ Zhou C. The Term Structure of Credit Spreads with Jump Risk[J]. The Journal of Banking and Finance, 2001(11): 2015 - 2040.

⑧ Peter C, Liuren W. Stock Options and Credit Default Swaps: A Joint Framework for Valuation and Estimation[J]. The Journal of Financial Econometrics, 2010(4): 409 - 449.

⑨ 柳卫静, 周圣武, 石广平, 牛成虎. 基于双指数跳扩散过程的公司债券定价[J]. 经济数学, 2011(1): 77 - 80.

程，引入资产价值与债务的相关风险。

一类扩展方向是为主权债务定价。Duffie 等[①]（1999）改进 HJM 模型，提出新的简化模型，称为可违约的 HJM 模型，用于公司利率结构和主权债务信用风险，并用于为信用价差的看跌期权定价。Duffie 等[②]（2003）假设主权债务来自于同一个主权，同一个类别，但有不同的到期日，使用不同的折扣因子。

简化模型的优点在于在参考时点上不发生违约的条件下，其未来违约概率不为零的结构比较符合现实情况。此类模型的缺点首先在于没有解决违约事件不确定性的内在原因，很难清晰获得违约事件背后的经济学背景，其次缺乏充分的违约数据来提取关于企业信用风险依赖结构的信息，模型校正较为困难。

（二）信用违约互换定价模型

信用违约互换是信用衍生品市场最基本的产品。CDS 实质上是买方向卖方转移参考实体的信用风险。它包括两个方向的现金流：一是固定间隔的时间内买方付给卖方的费用，一是违约情况下卖方支付给买方的赔偿金额。当参考实体为银行贷款时，卖方的支付金额通常是未回收部分金额。目前的 CDS 价差模型均使用无套利分析方法。

1. 原始模型

原始 CDS 定价只考虑违约风险。Hull 等（2000）假设违约率、利率、回收率均互相独立，首次为普通香兰子 CDS（或普通香草型互换）和二元 CDS 定价，成为原始的 CDS 定价框架，奠定了 CDS 定价的无套利分析基础。该模型具体分两步走，第一计算违约的风险中性概率，第二计算 CDS 未来支付和收益端现金流的现值，最后得到 CDS 价差。

2. 引入其他风险

引入对手风险。Hull 等（2001）引入对手违约风险，再次研究价差的 CDS 定价。Janne（2006）在原有的无套利分析基础上，引入具有参考资产 - 对手违约相关的 CDS 定价。该模型结合了三个 LMM 过程：一是模拟无风险短期利率，二是模拟参考资产违约概率，三是产生对手违约概率。Hamp 等（2007）将

---

① Duffie D, Singleton K J. Modeling Term Structures of Defaultable Bond[J]. Review of Financial Studies, 1999(12): 687 - 720.

② Duffie D, Pedersen L H, Singleton KJ. Modeling Sovereign Yield Spreads: A Case Study of Russian Debt[J]. The Journal of Finance, 2003(1): 119 - 159.

Janne 的模型与 Copula 方法结合起来，在描述参考资产－对手违约相关风险的问题上，说明两种方法的区别。

引入回收风险。Höcht 等(2010)建立了违约率和回收风险的联合随机模型，解释了回收过程随机使得有收益的信用衍生品价格直接与违约时的回收率关联。

引入利率风险。Chiarella 等(2013)扩展了 Berndt 等(2010)适应无随机波动的模型，单名 CDS 价格表现为指数仿射函数，通过实证证明利率水平和信用价差相关，进而说明利率风险对 CDS 价格的影响。有学者在利率风险描述中使用 Vasicek 模型。Su(2012)假设违约服从跳跃扩散过程，利率服从 Vasicek 结构，为具有信用风险的期权定价。Hao 等(2013)在违约风险中加入利率风险，讨论了分数布朗运动环境下的 CDS 定价问题，假设违约强度取决于随机利率和对手公司的违约状态，用分数 Vasicek 利率模型来反映利率风险。Li(2013)假设股票价格服从马尔科夫及跳跃扩散过程，时间到达率和股票波动率由连续时间的马尔科夫链控制，利率和违约强度服从 Vasicek 模型，其参数也由同样的马尔科夫链控制，为具有信用风险的欧元期权定价。Hao 等(2016)在之前的研究基础上假设保护买方的违约与服从 Vasicek 模型的随机利率和参考企业的违约状态有关，用于刻画传染风险。

3. 引入其他工具

另有一类模型，是将 CDS 和其他金融工具定价相结合的一致框架。Carr 等(2010)使用动态一致框架将同一参考公司的股票期权和 CDS 定价结合起来，将违约定义为一个具有随机到达率的 Cox 过程，而瞬时违约率和变动率服从双变量的连续过程。当违约发生则股票价格跌为 0，若无违约，则股票价格服从具有随机波动率的跳跃扩散过程。Rafael Mendoza-Arriaga(2010)将 Carr(2010)和 Carr(2006)的模型结合起来，将可违约的股票价格过程描述为具有状态依存波动率和违约强度的时变马尔科夫扩散过程，用于股票和信用衍生品的定价。Bayraktar 等(2011)构建在风险中性世界中，可以联合校准同一公司的公司债结构和股票期权波动率的模型，使用随机强度和有 Vasicek 特征的短期利率。Fontana 等(2014)假设违约时间是由潜在的仿射因素过程驱动强度的双随机变量，提出股票和信用风险的一致框架模型，同时为 CDS 和股票定价。该方法允许可违约股票价格的随机波动率和违约强度之间灵活的相互作用。Chung 等(2014)通过加入跳跃－违约特性将信用风险嵌入随机资产动态模型,提出可违约的欧元期权和CDS定价的一致框架模型。

4. **违约传染相关文献**

违约传染主要有两种解释:来自宏观经济因素的影响称因果传染,来自企业间的相互关系称直接关系链传染。Jarrow等①(2001)提出的有对手传染的违约模型中,对手在性质、重要性上没有差别,并给出相应的CDS定价。Leung②(2005)研究企业间对手关系的传染,两企业的性质相同,且违约具有递归的传染关系。陈艺云③(2012)扩展的Jarrow(2001)的模型,属于直接关系链传染,分离出核心企业和非核心企业,从供应链的角度,讨论有直接商业交易的上下游企业的违约传染效应,发现企业之间的相关性以及交易对手风险,会对单个企业的违约概率产生重要影响,并且相关性越大,此影响越严重。文章给出了关于供应链上违约传染的违约率测度,说明供应链上的违约传染的信用风险是可度量的。Wang等④(2013)的模型中违约强度不仅取决于对手违约,也取决于利率的随机跳跃扩散。张圣忠等⑤(2013)构建知识共享传染的供应链上下游博弈模型,认为知识共享会增强企业间信用风险传染强度。张苏江等⑥(2014)将对数高斯衰减函数引入到简化模型,描述一方的信用违约对另一方信用违约强度影响随时间推移的跳跃衰减特征。赵微等⑦(2014)研究了美国银行业、房地产业、汽车业之间传染的违约相关性建模,该传染属于因果关系的传染,这种涉及传染的违约强度的度量方式更多是基于不同行业间的。Lourdes等⑧(2015)的研究属于因果关系传染,假设资源面临短缺,

---

① Jarrow R A, Yu F. Counterparty Risk and the Pricing of Defaultable Securities[J]. The Journal of Finance, 2001(5): 1765 - 1799.

② Leung S Y, Kwok YK. Credit Default Swap Valuation with Counterparty Risk[J]. The Kyoto Economic Review, 2005(1): 25 - 45.

③ 陈艺云. 违约传染与供应链金融的信用风险测度[J]. 统计与决策, 2012(1): 33 - 35.

④ Wang A, Ye Z. The Pricing of Credit Risky Securities under Stochastic Interest Rate Model with Default Correlation[J]. Applications of Mathematics, 2013(6): 703 - 727.

⑤ 张圣忠, 喻冬冬, 李洋. 知识共享对供应链信用风险传染的影响研究[J]. 统计与信息论坛, 2013(11): 27 - 32.

⑥ 张苏江, 陈庭强. 对数衰减的信用风险传染模型与定价研究[J]. 北京理工大学学报(社会科学版), 2014(3): 83 - 88.

⑦ 赵微, 刘玉涛, 周勇. 金融风险中违约传染效应的研究[J]. 数理统计与管理, 2014(6): 983 - 990.

⑧ Hernandez-Verme P L. Credit Chains and Mortgage Crises[J]. Review of Development Economics, 2015(2): 265 - 281.

使得债务人面临违约风险，研究生产可能性与债务违约的关系，这种违约风险度量是基于企业内部的。张圣忠等[①]（2015）认为信息共享程度变动会导致供应链上的收益风险传染，当信息共享超过一个阈值，传染强度会呈现不同的变化。

简评：CDS 的总体定价框架是无套利分析，而模型研究方向则是在违约风险中加入其他风险，或者在除 CDS 外加入其他工具。无套利分析的优点是数据容易获得，缺点是模型中只考虑投资人或企业的现金流。然而 CDS 的违约损失与金融中介有关，这却没能在模型中体现，因此缺乏必要的参与人，而关于转移具有供应链传染性质的信用风险度量仍然很少，并且在研究时都注重于同类企业之间的传染。

（三）文献综述小结

1. 已有的定价方法缺乏实体经济考量

目前，CDS 和 CDO 的定价均使用无套利分析法。CDS 扩展方向分为加入其他风险和加入其他工具，CDO 的扩展方向包括 CET 模型、Copula 模型和 Vasicek 模型。无套利分析存在缺乏经济学背景的缺点，CDS 和 CDO 定价也一样。无套利分析主要从衍生品本身的角度定价，因此难免忽略实体经济中参与人的作用。然而，参考实体、衍生品本身、投资人、金融机构，都是信用衍生品交易中不可或缺的一部分，使用无套利分析法定价就使得 CDS 和 CDO 的定价变得片面，和真实的衍生品面临的风险脱节。不但如此，从实证来看，信用衍生品的定价与衍生品参考实体所面临的产品市场影响因素也存在脱节的现象（见第五章），这样的市场均衡只能是基于资本市场的均衡，缺乏实体经济考量。

从金融机构的角度看，导致信用质量变化的因素不仅包括资本市场，也包括产品市场，无套利分析的定价会导致信用风险管理和监管的低效率。从信用衍生品面临的风险上说，信用衍生品的定价需要从更为宏观的视角，进行更全面的定价；从监管的角度来说，信用衍生品的定价需要从金融机构的角度看产品，提高管理和监督效率。因此使用一般均衡框架为信用衍生品定价具有一定的现实意义。

---

① 张圣忠，杨波．信息共享对两级供应链风险传染的影响[J]．长安大学学报（社会科学版），2015（2）：38－41.

2. 目前的定价方法未能区分参考实体的地位

现实中的供应链信用风险的度量,应该要区分企业在供应链中的不同地位。目前已经有不少学者,如葛志强(2014)、鲍静海(2013)等提出通过第三方担保的方式管理供应链违约传染造成的行业风险问题。当涉及转移信用风险的问题时,必然要考虑此时的信用风险度量。然而现实中的供应链融资通常采用供应链金融或联保融资,这两种融资方式实际上是以核心企业为信用评级的参考实体。从金融机构的角度,有必要在定价框架中引入实体经济。Leroy 等①(1981)在 CAPM 的框架中引入消费构建 CCAPM 模型,从而解释资产泡沫的存在。这足以说明,在模型中引入实体经济对于防止定价泡沫具有重要意义。针对目前信用衍生品定价与实体经济脱节的问题,Leroy 的研究思路很可能对于信用衍生品的定价有着重要的启发意义。而在信用衍生品的无套利定价中引入实体经济,意味着从无套利原理走向一般均衡原理的思路转变。

三、金融机构视角下信用衍生品定价框架

一般均衡原理与无套利均衡原理都是金融产品定价中重要的研究框架。虽然大部分的金融资产特别是衍生品定价使用无套利原理,但是国内外仍然有不少学者开展了探索金融资产的一般均衡定价方法的研究。有的学者重在从理论高度上论述金融定价上一般均衡与无套利均衡的联系,如董太亨②(2002),陈莹等③(2007)。有的学者则重在一般均衡原理在具体金融产品定价的应用,如:Basak 等④(2000)研究了一般均衡框架下的证券组合保险问题;韩天雄等⑤(2003)使用一般均衡理论对巨灾证券产品定价,并给出了显示解;

---

① Leroy S F. and Porter R. D. The Present-Value Relation: Tests Based on Implied Variance Bounds [J]. Econometrica, 1981(3): 555 -574.

② 董太亨. 金融资产定价理论的方法比较[J]. 数量经济技术经济研究, 2002(1): 43 -46.

③ 陈莹, 谭伟强. 无套利期权定价模型在一般均衡框架下的一致性研究[J]. 经济数学, 2007(3): 260 -268.

④ Basak S, Croitoru B. Equilibrium Mispricing in a Capital Market with Portfolio Constraints[J]. Review of Financial Studies, 2000(3): 715 -748.

⑤ 韩天雄, 陈建华. 巨灾风险证券化产品的定价问题[J]. 保险研究, 2003(12): 31 -33.

Boyd 等①(2004)研究了一般均衡框架下的存款保险问题;陈华等②(2006)将一般均衡原理应用于贷款定价;郑红等③(2010)应用一般均衡原理替代无套利均衡原理,推导出纯保费精算定价公式;Mukoyama④(2013)研究了一般均衡框架下的失业保险福利问题;张晓娣⑤(2014)研究了一般均衡框架下的养老保险问题;Eichberger 等⑥(2014)研究了一般均衡框架下的可违约债券定价。可见一般均衡原理在保险定价中已有广泛的应用。

一般均衡原理在金融衍生品定价上的研究已经有一定规模,只是不如无套利均衡原理应用广泛。在这种情况下,目前信用衍生品却只使用无套利均衡原理进行定价,缺乏信用衍生品的一般均衡定价方面的研究。理论上,一般均衡定价原理与无套利均衡定价原理有着密不可分的关系。这一点已经得到证明,如史树中⑦(2004)发现,如果投资者偏好满足"非餍足性"(即财富越多,效用越大),则投资者效用优化问题有解的充分必要条件是资本市场不存在套利机会。这一结果的直接推论就是:如果资本市场的一般均衡解存在,那么它一定也是无套利均衡解。也就是说,一般均衡条件蕴含无套利条件,由一般均衡条件得出的定价一定也是无套利条件下的定价。因此使用一般均衡原理对信用衍生品定价有其理论上的合理性。

然而无套利条件成立并不意味着市场一定达到了一般均衡,用无套利均衡得出的资产定价不一定是一般均衡条件下的定价。而一般均衡定价既考虑资本市场的均衡,又考虑产品市场的均衡,故一般均衡定价应该比无套利均衡定价更能反映现实。因此使用一般均衡原理对信用衍生品定价也有了其理论上的必要性。

再者,金融机构在信用衍生品的定价中处于核心地位。这主要有三个方

---

① Boyd J H, Chang C, Smith B D. Deposit Insurance and Bank Regulation in A Monetary Economy: A General Equilibrium Exposition[J]. Economic Theory, 2004(4): 741 - 767.

② 陈华, 周宗放. 基于一般均衡的贷款定价研究[J]. 求实, 2006(z4): 151 - 152.

③ 郑红, 郭亚军, 曾华. 基于供需均衡的保险精算与期权定价相关性[J]. 东北大学学报(自然科学版), 2010(7): 1046 - 1049.

④ Mukoyama T. Understanding the Welfare Effects of Unemployment Insurance Policy in General Equilibrium[J]. Journal of Macroeconomics, 2013(4): 347 - 368.

⑤ 张晓娣. 一般均衡框架下的养老保险与公共债务研究[J]. 经济科学, 2014(3): 34 - 45.

⑥ Eichberger J, Rheinberger K and Summer M. Credit Risk in General Equilibrium[J]. Economic Theory, 2014(2): 407 - 435.

⑦ 史树中. 金融经济学十讲[M]. 上海: 格致出版社, 2011:50.

面的原因：首先，金融机构是信用衍生品的发行人，对信用衍生品的发行目的明确；其次，金融机构掌握大量的信用衍生品，是信用风险的集中地；第三，从金融机构的角度对信用衍生品定价，有利于监管机构对信用风险的管控。且由于金融机构掌握的信用资产大多数都具有一定的关联性，因此在特殊时期，总存在不同程度的传染现象。

第三，金融机构是一种特殊的参与人，既是信用衍生品的发起人，又可以是投资人。本书强调发起人的角色，主要源于金融机构发起的目的不在于投机，而往往在于维持其资金的平衡，维持经营的稳定，因此信用衍生品的发起具有强烈的市场均衡目的性。目前为止，信用衍生品在使用上出现的问题大部分都与其造成的流动性风险、系统性风险有关，如邹辉文等[①]（2011），而这些严重的风险往往都起源于大型的金融机构。以往信用衍生品的定价都是从投资人的角度，缺乏金融机构的视角，这容易导致信用衍生品风险监管困难，或容易使得对信用衍生品的监管上出现视角偏差的问题。

综上，从金融机构的角度，将实体经济纳入信用衍生品定价框架具备了理论的基础，也是实践上的要求。本书将实体经济纳入信用衍生品定价框架具备了理论和实践的基础，具有一定的科学性。将实体经济纳入信用衍生品定价框架有助于防止定价泡沫，且在金融机构所持有的资产组合里，总不可避免地存在传染现象。因此从金融机构的角度制定信用衍生品定价框架，可以考虑一般均衡原理，且有必要考虑信用传染。

第二节　本书的结构、思路、创新点与不足

一、本书的写作结构

根据前面的论述，本书将按照以下的结构进行写作，主要分为四个部分。

第一部分：提出问题。首先，介绍金融机构视角定价对降低信用衍生品定价风险的意义，介绍本书的结构、思路和创新点，为本书的论述提供背景，论述

---

① 邹辉文．资产定价原理[M]．北京：经济科学出版社，2010：46－52．

从金融机构视角为信用衍生品定价的合理性和必要性,以及实践上的可操作性。

第二部分:分析问题。本书介绍信用风险和信用衍生品的相关概念,以及目前使用的信用衍生品主要定价模型及其优缺点。以次贷危机为例,从理论上分析次贷危机中信用衍生品的定价风险与其他风险的关系,用计量的方法分析次贷危机中其他风险对信用衍生品的定价风险的影响,进一步从实证上论述从金融机构视角为信用衍生品定价的必要性。

第三部分:解决问题。以 CDS 和 CDO 为例,本书构建金融机构视角下信用衍生品定价模型,进行比较静态分析,然后用压力测试方法进行定价效率的分析,说明金融机构视角下信用衍生品定价相对简化模型定价的优越性。以 CDS 为例,构建金融机构视角下具有传染性的信用违约互换定价模型,说明这个模型中所能体现的几种特殊的风险,说明其在风险管理上的优越性。

第四部分:具体应用。以实际的 CDS 和 CDO 产品为例,本书使用原有的简化模型和已构建的新定价框架进行定价,在对比的基础上分析两种定价的区别,并说明金融机构视角下的信用衍生品定价在金融危机期间的作用。以 CDS 为例,使用金融机构视角下具有传染性,具有核心企业和非核心企业性质,同时又有一定行业联系的上市公司案例,进行实证检验,说明存在违约传染时,核心企业与非核心企业的相互影响,验证金融机构视角下存在违约传染的 CDS 定价的合理性。

二、金融机构视角下信用衍生品定价的具体思路

如何从实践的角度将实体经济引进信用衍生品定价,并同时考虑多个市场均衡呢? 目前已有的研究结果给我们提供了思路。为了突出消费者在实体经济中的作用,可以在定价模型中引进消费者的效用函数。为了引进产品市场,可以在定价模型中引入产品市场中的产品,使得产品市场的产品和资本市场中的金融资产均成为定价的供需均衡目标。为了使定价模型具有多市场的一般均衡特征,可以使用不同市场中不同产品的需求供给均衡作为一般均衡的条件。具体地说,在引入实体经济的定价框架上,本书决定使用哈维尔(2000)的一般均衡定价框架,其中包括消费者、企业和金融中介的目标函数。在细致的框架里,关于违约的定义使用简化模型,对 CDS 的现金流分析参考 Carr 等(2010)的框架,对 CDO 的现金流分析可以参考丁春霞(2008)的框架。

而在引入违约传染的框架上，本书决定以 Lando(1998)的框架为基础，进行企业相对地位的修改。

之所以有这样的安排主要基于以下考量：

首先，本书的实证(第五章)发现，目前 CDS 的定价方式使得其与参考实体的经营实力无关，参考实体面临的产品市场风险对 CDS 的定价没有影响，因此本书引入一般均衡框架，可以在定价中加入产品市场风险。

其次，通过综述我们发现，目前的 CDS 定价缺乏金融机构的视角，而金融机构的角度有利于将产品市场与资本市场有机结合，因此本书的定价从金融机构的角度出发，形成具有产品市场和资本市场的一致定价框架。

再次，本书提出的定价仅与模型改进前的原始定价进行对比，主要是由于改进模型的目的在于观察一般均衡视角与无套利分析的差别，即一般均衡视角对原始定价模型的改进效果，用简便的方式即可说明问题。此外，加入过多的定价结果过于繁冗，不利于突出本书的写作目的。

最后，Lando(1998)的框架适用于企业地位一致的情况，但是进行地位不同的修改是较为容易的。本书提出的具有传染性的 CDS 定价并非现实存在这种产品，而是经由对具有传染性质的资产进行 CDS 定价来衡量违约传染下资产的信用风险，并探索这种信用风险度量的科学性。

由此，就可以形成本书建模的基本思路：引进消费，引进金融机构，引进产品，引进产品市场，最终形成多角色、多产品、多市场的信用违约互换的金融机构视角下的框架。

三、本书的创新点和不足之处

根据已有的研究结果及思路，本书从金融机构视角出发，建立一般均衡框架下信用衍生品的定价模型，分析一般均衡下的信用衍生品定价对于各种风险的敏感性，对比在金融危机前后信用衍生品的一般均衡定价和无套利定价，论证一般均衡视角下的定价相对于传统的无套利定价的优势。随后，同样从金融机构的视角构建具有违约传染的 CDS 定价模型，通过违约传染的 CDS 定价分析债务担保风险的特点。本书的创新点在于：

第一，引入产品市场，在多个市场均衡的假设下，构建一般均衡框架下的信用衍生品定价模型。这样有助于从多个市场、多种角色的角度充分分析信用衍生品的风险类别，对于深入研究信用衍生品的信用风险有深刻意义。

第二，本书通过引入金融中介，扩展了原有的信用衍生品的无套利定价模型，将无套利的现金流分析嵌入一般均衡框架中，开创两种定价框架的结合方式。

第三，本书放宽哈维尔（2000）的假设，在模型中引入信用衍生品，将信用衍生品与原有模型中的产品和贷款联系起来，提供衍生品定价的可参考思路。

第四，本书深化 Lando（1998）的假设，限制了企业在交易中的地位，为金融机构提供衡量传染性资产的信用风险及债务担保风险的新思路。

此外，本书的研究仍然存在一些可以改进的地方：

第一，违约强度未能实现随时间变化而变化。正如前文所说，固定的违约强度是造成信用衍生品定价风险的原因之一，本书解决的方式是使用一般均衡框架。然而违约强度理论上不应是固定值，因此模型未来可以在违约强度变化的方向上进行改进。

第二，在违约的定义上未能使用结构化模型。信用风险模型根据违约的定义可分为结构化模型和简化模型。本书为简单说明问题，因此只使用简化模型定价，未能将两种方法都进行阐述并对比其结果，存在论述上的不足。

第三，在关于投资人效用函数上未能将各种风险态度的函数一一列出并进行说明。这主要是为了简单说明问题，因此只需要列举一种类型的风险态度即可。

第四，在构建违约传染的 CDS 定价模型中，没有使用一般均衡框架，而是使用无套利原理。这是由于该部分内容目的不是为了 CDS 定价，而是为了通过 CDS 定价衡量存在担保时的信用风险，因此本书使用简化的处理方式。

第二章
信用风险、信用风险管理与信用衍生品

第一节 信用风险的概念与分类

一、信用风险的概念

（一）狭义的信用风险

信用风险（Credit Risk）是债务人未能按协议规定履行义务或者债务人的信用品质发生改变，从而影响融资价值，并给金融工具持有方或交易对手造成损失的可能性。传统的看法，认为信用风险是交易一方无法履行合约义务的风险，也就是债务人无法如期偿还本息而发生违约，进而给债权人带来的经营等方面的风险。过去，这种风险通常是指只有当确实发生违约事件才会有的风险，所以信用风险也被称为违约风险。但是，随着时代变化，国际信用环境也发生改变，日新月异的风险管理技术和管理工具的发展，使得传统信用风险内涵已经不能适应当代信用风险状况及信用风险管理的发展特点。现在的信用风险具有更丰富的内涵。

（二）广义的信用风险

从广义上讲，信用风险可认为是任一与信用事件有关联的风险。信用风险管理的目标是为了将信用风险限制在可以忍受的程度内，尽可能减少保险成本且获得尽可能高的风险收益。信用风险源于非对称信息，而在当今社会，信息在经济学范围起着举足轻重的作用。完全信息是传统西方经济学的一个基本假定，即假定消费者和生产者对于有关的经济情况同样拥有完全且对称的信息。但现实生活中,这种完美的情况是不存在的,也就是说,行为人的信息不完全,且非对称。对买卖双方来说,卖方总是比买方更了解产品的性能、质量、合理价格,即信息非对称性。可以说,非对称信息是指交易参与人拥有的信息是不同的。造成该情况的原因,或者是由于市场的信息披露不完全,造成交易参与方没有获得对等信息的能力,或者是由于某些交易方隐瞒和造假,致使其他参与人被误导或者无法获取真实准确的信息。

(三)金融机构视角下的信用风险

从金融机构的视角,信用风险是因金融工具持有人违约造成的风险。从广义的角度,金融机构面临的信用风险主要包括以下几种:一是资产项目中的借款人没有按规定还本付息;二是负债项目里的存款人集中领取存款;三是表外项目中的合约对手发生违约导致现实负债的产生。而从狭义的角度看,信用风险单指信贷业务的风险。因此从金融机构的角度,信用风险的内涵包括两个方面:

(1)信用风险指的是一种可能发生的不确定数额的损失,具体表现为是否会发生风险并不确定,什么时候发生也不确定,发生风险的原因也不确定,发生风险后会造成损失的程度也不确定。

(2)信用风险也可以指源于债务人的信用等级的改变以及履行合约能力的降低而导致该债务的市场价值发生变动,从而造成债权人损失的可能性。

随着市场的逐步规范,现在与信用风险有关的理念发生了较大的变化。传统对贷方的看法,往往将其信用风险作为一种或有成本,一种需要规避的风险,甚至往往因为风险放弃了信用交易。随着经济发展,当代的信用风险已经成为一种可以交易的产品。金融机构把信用风险作为可以打包的、具有一定价值的可交易商品。金融担保机构、信用评级公司、发起机构、银行等都成为信用业务链条上的重要参与者与关键环节。

二、信用风险的分类

由于具有潜在赔偿的可能性,信用风险暴露未必就相当于违约事件发生后造成的损失。违约事件是一种不一定发生的事件,同时也是损失程度不确定的事件;其次,在大部分情况下,违约事件发生时产生的信用风险暴露程度不可能在事先就确定;此外,违约发生而得到的可能的补偿在事先也是难以预测的。所以,大部分时候,我们可以先按照风险的暴露情况将信用风险分成几种风险，即暴露风险、违约风险、回收风险等。

（一）违约风险

违约风险是信用风险的最主要风险。为了探索违约事件的规律，人们开始对违约风险进行量化。最传统的违约事件统计，是各大评级公司针对各个信用评级而统计的累积违约率。通常的做法是根据经济实体的经营现状、竞争优势等状况，对经济实体的偿还能力作出综合评价。例如，标普（Standard & Poor's）公司设置最高信用级别 AAA 及最低信用级别 D，在两个信用级别之间设置 AA、A、BBB、BB、B、CCC，且用“+”和“-”将具体的信用等级进行增或减的划分。其中，通常认为 BBB-以下的评级为非投资级，而 BBB-以上的评级为投资级。AAA 的信用评级表示经济实体有着最高的信用偿还能力，D 的信用评级表示经济实体已经确定发生了债务违约事件。信用等级的划分指标通常是累积违约率。在一段固定时间内，相同信用评级的累积违约率将会随着时间的增加而提高。信用评级等级越高，违约率越低。

评级公司不单单对发债主体进行评级，同时也对债务本身进行评级。这是因为同一个发债主体的不同系列债务可能具有完全不同的信用特征。这是因为同一个发债主体可能既发行长期债又发行短期债，既发行优先债也同时有后偿债或抵押债。因此，可以说债务的个性特征导致债务的信用风险不同，而同一发债主体的债务会有不同的信用评级。

违约风险有两种情况，即被迫违约风险和故意违约风险。被迫违约风险指非借贷双方决定，同时可以通过其他方法避开或降低发生概率的风险。例如由于天气原因使得合同标的的供货方迫不得已违约而违反了商业信用。这种情况非人力所能控制，法律上又称作不可抗因素。这种情形下的违约给合同双方均带来很大损失，该种违约风险就称作被迫违约风险。另一种违约即故意违约，意指合约履约一方因其自身道德问题或其他原因，在可以履行合约义务的条件下，拒绝执行合约规定的义务。

（二）回收风险

违约风险仅仅是信用风险的其中一种。因为债务违约后，债权人能得到多少回收金额，同样会影响债权人的最终损失。回收率越高，债权人的损失就越小。此外，通常也用损失率直接表示损失程度的大小，其中损失率与回收率之和为 1。也就是说，损失率越高，回收率越低。

影响回收率的因素有很多，主要分成三种：一是债权人所持债务对资产要求的优先权,二是债务是否有抵押,三是债务人资产的市场价值。一般来说,在债务人资产变卖价值一定的情况下,具有较高优先权的债务比较低优先权的债务回收率高,有抵押的债务要比无抵押的债务回收率高。

(三)信用等级过渡风险

信用评级不是固定的。债务主体可能由于各类原因使得信用等级上升或下降。这种信用等级不定变化的风险,就是信用等级过渡风险。信用等级过渡风险可以有多种表现,它对债券主体和持有人都会产生不同程度的影响。第一,债券信用等级下降会导致债券价格的下跌;反之,信用等级上升则会导致债券价格的上升。第二,信用等级下降或上升会相应地导致债务发行成本的上升或下降。另一方面,信用等级下降表示信用风险提高,会迫使债券持有人提高资本准备金,从而使得资本回报率降低。第三,如果某交易方与其他交易个体签订较多的信用衍生品合约,信用等级的变化预示着该交易方作为交易对手方的信用风险发生了变化,势必影响到与其签约的交易方的衍生品的市场价值。

(四)信用相关性风险

信用相关性风险是一种相当普遍的风险,又称为违约相关性风险。信用资产组合的合约中,必然存在信用相关风险。而其中的关键概念　信用相关性,是指两个以上金融工具或参考资产之间存在着潜在的违约相关性。例如,在平安保险公司违约的情况下,平安银行也可能发生违约;平安银行倒闭也可能引起平安保险公司倒闭。信用相关性风险是指信用相关性的变化导致信用资产价值改变的风险。很明显,这种信用资产必定与资产组合密切相关。CDO 分券就是其中一种信用资产。虽然违约相关的事件会偶尔发生,但具体的经济个体两两之间的违约相关性却是一个很难观察的事物,所以实际的定价模型往往用不同资产价值的相关性来近似地代替违约相关性。但可惜的是,大部分情况下资产价值也难以观测,于是人们使用股票价格相关性来替代资产价值相关性。这种迂回的替代可能导致所估计的违约相关性的不准确,进一步导致信用工具价值估计的不准确。除此以外,违约相关性会较大程度影响信用组合的信用损失概率分布。违约相关性较高会提高信用损失概率分布的尾部风险,违约相关性较低会降低相应分布的尾部风险,所以类似 CDO 的资产组合分券产品的价值与违约相关性有很大关系。在分券产品中,违约相关性的存在决定信用风险在不同分券中的分配。

(五)暴露风险

发生违约事件的时候,违约一方会根据在合约订立之前的约定或者实际的违约事件产生的后果对合约的另一方作出相应的补偿。然而问题是即便原始的信用合约已经规定了违约事件发生以后的补偿细则等相关条款,发生违约的一方在执行补偿条款的时候却仍然可能会由于其他的种种理由使得被执行补偿的非违约方面临一些风险,因为发生违约的时候产生补偿的状况常常不确定,违约的补偿可能取决于各种因素,具体包括违约的类型、违约产生时的市场状况及信用合约的类型等。

1. 抵押品补偿条件下的抵押风险

假设人们可以很容易在市场上将抵押品转让,转换为现金资产,那么存在抵押品的债务就可以一定程度上降低信用风险,甚至包括相应的回收风险。现在债务抵押逐渐成为降低信用风险的普遍方法,而抵押品的种类也越来越繁杂,包括现金、证券、金融衍生品,实物资产如机器、家具,固定资产如房地产、飞机、船只等。

如果债务采用抵押的方式来降低信用风险,有一些因素是必须仔细考虑的。第一,取得抵押品的难度、处理抵押品的方式,以及相关的清算成本。第二,抵押品的价格与抵押品的二级市场状况以及抵押品自身的保存状况有关,而抵押品的自身价值也与抵押品的属性以及现有的市场条件有关。通常来说,固定的二手设备的变卖价值很低,而现金抵押的市场价值是已经确定的,然而绝大多数的抵押品的市场价值通常是不能确定的。第三,抵押品的市场流动性显然是影响有违约风险债务的补偿风险的管理有效性一个非常重要的因素,有一些抵押品容易变现,也有一些则不容易。一般来说,现金的抵押风险是零;若使用金融资产当作债务的抵押品,此时抵押风险与市场风险的相关性极大。综上所述,使用抵押来降低信用风险本质上是把信用风险转化为补偿风险以及资产价值的市场风险两种风险。

2. 第三方的保证风险

第三方保证是由可靠的第三方向金融机构提供一个或几个或有项目。比方说,母公司承诺子公司发生违约事件时可以代为偿还债务。如果第三方保证相对容易实施,此时来源于债务人的信用风险就会转化成为来源于第三方保证人的信用风险。但是,这种转移本质上不意味着就是一种单纯的风险转移,理由如下:首先,这时如果发生一种特殊违约,是保证人和债务人同时发生了违约,那么此时的违约概率也就成为一种具有一定相关性的综合性违约概率;其次,第三方保证可以让来源于债务人的信用风险转换为来源于保证人与债务人的综合性的违约风险;最后,更复杂的是,这种时候还可能面临一定的法律风险,也就是保证人是否可以贯彻执行该保证。

三、信用风险的经济后果

信用风险属于资本市场的一种本质属性,对信用活动有一定的调节作用。虽然所有的市场参与人在相关的信用活动中可以获得相应的收益,但是信用风险却很可能对市场参与者造成相当严重的影响和后果。信用风险不但会影响微观经济参与者主体的收益和相应的决策,而且会给市场其他参与者带来重大的损失,甚至影响宏观经济、政策的制定与实施,严重的会搅乱资本市场、产品市场的正常秩序,动摇社会整体的稳定。

(一)信用风险影响微观经济主体

第一,信用风险的消极影响有可能带来经济主体的直接经济损失。

美国存款保险公司曾进行统计,于 1986—1994 年 9 年间,美国的商业银行总共会计冲销大概四百五十亿美元的固定资产的信贷损失金额。20 世纪九十年代之后,美国的银行业因为资金来源限制,资本成本提高,呆账坏账大规模增加等许多相关因素的影响,不少银行都发生了严重亏损甚至破产:从 1990 年到 1992 年,分别破产 180 家、108 家、100 家。此外 1997 年初,国际货币基金组织在其网站发布有关部门的资料已显示,共 52 个发展中国家在那之前十多年中绝大多数银行整体系统的资本状况。其中,许多个国家已经使用了占据 GDP 总额的十分之一甚至更多的金额来解决银行面临的信用问题。而在发达国家的金融系统中,美国的信贷危机与存款危机一共造成的损失占美国全年 GDP 的比重达 3%,瑞典的该数据则超过 6%。据此可以发现,信用风险对于经济的主权个体所带来的损失极大。2007 年美国爆发的次贷危机又再次证明信用风险的传染性、联动性后果。2007 年 4 月份,美国的第二大房产金融公司即新世纪金融公司正式进入破产保护程序。无独有偶,2007 年的第四季度,花旗集团也同样因为次级贷款业务造成了巨额亏损,其额度甚至超过 98 亿美元。华尔街投资银行大鳄贝尔斯登集团,曾是美国的第五大投行,同样由于次级贷款等相关资产业务的冲销损失,严重影响流动资产总额,导致公司成立八十多年以来第一次出现亏损。在这次危机中,为了规避这些金融大鳄破产清算过程中对经济造成的巨大冲击,美国纽约联储总共提供了290 亿美元,用于帮助摩根大通公司收购贝尔斯登公司。收购的价格一开始是每股 2 美元,到最后市场价格提升到每股 10 美元。最后摩根大通以总价约 2. 36 亿美元,每股约 2 美元的价格收购贝尔斯登。整个收购行动过程用了将近 1 年时间,而这么繁琐的事件仅仅是次贷危机中大量违约事件的冰山一角。

第二,信用风险还会给经济主权个体带来某些潜在的经济上的损失。

举例来说,一家公司可能由于交易的对象不能按时偿付货款而影响其交易流程及资金的周转;对银行或类似金融机构来说,其发放的信用卡或贷款越多,那么持卡人的违约、借款人的拖欠甚至破产的概率就会大大增加。随着全球金融国际化日益明显,信用风险将会随着资金流动的加快和规模的扩大给经济参与主体带来一些潜在经济上的损失。举例来说,次贷危机中美国金融系统对中国乃至全球的资本市场和经济均产生颇为深远的影响。从短期来看,包括建设银行、工商银行、中国银行等相继投资参与购买了美国次级债券的中资银行,同样在 2007 年都不同程度地遭受了投资方面的亏损。而从中期来看,次贷危机造成美国的经济增长速度明显放缓,消费水平下滑。从世界经济范围来看,美国是主要的最终消费品大国,而中国是国际市场中的重要的产品生产和供给者,由于中国的生产供应能力较大,一旦出现中国对美国的出口增长放慢的情况,就可能很难再有其他区域可以吸收如此大的供应量。假设中国的出口商们无法通过内地市场的拓展或其他途径来保持销量,则中国出口商就可能必须降低生产投资,缩减产量。这明显会对中国的宏观经济产生消极的影响,特别是对于专门出口产品销往欧美的出口企业,将可能会面临收入上的损失。

第三,信用风险也会降低投资者的期望收益。

正常来说,信用风险越大,那么风险贴水也就越大,从而债券的折现因子也会增大。如以下表达式所示:

$$\mathrm{NPV} = \sum_{t=0}^{n} \frac{C_t}{(1 + r_t + P_t)^t} - C_0$$

在以上的公式中,r_t、C_t、P_t 分别表示标的债务资产在 t 时刻的收益折扣率、收益以及风险溢价。其中C_0 表示0 时刻的现金净流量,即初始投资额。很明显,风险溢价P_t 越大,则债券投资的净现值越小,那就表示投资人的净收益越小。

第四，信用风险会显著增加企业的经营管理成本。

由于信用活动存在不确定性，一方面增加了经济运行主体收集有关信息以及筛选、整理相关信息的工作量，另一方面也增加了收集有关信息以及筛选、整理相关信息的难度；一方面增加了经济预测工作的花费，另一方面也提高了计划的工作难度，同时也增加了经济运行主体在决策方面的风险。除此之外，在执行计划的过程当中，因为存在着信用风险，经济主体必须根据实际情况及时地调整相关决策。这样就会明显增大管理方面的成本，造成多余的损失。

第五，信用风险对部门生产率会产生负面影响。

在企业的生产经营过程中，按照边际资本产出的递减规律，各类产品的边际生产率都随着投资量的增加而递减，唯有当各种生产要素的边际要素生产率都相等时，才可以说资源配置达到最优的条件。但是，由于存在着信用风险，导致太多的资源集中于少数风险较小的产品种类，而太少资源配置于较高风险的产品种类，这便使得某些产品的边际要素生产率甚至还低于要素的市场价格，这便使得相关产品的生产部门整体的生产率下降。此外，因为长期内部门内部的产出不确定性要高于短期内的产品内部不确定性，并且开发出新产品的成功率比较低等原因，企业很容易出现些短期经营行为，同时也使得相关产品部门的生产率受到一些不利影响。

第六，信用风险会显著降低企业的资金利用率。

因为存在着信用风险，有些企业和与企业有关的个人不得不持有一些风险备用金来预备将来的违约风险所带来的严重损失。而企业和银行等金融机构必须基于谨慎性原则及信用风险按照规定的比例提取坏账准备金，这些操作在一定程度上就降低了企业和金融机构可以使用的资金的比例。

第七，信用风险会大大提高交易成本。

因为资金融通过程中充斥着许多不确定性，很多实物资产、金融资产就很难被准确估价，这样就对交易的正常进行极为不利，同时也会提高参与交易的成本，还会造成交易方之间的一些纠纷，甚至影响交易经营的正常运行，降低市场的运作效率。进一步说，存在着信用风险常常给企业带来筹资方面的困难，同时给金融机构的中间业务与负债业务带来不利影响，增加交易的摩擦，降低市场的效率。

（二）信用风险影响宏观经济

当前，经济学家不仅研究信用风险对微观个体的影响，同时也研究信用风险对宏观经济产生的影响。

第一，信用风险很容易会带来消费、投资的下降，实际收益率和产出率的缩水，并且随着信用风险的扩大，这些经济变量下降的幅度也会扩大。这是由于信用风险等其他来自资本市场的风险带来的恶劣影响很可能极为严重。举例来说，资产业主为了降低资产的投资风险，不得不挑选较低风险的投资组合，这样会使产出下降，实际收益下降。同样的思路，由于未来现金流的不确定性，未来的个人财富可能会出现比较大的变化，个人的境况可能会变得相对恶劣，所以个人可能不得不改变自身的消费习惯和投资组合决策。也就是说消费者为了未来可以进行正常的消费，会进行较为谨慎的消费行为，逐渐养成新的消费习惯。而投资人将会因为实际收益率的减少以及对资本安全性的担忧而相对减少投资总额，最终导致全社会的总体投资水平的降低。

第二，信用风险的恶化会带来资本市场的严重动荡，进而扰乱正常的社会生产和生活秩序，甚至导致全社会陷入精神性的恐慌，此时会造成极为可怕的生产力的破坏。举例来说，如果金融机构经营不善而倒闭，就会在其存款人中造成非常大的恐慌，这种心理压力可能会引发金融机构的信任危机，造成存款人的集中挤兑，使得整个资本市场陷入混乱。1929 年到 1933 年期间，世界经济陷入巨大危机，在美国倒闭的银行数量达到 2000 家，其中 1933 年全球银行倒闭数量就达到 4000 家。银行的信用关系被中断，不但使得全社会的金融资产遭受巨额损失，导致了世界经济的严重衰退，而且已经造成全球经济的动荡，随之而来的是全球经济的发展速度的降低。2008 年 3 月 24 日，高盛分析师公布了研究报告，估计次贷危机导致的全球的信贷损失的金额达到 1.2 万亿美元，其中将近一半的损失由华尔街承担。

第三，信用风险将会导致国家产业结构发展的扭曲，削弱整个社会的生产能力。由于存在信用风险，大量的资源自发流向一些“安全性”相对较高的部门，这种现象会导致边际要素生产力的降低，同时也会影响资源配置的效率，使得经济中一些关键的生产部门发展较为缓慢，从而造成经济结构发展出现瓶颈。

第四，信用风险导致宏观经济政策难以制定，并导致经济政策执行上的低效率。国家宏观经济政策制定的目的是让政府能够对经济进行有目的的调节，通过对经济总供给和国民总需求的调控，来实现政府的经济、社会发展目标。社会中所存在的信用风险，必然会在一定程度上对宏观经济政策产生影响，一方面提高了宏观经济政策制定的难度，另一方面又削弱了宏观经济政策的执行效果。举例来说，政府希望通过降低再贴现率或增加基础货币或下调存款准备金率，即采用扩张性的货币政策，提高就业量，提高经济增长率，但是由于整个社会的违约风险不容乐观，商业银行不得已采取惜贷行为，这就使得政府的扩张性货币政策难以达到预期的刺激经济的效果。

第五，信用风险通过国际信息传播渠道直接影响了国家的信用和声誉，从而制约一国经贸活动以及资本活动的顺利进行和拓展。一个国家如果能有健全的信用体系，并且人们能有较好的信用文化，那么该国就有希望建成一个良好的投资环境，吸引国际投资。反之，如果一个国家的经济投融资活动的信用风险较大，很可能会使得国际投资家降低对该国的投资环境评价，减少与该国的交流，从而影响该国商品、服务贸易，最后导致国家的国际收支恶化，贸易减少，劳务进出口减少。进一步说，从国际借贷角度来看，国家的信用风险、企业的信用风险同样也可以影响区域经济组织、世界银行等金融组织的贷款行为，影响外国政府的借贷情况，影响银行的资金拆借状况、企业和国家的直接投资等行为和决策，最终影响一国的国际收支。最后，因为国家的信用基础遭受了打击，从而引发区域性的信用乃至金融危机，将会影响一个国家的国际收支平衡。

第二节 信用风险管理

一、信用风险管理的概念与要素构成

（一）信用风险管理的概念

从广义上说，信用风险管理指的是政府及相关部门、金融机构及相关部门、各类企业等经济个体与有关的社会团体所执行的与信用活动有关的所有法律法规、经济活动和社会活动。它包括信用有关法律法规的制定，社会信用体系的构建和管理，各类信用风险有关的管理组织的业务范围、市场准入、经

营状况的监管，经营过程的规定，管理企业和消费者个人信用行为的相关措施，及与信用风险管理有关的教育、培训与研究活动，等等。

从狭义上说，信用风险管理指的是对消费者个人的信用情况和企业的资信情况进行包括征信以及信用评级等相关的管理活动。在信用体系和市场经济发展程度较为成熟、征信较为发达的国家，信用管理的焦点是针对个人的信用管理，主要是对消费行为进行管理。而在信用体系和市场经济发展程度较低的发展中国家，信用管理主要针对企业，并着重于企业的市场交易行为。

征信的实质是为信用行为提供有关的信用信息服务，实践上征信的表现是专业化的信用信息机构依法调查、采集、整理、保存，提供个人、企业与组织的信用信息，并且对这些信用调查对象的资信情况进行客观评价，用这样的方式来满足正在或即将进行信用行为的有关个人和机构在信用活动中对有关信用信息的要求，降低市场信息不对称程度，解决信息需求问题。通过对信用信息和数据的采集并处理，使海量信息成为征信产品，接着让消费者以征信产品为工具，从信息上保证信用活动的顺利进行，保证交易的圆满完成。从行业分工的视角来看，征信属于行业信息产品的采集、加工和生产服务，但不属于信用风险管理的咨询与顾问服务。征信服务最基本功能为调查、了解、验证对象的信用，使得授信个体能够较为充分地了解被授信方的真实信用状况以及偿还能力，降低授信方的风险。

信用评级指的是各类评级机构采用一系列标准和方法，通过多种渠道获得被调查对象足够的信用信息，以及征信产品的条件下，使用经检验有效、标准的评估方法与评估模型，使用定性与定量分析相结合的一系列方法，评估被评级对象的资信情况以及信用级别，并得出信用评级报告。

（二）信用风险管理的要素构成

信用风险的管理体系本质上是属于社会机制的一个环节，其针对的是一个国家市场经济的规范化行为。信用风险的管理体系对一个国家的市场经济有重要意义，它使得市场交易方式从原始的支付手段为主的交易方式向以信用交易为主的交易方式的转变更为顺利。

1. 信用风险管理体系的组成

信用管理体系有必要包括四个重要的组成部分：首先是征信数据的集中和开放，以及信用管理行业的蓬勃发展；其次是信用管理相关法律法规的通过和相应的执行，使得使用征信信息符合规范并且失信行为要受到相应的惩罚等相关机制和制度的建立和完善;第三是政府对信用活动、信用交易和信用管理行业进行的监督和管理,具体还包括民间信用管理机构的准入和建立;第四是信用管理的规范化研究、教育和行业的推广。其中征信数据的收集、开放,以及征信机构的市场准入,允许征信机构以合法经营方式进行数据搜集、支持和推动信用行业的相关规定,是国家信用体系的基础。

2. 信用风险管理行业的组成

广义的信用风险管理行业可以包括十一个子行业,具体包括消费者个人征信、企业资信调查或工商征信、市场调查、资产调查和评估、资信评级、信用保险、商账追收、保理、电话查证票据服务、信用管理咨询顾问、信用管理研发教育以及培训。

其中属于征信评级范围的包括消费者个人征信、企业资信调查或工商征信、市场调查、资产调查和评估、资信评级,在该范围内的行业的企业多属于信用产品的生产商。属于信用风险管理服务范畴的有信用保险、商账追收、保理、电话查证票据服务、信用管理咨询顾问、信用管理研发教育以及培训,在该范围内的企业不生产信用产品,但是提供基于信用产品的管理咨询服务,或者提供开发信用管理软件的服务。

3. 国家信用风险管理体系

国家信用风险管理体系包括:

(1) 信用评级,具体包括企业资信调查、消费者信用调查和资信评估;

(2) 信用管理的立法和执法,具体包括银行有关立法、非银行有关立法和失信惩罚机制;

(3) 国家的监督和管理,具体包括政府有关部门、民间机构和信用评价的标准化;

(4) 信用活动的教育和研发,具体包括大学常规教育、在职培训和信用管理方面的科研。

二、金融机构视角下的信用风险管理

(一) 金融机构视角的信用风险管理概述

金融机构自从诞生以来,一直有风险相随,且是风险集中之地。随着全球资本市场一体化进程不断发展,金融市场竞争愈演愈烈,金融机构的风险呈现出更为复杂也更为集中的特征。金融机构是风险集中之地,同时也以风险为盈利的主要来源，金融机构通过承担风险而在市场中生存。所以，对金融机构来说，能否恰到好处地管理和控制风险，是金融机构经营的生命线，决定了金融机构的成败。所以风险管理是金融机构经营的重要内容之一。目前金融机构主要包括综合性银行、专业性银行、非银行的金融性机构（如信托投资公司、租赁公司、保险公司、证券公司等），金融企业的业务实质上都是信用活动，因为都是以信用为基础或介质的。所以从某种程度上说，金融机构面临了各种以信用风险为基础的直接的或间接的风险。所以，在全球金融一体化的趋势下，信用风险管理是金融机构未来日趋核心的风险管理任务。

1. 金融机构视角下信用风险管理的概念

信用风险指的是债务人或者合同交易对手因为一些原因未能履行合同规定的内容或者交易方的信用等级发生了变化，从而影响了债务或合约的价值，因此给债权人或者合同持有方带来可能的损失风险。

根据传统的看法，信用风险指的是合约的交易对手因为某些原因无法履行合同义务的风险，也就是说债务人不能按期偿还债务形成了违约，从而给经济个体的经营活动造成的风险。传统意义上的风险应该理解成只有当实际发生了违约事件才会发生，所以，信用风险在某种意义上与违约风险是等价的，信用风险有时又被叫做违约风险。随着金融市场环境的巨变以及现代风险管理技术和工具的发展，传统上关于信用风险的定义已经不能满足日益丰富的现代信用风险内容，也不能反映现代信用风险管理的特点和性质。从当前投资组合的视角来看，投资人的投资组合的损失既可能会源于交易对手的直接违约，也可能源于交易对手履行合约可能性的改变，以及交易对手履行合约的方式的改变。这里面的交易对手包括债券发行人、借款人以及其他类型的交易合约的交易有关方。所以，在现代的金融市场下，信用风险指的是交易对手或者债务人未能如期履行合约义务或者信用质量在合约期间发生了变化，从而影响了合约的价值，最终给债权人或者合约持有人带来损失的风险。

因此，金融机构视角下的信用风险管理，其实质就是通过合理、科学地使用各种定量、定性方法和工具，识别、评估、控制并监测金融机构所面临的信用风险，控制甚至降低信用风险对金融机构以及金融机构所持有的金融工具价值的损失影响，以及金融机构相关的其他机构所受到的传染影响。

2. 金融机构视角下信用风险的特点和分类

信用风险有着显著的特征，它属于非系统性风险，信用损失的概率分布具有典型的非正态性。经验发现信用损失的概率分布具有平峰厚尾的特征，其中信息不对称属于导致信用风险的极为重要的原因。

根据风险的成因，可以把信用风险分为几种类型，即交易的对手风险、信用等级的转移风险、信用事件的发生风险、来源于信用风险的结算风险、违约风险等。

根据信用风险的承担机构，可以把金融机构的信用风险分成四种类型：投资银行面临的信用风险、商业银行面临的信用风险、信托与租赁公司面临的信用风险、保险公司面临的信用风险。而对金融机构来说，处理这些信用风险，就是其信用风险管理活动的主要内容。由于商业银行所进行的经营活动是金融工具的主要来源，商业银行在整个金融机构中举足轻重的地位，且商业银行对信用风险的管理和监控对整体资本市场和经济运行的影响程度均占主要地位，所以从金融机构的视角应该极为关注商业银行的信用风险管理，因此商业银行可以作为金融机构的典型代表。

（二）商业银行视角下的信用风险管理

1. 商业银行视角下的信用风险分类

商业银行在市场经济国家中都被视为是一种风险制造机。换句话说，提供各种金融方面的服务，承担各种各样与金融有关的风险，并以风险换取风险回报是商业银行从事的主要活动。为了进行更为科学有效的信用风险管理活动，商业银行通常会运用各种经检验科学有效的方法及更为精准的工具进行风险的识别和监测。同时根据不同的市场状况，根据商业银行自身的风险特性与风险容忍度，本行规定的信用风险管理策略，本行的资本金状况和金融机构监管有关部门的有关规定等因素，对不同类型的客户采用不同的信用风险管理方案。

商业银行几乎所有的业务都或多或少存在着信用风险，具体包括交易账户的表内及表外业务，商业银行自身的账户。随着金融市场的发展，金融工具创新的深入，商业银行面临着越来越多除了贷款以外的创新型金融工具的信用风险，例如同业交易、承兑、外汇交易、贸易融资、互换、金融期货、股权、期权、债券、担保、交易结算和承诺等。当前，对大部分商业银行来说，特别是对我国绝大部分的商业银行而言，贷款绝对是最主要、规模最大的信用风险来源和信用风险管理对象。换句话说，信贷风险就是当前中国银行业面对的首要的信用风险。

信贷风险来自商业银行借款人的道德风险,或者源于借款人的还款能力问题,或者来源于借款人还款意愿问题,即不愿意按照事先规定的合约条款履行义务,从而给商业银行带来损失。商业银行的客户违约,给商业银行带来的严重的信用损失很可能会危及商业银行正常的清偿能力及正常运营状况。所以,商业银行有必要对其借款人的抵押品的市场价值、实际和未来的财务状况、借款人还款历史和还款意愿等与借款人还款有关的所有因素保持密切监控,一旦发现有可能影响其信用质量或还款及时性的情况,商业银行就有必要采取一些有效的方法来控制或者规避信用风险。举例来说,商业银行可以对同一个信用质量类型的国家、同一个信用水平的行业或者同一个信用等级的客户使用相近的授信额度,并且对借款人的贷款申请经过信贷人员或者联合承担人员进行责任划分。再例如,如果某一特定客户因为某些原因同时向几家金融机构申请了借款,商业银行有必要对这一个客户的所有目前仍然承担还未完成清偿责任的债务余额进行全面而详尽的了解,以取得必要的信息和有力保证,更为合理地控制客户的授信限额。再例如,商业银行可以采取各种技术手段如金融工程等进行风险分散和规避。

交易的对手风险来自于交易对手的道德风险,这种道德风险有可能是由于系统风险引发的市场不利的价格变动,有可能是来自于其他的政策、法律法规方面的限制从而导致交易的对手无法或拒绝履行合同义务。交易的对手风险与信用风险极为相似,但是与借款人的违约对比,交易的对手风险是与交易有关的但是表现为时间更为短暂的财务风险事件。

2. **商业银行视角下的信用风险识别**

(1) 信用风险识别的概念

信用风险的识别指的是通过对商业银行的客户、交易对手、外部环境等有关信息的调查、考察和分析,辨别出可能引发商业银行的交易对手或债务人发生违约或者信用质量变化,导致银行的债权或者其他金融工具市场价值降低,并且由此导致商业银行的违约损失的各种相关因素。

信用风险的识别内容具体包括导致信用风险的因素分析,信用风险的类型划分,信用事件的概率以及导致的后果判断,信用风险的识别方法、识别步骤以及识别的效果。

信用风险的识别步骤包括:第一,要求交易对手和债务人提供第一手或者从可靠第三方获取各种有关的信用资料和基本信用信息，选用各种合适的、有效的方法和途径，对商业银行的潜在的债务人和当前债务人以及当前交易对手进行完整的、系统的了解和详细考察；第二，要求分析所有可能导致交易对手和债务人产生信用风险的原因及信用风险的表现形式，并且识别潜在的信用风险的目前进展。

信用风险的识别方法有很多，早期许多的商业银行使用了专家分析法，包括5P分析法、5W分析法、5C分析法等，后来也有许多商业银行开发并且采用了各种信用风险的评估模型。当前，已经有许多国内外先进的商业银行使用了风险评级模型和方法对交易对手或者债务人进行信用风险的评估和信用风险的识别。早期和目前的信用风险的分析方法，或多或少都包含了关于债务人基本信息的阐述、债务人经营状况的分析、债务人财务状况的分析、债务人相关担保人分析以及其他非财务方面的分析等。

（2）单一的企业客户的信用风险识别

第一，企业客户基本情况的分析

在对商业银行的企业客户进行信用风险的分析时，有必要对企业客户的基本情况以及其余商业银行业务有关的信息进行全面、详尽的了解。这样做便于从中判断企业客户的所属类型，是属于单一客户还是集团客户；这样做也便于了解企业客户的基本经营状况，包括业务范围和盈利状况；同时也便于了解企业客户的信用状况，例如有无违约的历史；等等。

商业银行应该要求客户提供有关的基本资料，并且要审核客户提供的身份证明，审核接受授信的法人资格的合法性，审核法人财务状况资料的合法合规性，审核有关材料的真实性、合法性和有效性，并且在审核通过的基础上出具书面形式的确认书。

第二，企业财务状况分析

企业财务状况分析实质是对企业经营活动的经营成果、经营活动的财务状况和目前的现金流量状况的分析。通过财务分析，可以较为客观地评价企业经营管理的业绩、经营活动的效率，并且可以客观地评估企业历史创造的价值，客观估计企业的财务风险、信用风险等有关指标。财务分析是较为繁琐的系统工程，片面的指标或数值的显示无法达到财务分析的目标，所以财务分析之前有必要建立合理、系统的财务分析框架，其中最常用的内容包括：财务比率分析、财务报表分析，以及现金流量分析。

第三，企业的非财务因素分析

企业的非财务因素分析指的是商业银行的信贷风险分析中一个非常重要的组成部分，非财务分析与财务分析互为依据、互为补充。考查和分析企业目前的非财务因素，要从管理层分析，从行业风险及生产与经营风险分析，以及对宏观经济环境进行分析和判断。非财务因素分析具体包括以下几个方面：客户管理层分析、行业风险分析、生产与经营风险分析、宏观经济分析、自然环境分析。

第四，企业的担保分析

企业担保指的是为了提高借款人还款的可能性，减小商业银行资金的损失概率，维护债权人以及相关当事人的资金等方面权益，由被授信人或第三人负责偿还贷款本息以及为其他授信产品的偿还提供一种附加的偿还保障，相当于为商业银行提供可以选择的、可以控制或影响的还款来源。借款人以及另外的第三人与商业银行共同签订担保债务协议之后，如果借款人的财务状况恶化，或者违反了借款合同，无法偿还必须偿还的贷款本息的时候，商业银行就可以通过担保行为的执行争取让第三方担保人来执行最终偿还贷款本息的工作，用来减少贷款损失。现在担保的方式主要包括抵押、保证、留置、质押以及定金。

(3) 团体客户的信用风险识别

第一，团体客户的概念及类型

团体客户指的是企业组合客户。企业组合实质是企业集团，指的是由几个法人客户群体组合的客户团体，这些法人客户之间存在着间接及直接的控制关系，或者彼此之间存在其他的重大影响关系。当几个企业客户被确定为同一个团体客户的关联方时，就可以称其为集团内的成员单位。

根据团体内部客户之间关联关系的区别，企业团体可以分为纵向一体化企业团体和横向的多元化的企业团体；根据团体客户内部企业之间的紧密程度的差别，企业团体可以分为紧密型的企业团体以及松散型的企业团体。

第二，团体企业客户的信用风险特点

团体企业客户的授信业务的信用风险主要来源于商业银行对团体客户进行多头授信，或者由于关联方进行了过度授信，或者由于客户间紧密度的不均衡导致实施了不适当的授信额度的分配，或者源于团体客户内部部分客户已经出现经营不善现象，然而团体客户通过资产重组、关联交易等方式不按照公允价格的会计原则虚增利润或者转移资产实现虚增资产等现象诱导商业银行进行不适当授信行为，进而给商业银行带来潜在损失的可能。

基于以上分析，我们可以发现，团体企业客户与单一的企业客户对比，其信用风险突出了几个方面的特性：

首先，企业团体内部之间的关联交易较为频繁。这里的关联交易特指发生在关联方之间的权利或者义务的分配或安排。企业集团内部之间进行关联交易的主要动机之一，就是为了让整个企业集团能够进行统一的控制和管理；其次的重要动机是团体内通过关联交易，可以有效规避一些政策限制，有效改变财务报表。如果企业需要做大利润，实现利润虚高，常常会通过与关联企业之间的一些虚构的交易往来造成营业收入的提高以及利润的增加；如果企业需要降低或者转移利润用于避税的时候，往往会由团体内部向该企业收取一些名目的费用或者用一些方式分摊费用，或者通过团体内部其他企业把一些低值投资项目和闲置资产销售给目标企业，然后分割该企业的经营成果，甚至有可能通过资产转移抽空企业内部的资产，这样的做法可以直接使得借款企业的经营成果减少，盈利能力降低，财务风险提高，从而也提高了银行的债务风险。可以说，高度隐蔽的关联交易，会使得银行难以及时发现财务风险和隐患从而及时采取措施，因此会增大商业银行对贷款业务管理的难度，并扩大贷款的回收风险。

其次，团体企业客户之间经常实行连环担保。团体成员企业之间通常使用连环担保的方法向商业银行申请贷款。这种相互担保的方式目前是符合贷款相关的法律规定的，但是这种连环担保的方式却藏匿了巨大的财务风险以及信用风险。一方面，企业团体内部之间频繁的关联交易很容易诱发经营风险，另一方面，违约风险通过贷款的担保关系链在集团内部的企业之间不断地传染。企业团体内部的系统风险无法通过其他方式向外部有效转移和分散，这时候商业银行的债权风险在整个团体内部实质上失去了担保的作用。

再次，团体企业客户的财务报表的真实性太低。正常情况下，团体企业客户常常会根据现实需要调整合并报表的一些重要数据，所以报表的真实性不高。举例来说，合并报表和借款主体的报表划分不明确；再比如，在制作合并报表的时候没有把团体关联企业之间的互相投资款项以及应收应付款项进行剔除；再举例，合并报表夸大借款主体的净资产总额，或者夸大营业收入和营业利润;再比如,集团企业中的母公司在其合并财务报告中没有披露集团成员企业之间的关联交易和互相担保的详细情况,或者避重就轻地简述。这些情况都会导致团体客户企业向商业银行递交的财务报表真实性过低。

第四,团体企业的信用风险监控难度较高。团体客户通常采用跨行业经营的方式,有些更大的企业集团甚至从事跨地区甚至跨国的经营方式,同时又对内融资和对外融资,进行全盘运筹,这种方式往往会使得商业银行签约的被授信主体和实际使用贷款的主体不一,进而提高了商业银行在贷款后进行信用监管的难度。

最后,团体企业资金链发生断裂之后导致的信用风险。大的企业集团为了追求规模效应,常常会利用它的控股优势使用集团内部成员企业的资金,并且利用团体企业的规模取得商业银行的大量授信。高度负债的条件下集团企业往往会过度扩张,最后甚至进入了自身并不擅长和熟悉的领域和地区。而随着集团企业的业务盲目扩张,企业之间以资金作为纽带,形成较为脆弱而冗长的资金链,资金流在集团内部的成员之间不断流转。企业扩张越快,集团内部的资金链条越脆弱,单独的企业风险承受能力越低。最后,任何一个企业作为链条上的一环,受到一点冲击,都可能会造成整个资金链条上的成员企业,甚至是整个企业团体的崩溃。

(4) 零售自然人客户的信用风险识别

第一,零售自然人客户的类型以及客户基本信息的采集

除了单一企业客户和团体企业客户以外,商业银行目前接受的零售信贷业务的主要客户属于自然人,然而绝大多数的外国的先进商业银行往往会把小微企业统统划归为零售业务,所以本书将零售自然人客户单独列出。零售自然人的贷款业务特点具体表现是单笔业务贷款金额小,然而客户比较多。同时小微企业的客户们还容易出现贷款金额较小,贷款频率较高,所需的时间短,提供的财务报表不真实、不完整等现象。

目前几乎全部先进商业银行在为公司组织之类的客户提供贷款业务之前都必定要对潜在客户按照本银行的标准作出信用风险的评级,辨别组织客户的信用风险程度以及信用风险类别。然而对于零售自然人业务来说,绝大多数商业银行,即使是先进银行也往往都使用外部机构提供的信息来确认客户的信用风险,或者在外部机构进行信用评分的基础上再通过自身设定的评估模型自动化处理,来进行零售自然人贷款业务的信用风险识别,然后才在该基础

上针对零售自然人贷款业务进行审批、评估、监控乃至回收等正常的贷款业务环节。商业银行自身的信用风险评估模型大多是来源于大数据的统计分析，借助于计算机的软件系统设计实现的。商业银行的信贷实践说明，这些信用评估模型的开发和更新是动态的，实证上也是有效的，是商业银行能够实时监控自然人客户信用风险的软基础，同时信用评估模型的开发和更新也和实际的客户维护工作关系密切、不可分割。

第二，自然人信用风险的识别过程

自然人信用风险的识别过程具体包括三步：

第一步，即商业银行要求自然人客户或者小微企业应尽可能提供可以证明自身（个人或者小微企业）的职业、收入、年龄、教育背景、信用记录或营业执照、小企业注册等相关的资料与基本信息。商业银行将会通过与借款人或借款单位电话访谈或者面谈，甚至实地考察等方式，来了解借款人或单位等有关信息的真实程度。

第二步，即商业银行会从外部专业有权威性的个人信用评级组织，举例来说人民银行的个人信用记录的基础数据库，以及其他诸如税务机关、海关、法院等部门的有关数据来了解个人或小微企业的历史信用记录，用以判断个人信用风险。

第三步，商业银行利用所获取的信息，结合银行自身的内部数据库现有的相关数据，以及客户已经提供的资料，从外部专业权威机构获取的资料，加以整理和筛选，综合分析后按照模型识别出尽可能多的导致个人或小微企业客户产生信用风险的可能事件、事件发生概率以及事件产生的后果。目前对于自然人和小微企业的信用风险的识别一般通过商业银行自己设计的信用评分模型由计算机系统自动处理。

3. 商业银行视角下的信用风险评估和计量

商业银行视角下的信用风险计量和评估的基础是信用评级的方法。商业银行对于自身信用风险的内部评估严重依赖于对客户和交易的风险评估。根据《巴塞尔协议 Ⅱ》的要求，商业银行的内部评级必须要基于二维的评级体系：一维是债项评级，一维是客户的风险评级。

（1）商业银行客户的信用风险评级

商业银行客户的信用风险评级是指商业银行在企业目前的经营情况的基础上，分析企业客户在未来一段时间的债务负担和偿债能力，以及可能发生的违约情形，也就是评估出借款人的违约概率。到目前为止，商业银行的借款人信用评级模型主要经历了几个阶段：专家评分法、信用评分法和信用风险模型等。

第一，专家评分法

大部分正在使用的专家评分系统，都有各种各样的框架设计，但这些框架中所使用的关键要素都是非常类似的。在各类的专家分析系统里面，“6C”分析法作为专门针对企业信用分析的框架使用的领域最为广泛。这种方法是指商业银行在实行贷款之前的审查时，应该要对企业客户进行信用分析，具体包括五个方面的基本内容，就是 Character（性格）、Capacity（才能）、Capital（资金）、Collateral（担保或抵押）和 Cycle Conditions（现有的经济周期状态），以及后来新增加的 Cash Flow（现金流），所以可以简称为“6C”。

可以说“6C”原则已经成为商业银行对债务人债务合约履约可能性的综合的评判标准。其中性格的评价是评判借款人究竟是否愿意偿还债务和能不能主动地偿还债务；才能的评价是评判借款人究竟是否有能够决定的能力借款和是否有足够的能力按要求偿还债务；资金的评价是评判了解借款人是否有充足的财富积累用于偿还债务；担保的评价则是评判和了解借款人是否有其他的担保渠道，来保证清偿债务；现金流的评价则用来了解借款人目前的业务情况和个人的资金状况是不是足够稳健，会不会有隐蔽的财务风险。当然，后来又有学者提出针对企业的信用分析框架，应该要加上企业“持续性分析”，形成新的“7C”原则。而这里所提到的企业的持续性分析，指的是借款人在目前竞争态势严峻，科技创新、产品更新换代极快的环境下，是不是能够维持生存甚至能够在夹缝中求发展，淘汰落后产品，创新改造新产品等。在现代市场经济环境下，商业银行在选择是否为企业提供贷款业务的时候，越来越关注企业的持续性分析的结果。

除了“7C”原则这一分析方法，还有另外的对企业信用分析使用也比较广泛的专家评分系统，如“5P”系统和针对银行与其他的金融机构的 Camels（骆驼）分析系统。“5P”分析法具体包括五个方面，即 Personal Factor（个人因素）、Purpose Factor（资金的用途因素）、Payment Factor（还款来源的因素）、Protection Factor（还款的保障因素）以及 Perspective Factor（企业前景因素）。Camels 分析系统具体包括六个因素：Capital Adequacy（资本的充足性）、Asset Quality（资产质量）、Management（管理水平）、Earnings（盈利水平）、

Liquidity(流动性)、Sensitivity(风险的敏锐性)。专家评判分析的主要特征表现在该评判系统主要工作是把信贷专家的判断和历史经验作为信用分析与决策的实行基础。这种评判系统的突出特点是主观性极强,所以也就带来相应的突出问题,即对于信用风险的评判缺乏一致性的判断。由于专家评判系统以专家的实践和经验为基础,所以带有比较大的主观性,选择关键要素、确定指标的权重直到综合评定给分等各个方面都是如此。在实际的运用过程中,对于同一个贷款业务主要被哪些因素所影响,以及这些影响因素对结果的影响在程度上有什么样的区别,其实不同的信贷业务人员和专家由于个人的习惯、偏好以及经验的区别往往会有不一样的决策,所以可能会出现不一样的信用风险评分结果以及不一样的授信额度建议。实践上,商业银行常常通过颁布一些统一的信用评估操作流程规定,并且针对比较复杂的贷款或者超限额的贷款,往往通过采用组成专家评审委员会,集合众多专家的专业意见,形成综合意见的方法,在一定程度上来解决专家评判分析系统的主观性和局限性。除了上述做法之外,商业银行也会采用现代信用风险的计量方法,结合银行正在使用的专家评分系统以及内部信用评级系统,将其客观性用来弥补专家系统的主观性缺陷,这样能够达到取长补短的目的,使得传统的专家评分系统在商业银行的信用风险分析中占有更为合理的地位并且起到积极作用。

第二,信用风险的评估模型

在现阶段,商业银行使用的信用风险的量化和评估的模型主要包括CreditMetrics 信用矩阵模型、Credit Portfolio View 信用组合观点模型、Credit Monitor 信用监控模型、KPMG 风险中性定价模型、Survival probability model 生存概率模型、Credit Risk + 信用风险 + 模型。

(2)商业银行的客户债项评级

客户信用风险评级主要针对客户的主体评级,不针对客户的特定债务的信用评级,而客户债项评级则是针对客户的某一项债务作出的信用风险评级。客户债项评级主要包括了企业发行债务的评级以及贷款风险分类等。本书在这里主要介绍商业银行以贷款为主的信贷资产的评级以及分类。

① 信贷资产的风险类型

信贷资产的风险分类指的是信贷管理和分析人员,或者金融机构的监管当局的检察人员,搜集能够获取的全部信息并进行最优判断,按照信贷资产的风险影响对信贷资产的质量作出评估。信贷资产的风险类型属于贷后管理的一个组成部分，信贷资产的风险分类主要是为了掌握资产的质量现状，对于不同类型的资产可以采用不同的分类措施和对应的处理手段，通过这样的方式来提高信用风险的控制和管理水平，最终成为信用风险量化和信用风险定价的基础。

从2004年以来，我国的国有独资的商业银行和股份制的商业银行两类银行开始使用国际使用的标准，废除原有的并列的贷款的四级分类制度，推行国际上贷款的五级分类制度，具体为将商业银行贷款分为损失、可疑、次级、关注、正常五个大类。国际使用的贷款五级分类制度主要是根据贷款的内在风险高低进行的分类方法，商业银行主要依据借款人的还款意愿和还款能力，即借款人最终清偿贷款本息的实际意愿和能力，来明确贷款可能遭受损失的风险高低，其中损失、可疑、次级三类贷款又称为不良贷款。而原有的商业银行的贷款四级分类的制度则是将商业银行贷款分为四类，包括损失、呆滞、逾期、正常。

国际金融行业对商业银行的贷款质量实行五级的分类标准，贷款的五级分类必须建立在对贷款实行动态监控的基础之上，通过连续监测并且分析商业银行的借款人的财务状况、抵押品的质量、现金流量等各种因素，判断商业银行贷款的当前实际损失价值。换句话说，贷款的五级分类不再是通过贷款的期限判断贷款的损失，而是通过各种方式更加准确地反映目前贷款的真实状态和实际损失，从而提高商业银行抵抗风险的能力。目前关于贷款的五级分类具体定义分别如下：

第一是正常，具体指的是借款人可以履行合同义务，还未有足够的理由质疑贷款本息不能够按照约定日期偿还。

第二是关注，具体指的是借款人目前尚有能力偿付贷款的本息，但是仍然存在着一些可能对于足额清偿本息产生不利影响的内外因素。

第三是次级，具体指的是借款人已经出现了明显的还款能力问题，完全依赖借款人的正常的经营收入，已经无法足额按时偿还贷款的本息。这样的情况下，即使让担保人进行担保行为，还是会造成贷款的损失。

第四是可疑，具体指的是借款人没办法按时按量偿还贷款的本息，即使让担保人进行了担保行为，商业银行也必定要承受较大的贷款损失。

第五是损失，具体指的是商业银行在执行了所有可以采取的措施以及所有必要的法律程序以后，贷款的本息仍然无法收回，或者只能得到一小部分。

现在已经有一部分中资银行开始借鉴国际上的先进商业银行的经验和实

行的标准，在原有的贷款五级分类基础之上，更进一步把商业银行的信贷资产质量按照风险程度细分到八至十二级。

将贷款按照风险高低进行分类是商业银行信贷业务管理的核心组成部分之一。在对贷款进行分类的过程中，商业银行至少应该要做到以下的六个方面：第一是完善信贷规章制度和详细办法，建立和健全内部控制制度；第二是构建有效的商业银行的信贷组织的管理体制；第三是实行审核和贷款分离；第四是保证贷款相关档案的连续性和完整性，完善信贷的相关档案管理制度；第五是改进相关的管理信息系统，尽量保证管理层能够按时获得相关的贷款情况的重要资讯；第六是监督借款人，令其提供更为真实又正确的财务资讯。假设这些有可能影响借款人的财务状态或者对贷款偿还概率有重大影响的因素发生了较大的变化，就应该要及时调整贷款的归类。

② 违约损失率

违约损失率，Loss Given Default，英文缩写 LGD，指的是债务发生违约时债务的本金中不能拿回来的那部分面值所占本金的比重。其中与违约损失率对应的可以叫做违约的回收率，违约的回收率相当于 1 扣除违约损失率。统计数据与研究表明，违约的损失率不是一个固定的数值，违约损失率与债务的类别、债务在资产中的优先等级、债务所使用的风险规避技术和商业生命周期等因素有关，这其中的每一种因素同时也包括了多种不确定的因素。举例来说，存在抵押品的债务的违约损失率在一定程度上与抵押物自身在市场的变现能力有关系。而影响抵押物市场变现的价值的因素包括了法律因素，也就是说债权人是否在法律上拥有收益权和处置权，同时也包括了物理性因素，具体包括抵押资产自身的完整性、抵押资产的质量状况，以及抵押资产的市场价格波动因素等。因为可以充当抵押物的资产可谓极为繁多，可以是有形资产如机器设备、库存商品、有价证券以及不动产等，也可以是无形资产，如收益性资产或者项目的未来的现金流等，所以要想准确地评估抵押品的市场价值可能会较为困难。

③ 预期损失及非预期损失

正常来说，商业银行的风险管理通常会出现三种损失，即预期损失和非预期损失，以及异常的损失。其中发生概率最小的损失是异常损失，但是异常损失一旦发生则损失的金额非常大，例如重大的自然灾害以及战争造成的巨额损失。因此度量异常损失的难度极大，商业银行因此就不可能准备资金用来抵御异常损失带来的风险。若从极端的情况来看，假设银行要以资金来预防异常损失带来的灾难，也就相当于银行要把所有可能发生的风险都加以覆盖，这样就意味着商业银行无论发放多少贷款，都要拿出同等量的资本金为风险做准备，这样就基本让银行难以运营。而根据国际惯例，通常使用压力测试来估计异常损失，并且制定异常损失的应急预案，针对异常损失进行消极处理。

预期损失（Expected Loss），简称EL，指的是商业银行可以估计得到或者可以预见得到的损失，预期损失主要是根据历史统计数据来进行测算和推定的。假设历史数据的统计期限足够久，我们就可以发现商业银行的贷款损失是有一定的规律的，所以历史统计数据的平均损失完全可以用来预测将来可能发生的损失。举例来说，从一个长时间的统计数据发现，AAA信用等级的借款人平均会发生0.03%的损失，那么就可以估计出来，一个新产生的AAA级借款人的债务未来会出现损失的概率为0.03%。根据统计学原理，预期损失实质是指发生损失的概率分布的期望值，其等价于违约概率（Probability of Default）、违约损失率（Loss Given Default）和违约风险敞口（Exposure At Default）的乘积。

$$EL = PD \times LGD \times EAD$$

由于经济周期和市场条件等因素的影响，商业银行在经营过程中真正发生的损失常常会在预期损失上下一定范围内波动，这样的实际损失相对于预期均值的偏离属于非预期损失。按照统计学对其的定义，非预期损失其实是损失分布的方差平方根。非预期损失相对于预期损失的计算方法，要复杂很多，一般计算非预期损失需要构建计量模型。

区别预期损失与非预期损失，主要可以通过以下三个方面进行：

首先，概率分布。商业银行的预期损失是一个常数，所以呈现在图像上是一条直线；而非预期损失则表示价值对商品均值和债务预期损失的偏差。商业银行债务损失的概率分布里，债务的预期损失实质是损失分布的数学期望，而债务的非预期损失则是指在预定的置信水平条件下，损失大于预期损失的那一部分。很明显，假设损失的分布是服从了均匀分布，那么银行就不再存在非预期的损失，因为所有的损失都会永远与预期损失相等，此时商业银行就没有必要再持有资本了。

其次，是商业银行的风险补偿。因为预期损失是商业银行已经预见得到的可能发生的损失，所以商业银行通常会采用集体专项准备金，将预期损失列为商业银行的业务成本。与此同时，商业银行也会从收入方，在已经确定贷款利率和相关的产品定价的时候，通过合理的金融产品定价来覆盖预期的损失或相应的风险暴露，弥补损失成本。而对于非预期的损失，虽然银行已经确定的贷款利率会覆盖一部分的非预期的损失，但是金融市场大抵是不会愿意支付一个足够高的产品价格用于使用者覆盖所有的非预期的损失，所以商业银行需要使用经济资本金来抵御可能发生的非预期损失。而经验和事实都可以证明，非预期的损失的确是导致商业银行的损益发生波动，甚至是出现破产事件的主要原因。所以我们可以说，随着现代风险管理的进步和理念的更新，商业银行已经不再把预期损失归入传统意义的风险了，而所谓的风险则常常被定义为非预期的损失。

最后，我们可以用典型的案例来说明预期和非预期的损失。典型的预期损失的案例和情形主要有：金融工具的市场价值的预期波动。例如企业向股东支付红利的时候会导致股票价格出现异常波动；再例如金融工具在接近到期日的时候会出现相应有价证券价格明显的变动；再例如，某个贷款发生违约的预期发生金额和数量；再例如，预期会发生的具体操作失误数量，也就是说在一段时间内，商业银行在正常情况将会发生的、正常损失金额内的操作失误的数量。而属于非预期的损失的情况则主要包括：金融工具的市场价值发生的非预期的波动。例如，在东南亚金融危机期间，亚洲的汇率、利率和股价发生了巨大变动等；再例如，经济危机期间，发生违约时，贷款笔数和违约金额会远远超过预期；再例如，操作失误的发生数量忽然上升或者单笔的操作出现失误而导致发生了巨额损失。

④ 计算违约损失率（LGD）—— 债项评级的核心

违约损失率的影响因素主要包括以下四个方面：

第一是项目因素。项目因素与贷款项目的设计是直接相关的，项目因素可以反映违约损失率的相关项目特性，同时也可以反映商业银行通过设计特定交易方式在具体交易中降低和管理信用风险所作出的努力。项目因素具体包括抵押品和清偿优先级（Seniority）等方面。其中清偿优先级指的是在债务合同中规定的债权人在拥有债券中的重要特性，实质是负债企业在发生破产清算得出企业的残余价值的时候，债权人获得清偿阶段与其他债权人和股东之间的排序，优先级高的债权人可以优先获得清偿，优先级低的债权人获得清偿的次序在后。除此以外，除了传统上的抵押物，商业银行经常使用一些金融创新工具来开展其他规避和转移企业违约产生的损失的活动，具体如信用违约互换等信用衍生产品。这些信用衍生产品在《巴塞尔新资本协议》被称作风险缓释技术，商业银行可以通过给予不同的违约损失率数据将其纳入银行的资本管理框架。

第二是指公司因素。公司因素指的是与特定的借款企业相关的影响债项风险的因素，但这些因素中不包含属于行业领域自身的特征。公司里会影响违约损失率的因素主要是企业的资本结构。企业资本结构一方面可以表现为企业的融资的杠杆率，也就是总资产与总负债之间的比率，另一方面也可以表现为企业的融资结构下每笔债务对应的清偿优先级。公司因素之中，企业的规模不同对于违约的损失率的影响是较为受关注的问题，然而目前各个领域对于企业规模对违约损失率的影响的途径以及对违约损失率的影响的大小的认识还不统一。

第三是指行业因素。不少研究发现，个体企业所处的行业特征对企业的违约损失率的影响较为明显，换句话说，统计数据发现，在其他的因素都相同的条件下，不同的行业常常会有不一样的违约损失率。各行业的研究数据说明，那些有形资产比较少的行业，比如服务业的违约损失率，常常比有形资产较多的行业，比如公共事业部门的违约损失率，要高一些。

第四是宏观经济周期的因素。影响违约损失率的较为重要的因素之一是宏观经济的周期。Moody’s 和 Standard & Poor’s 评级公司的债券的历史统计数据说明，经济萧条期间的债务的回收率要比经济复苏时期的债务的回收率要低三分之一。此外，企业的总体违约率代表了经济的周期变化，而在经济体系中的企业的总体违约率也与企业总体的违约回收率呈现负相关关系。所以宏观经济周期是影响企业违约损失率的重要因素。

这里所述的四个方面因素共同影响企业的违约损失率水平并造成违约损失率水平的变化，但是每个因素对于企业违约损失率的影响大小还是有一些差异的。按照 2002 年 Moody’s 公司关于违约损失率预测模型的技术文件中披露的有关信息，清偿优先级等项目因素对于违约损失率的影响贡献度为 37%左右，宏观经济环境因素对违约损失率的影响贡献度为 26%左右，行业性因素对违约损失率的影响贡献度为 21%左右，而企业资本结构因素对违约损失率的影响贡献度为 16%左右。

4. **商业银行视角下信用风险的监测与报告**

信用风险监测属于风险管理过程中的重要一环,指的是信用风险监管方使用现场以及非现场的监管工具,实时提取风险监测指标的非正常变动,以此发现其是否已经达到值得关注的水平或者已经超过限定的阈值,然后通过调整授信策略、优化资产的组合结构、进行资产的证券化等策略来应对,以期达到控制风险、分散风险和转移风险的效果,或者在信用风险逐渐转变成为信用危机的时候采用有效的危机处理机制,把信用损失降低到最低的程度。

信用风险的监测是一个连续和动态的过程,正常来说包括两个工作层面:首先是跟踪已经识别出来的风险的发展和变化情况,具体包括整个授信的周期,信用风险产生的来源和产生后导致的结果的变化,评估信用风险缓释计划的需求;其次是根据信用风险的变化状况按时调整信用风险的应对方案,还要对已经发生的信用风险与其产生的、遗留的各类风险和新增的风险及时地进行风险识别、风险分析,并采取适当的应对方法。JP 摩根的历史数据的统计分析发现,在贷款决策之前预测风险并且采取预防措施,对实际损失降低的贡献率可以达到一半到十分之六左右,而在贷款发生后管理过程之中监测违约风险并及时进行补救的话,则对实际损失降低的贡献率仅仅为四分之一到三分之一,至于当贷款的风险暴露之后才进行违约的事后处理,那么其效果对损失的降低贡献率仅仅不到五分之一。

(1) 商业银行视角下的信用风险监测对象

第一,客户的风险监测

商业银行信贷资产的组合风险的变化主要的来源是单个债务人自身资信情况的变化,商业银行的客户风险是构成商业银行信用风险的微观部分。所以,商业银行监测自身的整体信用风险的原始做法就是构建起单个客户授信情况的监测机制,然后监控债务人与商业银行交易对手对各项合同执行情况,并且划分有问题贷款的边界,识别有问题的信贷资产,最后决定应提取的准备金和储备资产总额。

有效的商业银行的信用监测机制应该要达到以下的几个标准:第一是确保商业银行清楚借款人或者商业银行交易对象目前的财务实况;第二是监测借款人或者交易对象对于与银行的合同条款的执行情况;第三是评估债务抵押物相对于债务人的当前债务价值损失的补偿程度;第四是能够识别交易对手对合同还款的违约状况,并且能够及时地对可能发生的问题信贷进行归类;

第五是能够迅速地对信贷问题进行补救和恰当的管理。

商业银行客户风险的内生变量主要包括两个方面的指标:一方面指的是基本面指标,所谓的基本面指标均是属于定性指标,而非财务指标;另一方面指的是财务指标,主要是定量指标。

这里的基本面指标主要包括实力类指标、品质类指标以及环境类指标。

① 实力类指标主要包括借款人又称融资主体的技术与机器设备的领先度、资金实力、资质等级、人力资源、成本管理、运营效率、对外担保因素、重大投资影响等。

② 品质类指标主要包括借款人又称融资主体的公司治理结构、管理层的素质、经营的组织架构、合法合规性、信用记录、还款意愿等。

③ 环境类指标主要包括政策和法规环境、市场的竞争环境、信用环境、外部的重大事件等。

财务指标属于定量指标,包括偿债能力指标、营运能力指标、盈利能力指标、增长能力指标等,具体包括:

① 偿债能力指标具体包括流动比率、营运资金、现金比率、速动比率等一些属于短期偿债能力的指标,以及债务本息的偿还保障倍数、利息的保障倍数、净资产的负债率、资产负债率、有利息的负债的息税前盈利(EBITDA)以及现金支付能力等属于长期偿债能力的指标;

② 营运能力指标具体包括流动资产周转率、总资产周转率、应收账款周转率、存货周转率、固定资产的周转率等指标;

③ 盈利能力指标具体包括净资产收益率、资产收益率、营业收入利润率、产品销售的利润率、销售的净利润率、总收入的利润率、资本收益率、销售的息税前的利润率、营业成本费用的利润率、销售成本的利润率、总成本费用的净利润率,或者普通股权益的报酬率、上市公司的每股收益率、股利发放率、价格与收益的比率等定量指标;

④ 增长能力指标具体包括销售收入的增长率、资产的增长率、权益的增长率、利润的增长率等指标;

⑤ 其他的财务指标。

就外生变量而言,商业银行的借款人的经营活动并非是孤立存在的,而是与市场竞争者和上下游的客户等属于“风险域”的企业之间持续地相互影响的。以上这些相关企业的改变,都可能对商业银行的借款人的经营活动和资信情况产生影响。所以，对单一客户的风险监测，有必要从企业个体延伸到该个体的利益相关企业群体。

对客户的风险监测方法主要包括一整套的贷款之后的管理程序和管理标准，并且使用了“6C”分析法、客户的信用评级方法、贷款五大分类、专家的信用评分等方法。《巴塞尔协议Ⅱ（巴塞尔新资本协定）》着重指出，商业银行内部的风险评级是商业银行监测、控制单个客户信用风险的重要工具。商业银行对于单一客户借款人或者交易对手的信用评级，应该要使用定期复查的方式，如果借款人的条件发生了改善或者恶化，此时商业银行应该要对每个授信的客户重新进行评级评分，用来确定商业银行内部评级和保证银行贷款授信的质量评分的一致性，并且能够准确地说明各个贷款的授信的质量。对于信用评级下降的贷款授信，应该要进行额外的监测和管理，举例来说，授信管理人员应该更频繁地进行检查，并把该评级下降的授信列入高层管理员日常检查和关注的名单中。正常来说，对于信用等级比较高的客户偶尔发生的较小的风险波动，商业银行应该要给予比较宽容的理解；反之，对于信用等级较低的客户，自身风险程度较高，应该要给予较小的容忍。

第二，贷款组合的风险监测

对于贷款组合（Portfolio）的风险监测应该要把信贷资产的投资组合作为监控的出发点。组合风险监测的理论基础是证券投资组合理论，例如均值－方差分析和随机过程等，也就是说贷款的资产组合所含的信用风险并不是相当于每一笔债务对应信用风险的简单相加，不同的是，不同的债务组合可以通过分散化投资有效削弱风险影响。这样的结果是源于客户或者每笔债务之间，在关于信用风险和违约现象方面存在着某些关联性，叫做违约相关性。从投资组合的视角来看，大多数情形下，因为每笔债务的信用风险与其他债务的信用风险所表现出来的违约相关性系数比1更小，所以债务资产的组合所含的信用风险常常要或多或少地低于所有债务所含的信用风险的简单相加。

贷款组合监测可以表现出多样化贷款组合，可以形成分散风险的结果，这样就可以通过国家、行业领域、地区、产品类别等各种维度的组合贷款，防止风险的集中度过高，实现资源和风险的优化配置。

对贷款组合的风险监测主要有两种方法：首先是传统的商业银行的贷款资产的组合限额的管理方法，其次是计量模型方法。

传统的贷款组合的监测方法主要是对贷款组合资产的授信集中度以及授

信结构进行分析和监测。授信的集中指的是相对于商业银行的资本金、资产总额或者商业银行的总体信用风险水平来说，存在比较大的潜在信用风险的授信。授信的结构分析指的是对贷款的客户所在行业、生产的产品、贷款所处领域等的资产的质量、资产收益、利润的贡献等维度的分析。商业银行同时也可以根据信用风险管理专家的专业性判断，对各项风险检测指标赋予一定的权重，从而可以得出对贷款资产组合的信用风险的评估的综合指标或综合指数。

对于贷款的组合风险，商业银行可能使用对额外风险的加码，对增加了的信用风险加持资本金，以及使用贷款参与等做法来减少对某一类特定的行业或者对所关联的借款人的依赖性，或者通过贷款衍生产品、贷款资产的证券化、贷款打包出售或者其他的二级市场的信用风险的安排等来加以应对。

（2）商业银行视角下信用风险的主要监测指标

商业银行的风险监测指标是现代信用风险非现场监测的关键技术，正常情况下，主要包括显性指标和潜在指标两个大类，显性指标主要是用于显现因素或者现状信息的定量指标，而潜在指标主要适用于对隐性因素或者具有一定征兆的信息的定量衡量。

举例来说，中国的银行业监督管理委员会每年都会对原来的国有商业银行按照三个大类七个项目的指标进行风险评估，具体来说，包括资产质量类指标、经营绩效类指标以及审慎经营类指标。资产质量类的指标是指不良贷款占比，经营绩效类的指标包括成本收入比、股本的净回报率以及总资产的净回报率，最后，审慎经营类指标则包括大额风险集中度、资本充足率以及不良贷款的资本金覆盖率。

（3）商业银行视角下信用风险的风险预警

信用风险的风险预警指的是商业银行的监管者利用从现场检查、非现场监管以及其他渠道获得的信息，采用一定的技术手段，再结合专家分析评判、层次分析、时间序列分析以及功效积分等数量模型分析方法，对商业银行的信用风险的状况实行动态的监测以及早期预警，用来实现信用风险的“防患于未然”，以及建立错误风险的“防错纠错机制”。

第一，信用风险的预警程序

信用风险的预警实质是各种金融工具以及各种信用风险处理机制的一种综合运用，信用风险的预警本身依赖于系统化、动态化、精确化的信用风险的预警系统，都必须依次、逐级地完成以下程序：

首先，是信贷信息的汇集以及传递。也就是说，风险预警应该要搜集与商业银行有关的内外部的各种信息，具体包括信贷业务人员所提供的信贷信息和通过外部的渠道所得到的信用信息，通过一定的处理机制，交付银行的信用风险的信息系统加以储存，并在银行系统内传递。

其次，是信用风险的分析。信贷信息通过信用风险的处理机制进行适当的分层级处理、筛选、甄别以及判断之后，必须进入商业银行的信用风险的预测系统或者信用风险的预警指标体系，风险的预测系统使用信用风险的预测方法对商业银行的内外环境的未来情况进行预测，信用风险的预警指标将通过模型运算评估出未来的市场的信用风险状况，将通过预测系统计算输出的结果与信用风险预警参数加以比较，可以让管理者做出是否发出信用风险警报，以及发出何种程度的警示的决策。

再次，是信用风险的处置方案。信用风险的处置指的是商业银行在信用风险警报的基础上，为了防控并且最大限度地降低商业银行的信用风险而使用的一系列措施和方案。依据阶段，信用风险的处置可以简单划分为预控性的风险处置以及全面性的风险处置。预控性的风险处置指的是商业银行在制定出信用风险预警报告之后，而商业银行的决策管理部门还没有针对这个警报采取相应的措施之前，信用风险的预警部门或者商业银行的决策部门针对还没有爆发的隐性而潜在的信用风险提前使用了控制措施和方案，用来避免信用风险的扩大对商业银行造成不良影响。预控性的风险处置同样可以由商业银行的预控的对策系统来进行，预控管理的对策系统会根据信用风险警报的性质和类型组合选用对策组合，进行计算机辅助决策。而全面性的风险处置指的是商业银行在对信用风险的性质、归类和高低进行系统的分析之后，从各种角度，包括内部的组织管理以及信贷业务的经营活动等方面采取相应的措施来进行信用风险的分散、转移和规避，以便让商业银行的信用风险的预警信号可以回归正常状态。

最后，是信用风险预警的后评价。信用风险预警的后评价指的是信用风险在经过风险预警以及风险的处置流程之后，商业银行对风险预警的结果通过各种方法进行科学的评价，进而发现信用风险预警中存在的隐蔽问题，例如漏警和虚警，并且深入地分析产生这些问题的原因，最后对信用风险的预警系统和信用风险的管理行为进行相应的调整或者修正。信用风险的预警的后评价对于商业银行完善自身信用风险的预警系统是极为重要的。信用风险的预警系统在其运作的过程中必须不断地通过数理模型如时间序列分析等计量技术来验证该模型和工具的有效性，同时也要进行数据结构的调整和数据源的完善、信用风险预警指标的完善和数量模型的改进，还有进行模型的解释变量的调整以及模型参数的维护，等等。

第二，信用风险预警的主要方法

信用风险的预警理论及方法无论是理论领域还是实践领域都已经在世界范围内取得了较大的发展。随着信息技术的发展，国内外许多金融机构已经把非结构化的神经网络技术和逻辑回归分析等技术引入信用风险的预警模型，并且通过制定动态的先导性预警指标体系来预测信用危机发生的概率。

信用风险的预警目前已经有许多成熟的方法。传统的方法典型的有“6C”分析法；较为标准的方法有评级方法，例如美国货币监理署（OCC）最开始开发出来的贷款的评级方法，Credit Risk + 信用风险计量模型；用得较广的有信用评分方法，例如美联储、联邦存款保险公司、货币监理署等美国的监管当局所使用的 CAMELS 骆驼评级体系；理论基础较雄厚的统计模型，例如 1993 年美联储根据金融机构监测系统开发出的 SEER 模型。第一类 SEER 评级模型，使用对数的多元回归分析方法，在常规性监管报告数据基础之上来评估商业银行的骆驼综合信用等级。

在国内的商业银行的实践里，信用风险的预警属于一门新兴的交叉科学，依据风险预警的运作机制，可以把信用风险的预警方法分为红色预警法、蓝色预警法和黑色预警法。

① 红色预警法。这种方法将定性分析与定量分析相结合。第一步，全面分析影响预警因素变动的所有不利因素和有利因素；第二步将这些影响预警因素在不同时期进行比较分析；第三步在分析的基础上结合风险管理专家的主观判断和经验进行相应的预警行动。

② 黑色预警法。这种方法不适用警兆自变量，而是考虑了预警因素指标的时间序列的变化规律，也就是序列的波动特征。举例来说，我国的农业基本上存在大概 5 年一个循环的周期性现象，我国的工业基本上存在大概 3 年一个循环的周期性现象。

③ 蓝色预警法。这种方法更注重定量分析，依据风险的警示等级来预报整体的信用风险的严重程度，主要可以分为两种模式：

第一种，是指数预警方法，也就是应用警兆指标合成信用风险指数，根据指数标准进行预警。在一系列指数预警法中，扩散指数用得最广，扩散指数指的是所有警兆指数内数据处于上升的内容在警兆指数中所占的比重。如果这一组指数超过总指数的一半，那么就说明警兆指标中至少有一半正在上升阶段，也就是说风险正在提高；如果这一组指数少于总指数的一半，就说明至少有一半的警兆指数正在下降，也就说明信用风险正在降低。

第二种，是统计的预警法，也就是说用警兆指数与预警因素之间的相关关系来进行不同时期之间的滞后的序列相关分析，用来确定影响因素的长度和强度，然后再依据警兆变动的情况，来确认各个警兆因素的警示级别，最后结合警兆的优先级将警示级别进行综合，决定预报的警度。

（4）商业银行视角下信用风险的风险报告

第一，信用风险的风险报告的概念

信用风险的风险报告指的是把信用风险的信息向内部部门、外部部门以及机构传递，使这些部门机构能够了解商业银行的客户风险以及商业银行信用风险管理状况的介质。从广义上说，信用风险的报告也包括了信用风险的管理信息系统。商业银行应该要充分地利用现代的数据挖掘和数据分析技术，对每一项授信以及全体授信的操作的信用风险进行分析，并且要从多个层面进行风险分类以及综合的工作。

第二，信用风险报告的职责以及作用

信用风险的风险报告的职责以及作用主要从以下几个方面表现：

① 信用风险报告应该要保证对全面、有效的风险管理的重要性以及对风险管理的相关性具备清晰的认识；

② 信用风险报告应该要传递研究对象企业的风险偏好以及企业的风险容忍度；

③ 信用风险报告使用并且支持的风险语言要具有一致性；

④ 信用风险报告必须要让商业银行的员工在信贷业务部门、管理流程以及银行职能部门之间能够共享风险信息；

⑤ 信用风险报告必须要利用商业银行的内部数据与外部的活动、状况、事件的信息，为商业银行的风险管理和计划实施提供技术支持和数据支持；

⑥ 信用风险报告要使得银行员工清楚在具体执行和支持全面风险管理的各个部门中的自身角色与职责；

⑦ 信用风险报告应该要保障信用风险的管理信息能够及时、正确地向管

理部门或者同级的信用风险的管理部门以及企业外的监管部门或投资人递送报告。

5. **商业银行视角下有问题贷款的管理与控制**

贷款一旦出现了违约风险,商业银行就需要对贷款进行积极的金融资产组合管理。这种管理方式不但需要加总风险、度量风险以及监控风险,同时也需要积极地调整有关的风险组合。这种积极的风险管理要求商业银行能够在贷款组合的层面上进行信用风险的度量,并且能够积极应用各种工具管理原有的贷款组合,并对组合进行调整,用来实现信用风险的对冲、分散以及转移。

(1) 信用风险的贷款重组

第一,贷款重组的概念以及内容

贷款重组指的是当商业银行的债务人由于各种原因没办法按照原有的借款合同履行义务的时候,商业银行为了减少借款客户的违约风险导致的损失,进而对原有的贷款要素,即贷款期限、贷款金额、贷款利率、贷款费用以及贷款担保等,进行调整或者重新安排以及重新组织的一个过程。

第二,贷款重组应该要特别注意的几个方面

① 首先是该贷款是否属于可以进行重组的产品或者对象。大多数商业银行都对于允许重组和不允许重组的贷款进行了详细的分类和具体的规定。

② 其次是该贷款为什么要进入贷款重组的流程。应该要有专门的报告进行分析并且陈述重组理由。

③ 再次是贷款是不是值得进行重组,贷款重组的成本与贷款重组后可以减少的贷款损失哪个更大、哪个更小。只有贷款重组的成本小于未进行贷款重组承受的损失,才有必要进行重组,并且商业银行需要对将要重组的贷款主体进行更为细致而科学的成本与收益的分析。

④ 最后是商业银行应该要对抵押品和质押物或者贷款的保证人进行重新评估。

第三,贷款重组的具体流程

① 首先是贷款重组的成本收益分析。在贷款重组的成本收益分析中,贷款重组成功的潜在的和发生的可能性需要与贷款重组给商业银行带来的成本或损失相对比。尤其要注意的是,当这种贷款重组需要商业银行进一步地放款的时候,就有必要仔细地审查再次放款给商业银行进一步加重或叠加的风险。

② 其次是要准备贷款重组的具体方案。贷款重组的计划应该具体包括五

个方面：基本的贷款重组方向（目的）、重大的贷款重组计划（业务规划以及财务规划）、贷款重组的时间约束（什么时候完成）、贷款重组的财务约束（成本限制）、贷款重组每个阶段的评估目标。

③ 最后是与债务人的磋商与谈判，并且要就贷款重组的条件、措施、具体的实施期限和要求几个方面达成共识。

第四，是贷款重组的措施

商业银行的贷款重组的措施主要包括以下几个方面：

① 调整信贷产品组合；

② 降低信贷额度；

③ 延长贷款展期或者缩短信贷产品的期限等，调整信贷业务相关时间；

④ 适当调整贷款的利率；

⑤ 适当增加相关贷款的控制措施；

⑥ 适当限制企业的扩大经营或者其他活动。

商业银行的贷款重组并不限于以上几个措施。在商业银行实施贷款重组的一段时间里，商业银行有必要定期核查债务重组是否有按重组计划进行，并且有必要对贷款重组的流程中几个阶段性目标的达成情况进行评估。这些评估结果有必要形成报告提交给相关的决策层人员，并且由这些有决策权的人员根据这些信息对已经进行重组的贷款作出下一步行动的决策和具体方案。

（2）商业银行的贷款转让

第一，商业银行贷款转让的概念

贷款转让通常指的是商业银行将贷款进行有偿转让。商业银行的贷款转让是指贷款的原始债权人把商业银行已发放但是还没有到期的贷款有偿地转让给其他组织或者机构的行为。商业银行的贷款转让是为了实现将信用风险从商业银行转移出去。

商业银行的贷款转让和贷款销售两种处理方式唯一不同的地方在于：商业银行的贷款转让仅仅适用于已发放出去的老贷款，而贷款销售则不仅适用于已发放的老贷款也适用于新发放的贷款。因此大多数的银行贷款的转让实质是一组同质性的、无追索、一次性贷款，例如住房的抵押贷款，可以在贷款的二级市场上将其公开出售。

第二，商业银行的贷款转让的程序

商业银行的贷款转让的程序主要包括以下几个步骤：

第一步，挑选各个需要转让的具有同质性的单笔贷款，并且将这些同质性贷款放在同一个贷款资产组合里面；

第二步，对同一个贷款资产组合进行重新评估；

第三步，为投资者提供贷款资产组合的详细信息，使得投资人能够科学地评估贷款的风险，也就是能够评估出这个贷款资产组合的预期的违约概率；

第四步，商业银行与投资人协商，共同确定贷款转让的成交价格；

第五步，双方共同签署贷款组合的转让协议；

第六步，办理贷款组合转让手续。

（三）非银行金融机构视角下的信用风险管理

随着资本市场的发展，金融创新的发展以及现代金融范畴的扩大，非银行的金融机构如雨后春笋般快速成长起来，迥异于传统商业银行的金融机构。金融创新工具的广泛应用将各种传统金融风险进行改造导致新的信用风险问题逐步吸引人们的注意。当前，非银行的金融机构种类极为繁多，本书涉及的非银行金融机构具体主要是投资银行和保险公司，以及信托与租赁机构。

1. 投资银行视角下的信用风险及信用风险管理

（1）投资银行视角下的信用风险

投资银行（Investment Bank）简称投行，其信用风险指的是在资本市场的各种业务里，投资银行因为与其交易的对手无法或者不愿意遵守合同约定引起的一系列风险，各种合约具体包括标的有价证券的买卖、标的证券的交割、各类互换合同及外汇交易的结算、贷款合同的偿还本息活动等业务的合约。通常来说，商业银行的信用风险根源于可能引发损失的某些因素，这些因素主要包括：有价证券发起人的经营状况、财务状况以及信誉，证券交易的条件和有效期，合同中对宏观经济变动、市场风险以及国家的主权风险的暴露范围和大小。

（2）投资银行视角下信用风险的来源及分类

从风险来源的角度，投资银行的信用风险主要来源于风险管理活动以及市场的交易，具体包括当前的信用风险状况、潜在的将来的信用风险状况，以及交易对手的逆向选择与道德风险。投资银行的业务范围中，信用风险主要存在于以下几种业务情形中：

第一，是经纪业务中，投资银行业务员有时候为了尽可能多地获取居间收入故意扭曲或者篡改信息，以诱导客户，或者挪用客户的资金等业务员自身的道德风险行为，会导致投资银行自身的信用风险；或者由于投资银行业务员提供了信用交易或允许其客户进行投资，这时候投资银行要面临客户可能发生违约事件的信用风险。

第二，是指在证券投资业务、证券交易业务及资产管理业务中，投资银行由于持有证券、资产衍生产品或者因为市场的业务，而必须面对的交易对手的违约风险。

第三，是指在证券的承销业务里，因为证券发起人与投资银行在发行证券的时候具有的信息不对称，投资银行必须对证券发起人承担连带责任。

第四，是指在企业的并购业务里，由于客户在进行并购行为的时候不能按照协议规定履行偿债责任，进而导致投资银行必须共同承担违约风险。

第五，金融衍生品价格经常有剧烈变动，这很可能会使得投资人遭受相当严重的损失。投资银行通常会进行自营的衍生品交易，也会以居间身份进行交易金融衍生品的行为。这时候投资银行将面临衍生品交易对手或者客户因为受到巨额亏损而导致的违约，此时投资银行也必须承担信用风险。

（3）投资银行视角下的信用风险管理

投资银行的信用风险管理，通常从外部和内部两个方面进行：

第一，外部管理

信用风险的外部管理主要指的是金融机构监管当局加强监管行为，在市场上推行信用建设，并且制定更为实际的规章制度。近年来，中国证监会颁布并实施了一系列相关法律、法规和制度，专门针对证券公司、投资银行、基金公司等专注于证券市场运作的组织和机构。

第二，内部管理

首先是建立起完善的内部控制风险制度。对于风险的监控具体来说包括三个方面：风险识别以及风险评估系统的构建，企业内部的岗位责任制的完善，企业内部稽核的强化。

其次是将投资银行业务部门的自营业务与经济业务及咨询业务三种类型完全分开，与此同时必须对所有的投资银行的从业人员加强职业操守教育。

再次是信用风险预警指标体系的构建和完善。投资银行的关于信用风险的指标体系主要包括整体信用风险的预警指标体系以及业务部门信用风险的风险预警的指标体系。其中整体的信用风险的预警指标体系具体包括流动性、信誉度和资本充足性，业务部门的信用风险的风险预警的指标体系涉及了经纪业务部门、资产的管理业务部门以及证券的承销业务部门等部门。

最后是信用风险的评估。投资银行评估信用风险的途径有很多,其中破产的预测模型以及参考权威的信用评级机构的信用等级评估报告是经常使用的评估方法。

第三,针对不同类型业务的信用风险使用的对应措施

除要建立并完善信用风险的内部控制管理体系,并需要对所有投资银行从业人员进行职业操守的教育之外,投资银行还必须针对不同的业务种类里的信用风险采用相应的措施,举例来说:

① 对于资产管理业务以及经济业务中存在的违约风险,例如源于允许投资、信用交易等违约可能性较大的业务,投资银行必须做好投资人信用评级的准备以及对交易对手的实时动态监控和资信检查。

② 对于证券代销承销业务里面存在的信用风险,投资银行首先要做到的是密切关注信用评级机构、律师事务所、会计师事务所等各种市场中介和认证机构的咨询信息,其次要做到的就是筛选出信用评级较差的发起人并采取较为严格的审核做法和更加严格的有价证券发行方案,最后要做到的就是组建起销售团体来把风险进行分散处理。

③ 对于企业并购业务里面存在的信用风险,投资银行首先要做到的是要求进行并购业务的买卖双方按规定时间公开披露与并购业务有关的信息;其次,投资银行在为进行并购业务的买方提供融资业务的时候,应该要进行信用评级,要设定好一定的融资限额,并且要求并购业务中的接受融资的一方提供担保;再次,投资银行必须动态跟踪资金的应用方向和情况;最后,投资银行要提取风险准备金,并且可以应用金融衍生工具来管理和控制风险。

④ 对于投资银行参与交易中面临的信用风险,例如金融衍生品交易中面临的信用风险,投资银行首先应该要尽可能选择市场上的标准化的金融衍生工具,这是由于标准化的金融衍生工具通常都是由证券交易所提供的,都必须按照交易所规定执行逐日盯市制度,这样可以有效避免交易对手的违约风险;其次,投资银行应该要审慎地选择交易的对手方;再次投资银行必须对交易对手方进行动态的信用监察;最后,投资银行还可以使用风险分散化处理。

除了以上四点,投资银行也必须努力提高自身的信用等级并且追求更好的品牌形象。

2. 保险公司视角下的信用风险与信用风险管理

从保险公司的视角，信用风险主要包括三个方面，即保险公司的信用风险、投保人的信用风险，以及保险代理人的信用风险。

（1）保险公司自身的信用风险及信用风险管理

第一，来自保险公司的信用风险

对于保险公司而言，缺乏清偿能力就是最大的信用风险。保险公司的清偿能力是指保险公司对自身所承担的风险在发生超出正常年景的赔偿和支付数额时的经济补偿能力。从保险公司的角度，不但要求保险公司的资产能够完全清偿债务，而且还要求保险公司的资产必须超出负债的金额达到一定的程度，这就是通常所说的保险公司的最低的偿付能力。偿付能力的风险其实是保险公司投资风险、信誉风险、财务风险、利差风险与其他种类风险的综合。

第二，保险公司对自身信用风险的管理

① 国家对保险公司信用风险的监管

国家对保险公司信用风险的监管主要是通过保监会等国家监管机关和部门，主要应用立法、执法和行政等手段，对保险公司的信用风险加强管理。通常使用静态监管和动态监管两种监管方法：

首先是静态监管，使用的方法主要包括财务比率分析法、规定最低资本金法、现场法定检查法以及风险资本要求法。

其次是动态监管，使用的方法主要包括两种：一种是 Dynamic Solvency Testing，英文缩写 DST，即动态偿付能力测试；另一种是 Cash-Flow Testing，英文缩写 CFT，即现金流量测试。动态监管的两种方法在一定假设条件下对保险人的现金流出和现金流入作出预测，并对现金流量对保险人的财务情况的影响也做出了预判，这种方式比清偿能力的静态测试更为合理和科学。

② 保险产品的信用评级

对保险产品的信用评级主要包括六个基本内容：第一是理赔能力，第二是经营能力，第三是财务质量，第四是资产质量，第五是盈利状况，第六是定性分析。

③ 保险公司对清偿能力的管理

保险公司对清偿能力的管理主要包括三个方面：第一是清偿能力额度的管理，第二是承保风险的能力控制，第三则是确定保险公司的清偿能力的实际边界。

（2）投保人的信用风险以及信用风险管理

第一，投保人的信用风险以及信用风险的表现形式通常投保人的信用风险主要来源于信息不对称引起的逆向选择和道德风险问题。

① 投保人的道德风险指的是投保的当事人在签约之后产生的与投保人的道德品质有关的隐形风险。道德风险一般有三种形式的表现:首先是欺诈性索赔,也就是一种有意识的骗赔行为,保险欺诈指的是被保险人、投保人以及受益人用欺诈的手段故意伪造损失或者夸大了损失的程度来获取不合理的保险理赔的行为;其次是表现为保险的滥用,例如有些投保人在医疗保险过程中,在保险合同允许的范围内尽可能最大限度地使用医疗费用,这些费用是超过治疗所需的费用的;第三则表现为投保人或被保人在购买保险之后产生了松懈心理,就不担心风险所以不再小心防范一些社会风险以及自然风险,或者在发生保险事故的时候,不愿意积极采取措施进行施救,使得损失任意扩大,也就是一种心理风险。

② 投保人的逆向选择指的是保险的当事人在签约之前源于信息不对称而引起的风险,逆向选择实质是说因为承保人并不是充分了解投保人的各方面信息,进而导致保险对象出现损失的概率要比保险企业估计的预期损失概率更高的风险。逆向选择的风险现象一旦出现会影响保险公司的收支公平、合理、相等原则的贯彻执行,这样就无法保证被保险人权利和义务的对称,以及保险公司经营业务活动的稳定性。

第二,投保人的信用风险管理

① 保险公司的承保管理

保险公司的承保管理内容具体包括承保选择和承保控制两个方面。

保险公司的承保选择,具体包括对“物”的选择和对“人”的选择。对物的选择也就是如何选择保险标的以及标的的利益,对人的选择也就是如何选择投保人或者被保险人。在整个保险的经营活动过程中,保险的对象一直都处于被保险人和投保人的控制下,投保人对保险对象是否有保险利益,投保人的行为、品格,都会明显影响到保险事故的发生概率以及事故发生受到的损失程度。保险对象是保险公司承担保险风险责任的对象,保险对象自身的状态、性质以及风险大小和事故发生会造成的损失程度是有直接关系的。所以保险公司通常总会让保险人在承保的时候,充分对保险对象进行风险评估,尽可能选择能够保证保险业务保持平衡的保险对象进行承保,这样就可以使得保险业务经营保持稳定。

保险公司的承保控制,指的是保险人关于投保的风险作出了合理的选择之后,关于承保对象的具体风险情况,要使用一定的保险技术手段,来控制自己的责任以及风险,用恰当的承保条件来进行承保。

② 保险公司的理赔管理

Ⅰ. 保险公司的理赔管理原则

保险公司的理赔管理的基本原则包括三个方面:第一是重合同并且守信用;第二是要求实事求是;第三要求迅速、主动、合理、准确。

保险公司的理赔管理的特殊原则主要是指实现现金价值的原则,这个原则指的是在处理医疗保险和财产保险的保险事故的时候,应该在保险总额的限度之内损失发生多少就赔付多少,这样被保险人就不会因为保险获取额外利益;其次是重复保险的分摊原则,其指的是在医疗费用保险和财产保险中假如出现了重复保险的现象,各个保险公司可以按照保险标的的责任比例或者责任限额对被保险人应该获得的赔偿总额以及被保人的实际损失进行按比例分摊,但是对于人身保险中的伤残保险和死亡保险的保险金的赔付则不存在所谓的分摊原则,各个保险公司都应该要按照自己保单已约定的保额进行赔付;再次是指代位追偿原则,这个原则指的是假设保险对象的损失是第三方有意或无意造成的,那么在医疗费用保险和财产保险中,如果保险公司已经预先按照保单的约定支付给投保人赔付金额了,那么就可以向负有主要责任的第三方追偿,也就是行使代位追偿的权利,但是如果投保人伤残或者死亡了,同时也是由第三方负主要责任,那么保险公司即使已经赔付给投保人,也不可以再行使所谓的代位追偿权了。

Ⅱ. 规范保险公司理赔的程序

保险公司理赔的程序一般都需要以下几步:首先进行登记立案,其次进行单证审核,第三进行现场勘查,第四进行核定损失,第五进行审定责任,第六进行赔款计算,第七进行赔付结案,第八进行归档保管等一系列流程。其中防范投保人或者被保险人的信用风险包括三个关键环节,即单证审核与现场勘查以及审定责任。

Ⅲ. 保险核赔机制的完善

保险核赔机制的目的主要是防范投保人和被保险人合谋共骗和相互勾结的风险。第一,保险公司应该要加强管理核赔权限;第二,保险公司必须实行勘查和定损办案交叉制,执行结案审批及付款分离制度和稽查、复核、审批把关制，逐步健全并完善保险核赔机制；第三，保险公司应该要实行核赔的精算师制度。

③ 成立专业的反保险欺诈机构

(3) 保险代理人的信用风险以及信用风险管理

第一，保险代理人的信用风险

保险代理人的信用风险主要指的是保险代理人受个人的短期行为和经济利益所驱使，在宣传时擅自变更、修改以及删除、扩大保险的条款内容，以至于误导了客户进行投保，或者保险代理人私下向客户承诺，改变了保险费率，或者只追求业务的数量，但是不注重选择风险策略，对于一些并不符合保险公司规定的承保条件的对象也提供承保，这样最终会给保险企业带来较大的风险。

第二，保险代理人的信用风险管理

保险代理人是保险人的代理人，应该遵循最大化诚信的原则。为了降低保险代理人发生失信行为的概率，经常采取立法管理、政府监管、行业自律、保险公司自我管理等各种方法。

(4) 信托类公司视角下的信用风险及信用风险管理

第一，信托公司视角下的信用风险以及信用风险管理

① 信托公司视角下信用风险的概念

信托公司视角下的信用风险指的是信托合约中的各参与方未能严格依据信托业务所有的信用关系和信用特征开展业务从而产生的风险。

通常信托公司的主要业务就是信托，信托行业由于自身的特点，信托投资机构的经营和管理，以及信托投资公司赖以生存发展的各种环境要素相互作用，使得信托公司将处于更高的信用风险水平。所谓的信托关系其实涉及三个主要参与方，即受托人、受益人以及委托人。受托人按照委托人的要求来进行信托财产的处理，受益人则可以享受信托财产利益，委托人则拥有信托财产的所有权。委托人将财产转移，交给受托人代为经营管理或者进行某种经济事务的代理活动，然后将收益给予受益人享受。信托关系决定了信托参与方之间的信用关系。对于委托人而言，信托代表着一种风险(不确定性)；对于受托人来说，信托意味着承担一定的信用责任。受托人与受益人、委托人之间有可能会产生变化，这种可能性意味着在某些情况下这种信托关系可能会崩溃，信托的信用风险集中性就体现在此。

② 信托公司视角下的信用风险分类

Ⅰ. 信托的守信意识的风险

信托的守信意识风险具体指的是信托参与各方在主观方面存在着信用风险。举例来说,委托人不肯承担资金的损失责任,信托资产的借方故意拖欠,以及信托公司盲目扩张,片面追求短期利润,无视自身实力水平等情况。

Ⅱ. 信托的守信能力的风险

信托的守信能力风险具体指的是信托财产的债务人未能偿还或者未能按期偿还贷款以及其他投资品导致信托公司遭受损失的风险。信托的守信风险来源于两个方面:首先是客户的经营状况变差使得客户无法按期返还信托资产;其次是信托公司自身的原因,举例来说,信托公司的资本充足率太低,信托公司的负债率太高,信托公司的资本金规模太小,造成自身对损失的抵御能力偏低,所以无法持守信托关系。

Ⅲ. 信托的指示差错风险

信托合同中虽然已经进行了明确规定,信托公司对于按照合同的规定,依据委托人的想法进行信托财产发生的财产损失的处置,不承担损失的赔偿责任。但是因为委托人受到自身条件的一些限制,如果委托人发出的授权是错误的,有时候受托人不能指出错误,此时却按照这样的授权处置财产,造成一些损失,这样很明显就违反信托资产保值和增值的最终目的,没能完全恪守尽职的原则。

Ⅳ. 信托的道德风险

信托的道德风险指的主要是信托公司的不良行为或者违法行为给受益人或者委托人造成损失的可能性。作为受托人,信托公司必须忠于受益人和委托人,而不该谋取私利。如果信托公司不按照信托合约的规定来处理或处置信托资产,挪用了委托人的信托资金或者信托资金的收入为自身或者除了受益人以外的第三人谋取利益,这时候就会产生信托的道德风险,导致委托人和受益人的信托资产产生损失,最终阻碍信托行业的正常健康发展。

③ 信托投资公司视角下的信用风险管理

信托行业的风险管理指的是信托的立法、信托行业的各项监督措施、信托行业的各项业务法规、信托行业的操作流程的规范规定等一系列法律法规和管理办法。信托行业管理办法的具体实施通常是各个信托组织在相应的监督管理部门引导下,按照“流动性、安全性、效益性”的原则经营,使用科学化管理措施,采用科学合理的经营方式,使得信托资产的结构更为合理、质量更优,使得信托公司的业务效益最大化。

完善信托行业的信用风险管理主要存在以下几种途径:

首先,需要有完备的信托立法为前提;

其次,需要用确定详细的量化指标来规范信托公司的行为;

再次,需要建立起信托行业的准备金机制;

最后,需要加强信托行业的内部管理,提高信托业的资金质量。

(5) 金融租赁公司视角下的信用风险及信用风险管理

第一,金融租赁公司视角下信用风险的概念

金融租赁公司视角下的信用风险指的是租赁合约的三方参与人各自需要承担的对他方的责任未能全部履行或者只能部分按时履行的风险。

第二,金融租赁公司视角下信用风险的分类

① 供货人的违约风险

供货人的违约风险指的是出于种种原因使得供货人不能依据购货合同的规定时间交货、发货,或者发出货物的数量、质量、性能、包装物等与合同规定的有所不同,这种情况会导致承租人遭受经济方面的损失,同时也会导致出租人与承租人之间起纠纷,更严重的甚至会导致承租人拒绝支付租金或者撤销租约,以及要求退货等风险。

② 承租人的违约风险

承租人的违约风险主要来源于承租方在使用金融租赁设备时的低效率。假设因为内部经营或外部经营的条件发生变化或者由于两者同时发生变化,致使承租人出现了资金周转不灵,或者经营不善等重大的财务问题,就很可能会引发租金延迟支付或者拒绝支付,也就是会出现承租人的违约风险,这样也就会导致出租人的收入无法弥补出租人支付的成本,出租方就会出现亏损。出租人的亏损因为在承租人使用设备的整个租赁期,潜伏时间很长,因此可以影响这种风险的因素有很多,所以比较难控制和管理。特别是当整个国民经济处于萧条时期,承租人的违约风险会特别高。

③ 出租人的违约风险

出租人的违约风险主要指的是融资公司自身的资金不足或者工作上的疏忽和失误,导致供货人推迟交货或者拒绝交货,这样会使得租赁物品不能按时到达承租人要求地址,使得承租人受到损失。

第三,金融租赁公司视角下的信用风险管理

金融租赁公司的信用风险通常来自于承租方和供货方两个方面,在金融租赁过程中的信用风险,可以从这两个方面采取一些可行的防范措施,具体如下:

Ⅰ. 从供货方角度进行风险防范的措施

首先,在签订购买合同或者进口合同之前,租赁公司可以通过本地银行从供货方地区政府、供货方地区金融机构、供货方地区的中介等多种途径多个角度了解供货方的资信状况,进行风险规避。对于个别公司,如果资信状况很难了解到,就可以适当要求对方提供更有效的第三方担保。

其次,在签订合同的时候,租赁公司应该要规定严格的约束条件和严厉的责任条款,认真严格审查。对于违约后的惩罚条款应该要订立得尽可能明确和详细,这样可以便于出现违约之后的追偿和索赔。

最后,租赁公司应该要与付款银行紧密联系,密切配合,严格做好相关单据的审核工作,一旦发现了问题,必须及时要求对手方改正,否则就要拒付货款。

Ⅱ. 从承租方角度进行风险防范的措施

首先,要进行租赁前的检查。一方面,在融资租赁正式敲定之前,出租人应该要通过各种信息渠道以及咨询机构对承租人的信用质量进行调查和咨询,这样可以及时排除一些信用不好的公司,并且消除潜在的风险隐患;另一方面,在融资租赁正式敲定之前,还应该进行各种定量分析,也就是对承租方的盈利能力、经营能力的各种财务、经营指标进行纵向分析和横向分析,对于一些盈利能力较差、经营情况不好的企业在进行租赁交易时必须非常谨慎,可适当要求对方提供第三方的担保。

其次,要进行签约时的审查。签约时的审查指的是在租赁合同订立的时候,租赁公司应该规定严格的约束条款和责任条款,确认承租人发生违约之后应该要承担的各种责任以及违约后的处理办法。租赁合约签约审查的目的,就是为了审查租赁合同是否齐全,双方的条件是否对等,使用的程序和方法是否合适,等等。

再次,出租人可以要求承租人按时间开立支付租赁的信用保证函件,并且要求承租人提供经济担保或者提供商业银行或其他金融机构的第三方支付担保。

最后,要进行租中检查。在金融租赁业务中,出租人应该要在租期开始之后的一段时间内对承租人使用设备的情况进行定期和不定期的检查和监督，预防承租方的道德风险，这样便于及时发现租赁设备使用的问题并采取补救措施。

第三节 信用衍生品的概念与形态

一、信用衍生品的概念

信用衍生品(Credit Derivatives)是一种金融工具，主要用来转移或交易信用风险。根据国际互换与衍生品协会(ISDA)的定义，信用衍生品是用于转移从基础资产剥离的信用风险的金融工程技术的总称。交易双方通过签订具有法律效力的金融合约，将信用风险从各种金融资产的多样风险中脱离出来，并实现风险承担的转移。因此可以说信用衍生品主要用途就是将信用风险从各种类型的风险中分解出来并为金融资产实现风险转移。信用衍生品的关键特点有两个：一是用来转移、管理和对冲信用风险；二是影响其费用的主要因素是信用风险。

信用衍生品最主要的功能就是管理信用风险。信用工具的基本功能是为筹资人筹集资金。贷款人通过信用工具把债务及其他资产转移给融资人，同时由贷款人承担相应资产的信用风险。为了弥补贷款人承担的信用风险且获得金融服务，融资人要付给贷款人一定费用。对贷款人来说，投资信用工具有两个主要用途：一是可以将债务流动性转移给融资人；二是为借款人承担信用风险。而在过去的信用风险定义里，违约是信用风险最常见、最主要的形式。当信用交易的一方将信用交付信用交易的对方之后，如对方不能及时支付包括本金和利息在内的合同规定的债务，就导致了违约行为。对债权持有人来说，信用风险表示因交易对方可能发生违约而造成经济上的损失。违约其实是借款人的拒绝支付本利的行为，违约事件则表示与金融交易有关的法律文件所规定的相关事件。在整个金融交易过程中，一旦发生了违约事件，无论是否涉及借款人拒绝支付本利的行为，债权持有人都有权宣布该债务到期，而违约的借款人则有立即偿付债务的责任。

对信用违约互换等类似的信用衍生品而言,ISDA 已经在有关信用违约的标准文件中对违约事件做出明确定义。具体包括以下几项内容:

1. 破产(bankrupt):指负债单位按法律程序进行破产登记的事件,包括无力偿付债务、指定清算人以及安排债权人。

2. 拒付(fail to pay):指债务到期时借款人的拒绝支付行为。

3. 重组(restructuring):指借款人与债权人对债务所涉及的与债务有关的法律文件的内容进行修改,包括减少利息或本金、推迟支付利息或本金等。

4. 政府债务拒绝履约或延期偿付(repudiation/moratorium):指外国政府拒绝支付或延期支付债务的行为。

5. 债务提前到期(obligation acceleration):由于各种原因导致借款人必须提前偿还债务。

对某一个信用违约互换合约的 CDS 卖方而言,发生任意一个适用违约事件都将意味着该 CDS 投资人将承担其信用风险。适用的违约事件,则是指那些 CDS 合约下参考实体所发生的违约事件。例如假设参考实体是某一个企业,那么该合约的适用违约事件包括上述违约事件列表中的 1、2、3、5 四项。若参考实体为某一具有主权的国家的政府,其适用违约事件则包括上述违约事件列表中的 2、3、4、5 四项。

二、信用衍生品的种类结构

信用衍生品族群的主要种类结构如图 2 – 1。

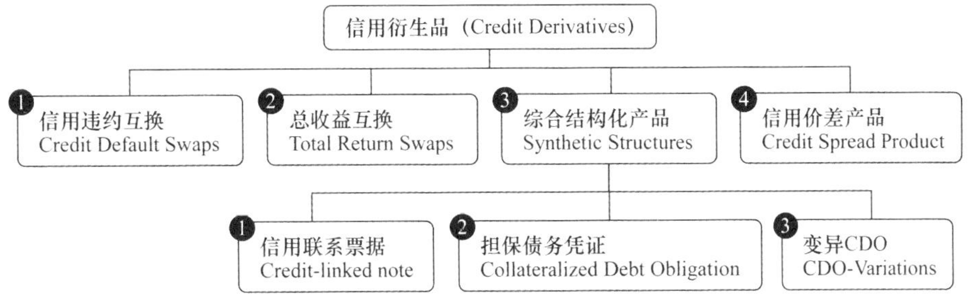

图 2 – 1　信用衍生品的主要种类

(一) 信用违约互换

信用违约互换是一项交易,它将参考资产的信用风险从信用保障买方转移给信用卖方。在合同期限内,信用保障买方向主动承担风险保障的信用保障卖方支付一个固定的金额;信用保障卖方在收到资金的时刻,即负责在规定期限内,当相应的信用资产违约时,赔付违约的损失给信用保障买方。相应的参考资产可能是一项资产,也可能是多项资产的组合。如果多项资产的组合中出现任何一项资产违约了,信用保障卖方都得向保障买方赔偿信用损失。信用违约互换的主要种类有五种,包括二元违约互换、一篮子信用违约互换、可撤销违约互换、或有的违约互换和杠杆违约互换。

1. **二元违约互换**(Binary Default Swaps)

也称作数字违约互换(Digital Default Swaps)。二元违约互换在初始阶段时就已经确定违约后的赔偿为一笔固定金额,这笔金额与历史回收率密切相关。二元违约互换是相对较简单的互换,并且可以有效规避违约事件发生后的资产波动而影响最终支付损失问题。

2. **一篮子的信用违约互换**(Basket Credit Default Swaps)

在一篮子的信用违约互换中,参考资产为一篮子的信用资产,它可以有多种形式。例如,在一项 N 个参考资产的违约互换中,保护卖方只有在所有参考资产均发生违约后才进行违约后的支付,一旦所有资产发生了违约且支付了相应的金额,一篮子的信用违约互换即告终止。

3. **可撤销的违约互换**(Cancelable Default Swaps)

可撤销的违约互换相当于一个违约互换和一个违约互换期权的巧妙组合。它包括可买回违约互换、可卖出违约互换和可买卖的违约互换,其中可买回违约互换的买方及可卖出违约互换的卖方及可买卖违约互换的买卖双方都有权使得违约互换中止。

4. **或有的违约互换**(Contingent Default Swaps)

在或有的违约互换中,只有当合约规定的标准信用事件及附加信用事件都发生时,才会触发违约支付。其中,附加信用事件有时是指其他信用主体发生的违约。因此,或有的违约互换一般要比标准违约互换的价格更低。

5. **杠杆性违约互换**(Leveraged Default Swaps)

杠杆性违约互换的违约偿付金额通常远大于损失金额,支付总额通常由标准违约互换再加上互换面值的一定比例来决定。所以杠杆性违约互换比标准违约互换的价格更高。

(二) 总收益互换

总收益互换(Total Return Swaps) 的主要作用是复制一个信用资产的总

体收益。总收益互换的形式是,投资者承担或接受原先银行拥有的贷款的全部风险或证券的现金流,然后向银行支付一笔确定金额的款项。与正常互换有所不同,银行和互换的投资者不仅仅交换互换期间的现金流,且在贷款到期时或者发生违约时,必须结算相关资产的价差,而计算方式已经事先在签约时确定,假设到期时标的信用资产的市场价格出现提高,银行就会支付投资者价差;反之,如果出现降低,则投资者就会支付给银行价差。通常,总收益互换的期限规定为 1 到 5 年,在协议资产没有变现的条件下,该互换能够实现信用风险和市场风险的同时转移。在信用违约互换和总收益互换中,投资者都不会增加自己的资产负债表的债务规模,而是将其作为表外业务进行处理。

(三)信用价差产品

信用价差产品(Credit Spread Product)假定市场利率变动时,信用敏感债券和非信用风险债券的收益率是同向变动的,信用敏感债券与非信用风险债券之间的任何基差变动必然是信用敏感债券对信用风险的预期变化的结果。信用保障买方,即信用价差期权的购买者,可以购买价差期权来预防信用敏感债券在信用等级下降的情况下的损失。信用价差产品主要包括三个品种:信用价差期权(Credit Spread Option)、信用价差远期(Credit Spread Forwards)、信用价差互换(Credit Spread Swaps)。

1. **信用价差期权**(Credit Spread Option)

信用价差期权在到期时协议的买方可以单方面决定支付或者不支付息差。与普通的期权类似,信用价差期权包括看涨期权和看跌期权。看涨期权的买方有买入基差的权利,如果基差下降则获利,看跌期权则相反。

2. **信用价差远期**(Credit Spread Forwards)

信用价差远期与远期利率协定很相似,它是由银行和投资人协议一个远期价差,该价差是以某项无风险资产或某项参照资产为基础,在实际运用中,正常不会以绝对收益率作为协定价格,而使用与规定国债收益率的基差作为协定价格。至到期日,双方将根据实际基差和签约时协定的基差进行结算。如果实际基差高于协议基差,银行就会向投资人支付基差额;反之则由投资人对银行进行支付。

3. **信用价差互换**(Credit Spread Swaps)

信用价差互换是交易双方交易一系列现金流的协定,在互换中固定利率支付方是标的资产的空头,而接受方是标的资产的多头。当资产价格下降从而信用基差增加时,信用价差互换的现值就会升高,此时固定利率支付人就会获利,反之则接受人获利。

(四)综合结构化产品

1. 信用关联票据(Credit-linked note)

信用关联票据是一般的固定收益债券和信用违约互换有机结合的一种信用衍生品。在信用关联票据的标准合约里,保障卖方先行支付现金获得信用关联票据,取得来自有关证券的固定利率或浮动利率的利息收入的权利。假如发生规定的信用违约事件,即根据双方协议的违约赔偿金额赎回票据;如不发生违约事件,票据在合同期满时才会赎回。

2. 担保债务凭证(Collateralized Debt Obligation)

担保债务凭证属于固定收益证券,简称 CDO,其现金流量可以较准确地预测,CDO 不仅给投资人提供更多样的投资方式以增加其投资收益,更能够促进金融机构的资金应用高效率,转移风险。CDO 的标的资产可以是任何具有现金流量的资产。通常 CDO 的发起机构将具有现金流量的资产汇集为一个资产池,然后进行资产的包装及分割,交给特殊目的公司(SPV),由 SPV 以特定的发行方式(私募或者公开)发行固定收益证券或其他凭证。CDO 标的资产是各种债务工具,包括新兴市场公司债或国家债券、银行贷款、高收益债券或其他次级证券。

依据参考资产性质的不同,CDO 可以分为两类:抵押债券凭证(Collateralized Bond Obligatio),简称 CBO,和担保贷款凭证(Collateralized Loan Obligations),简称 CLO。其中,CBO 的参考资产组合以债券债权为主,而 CLO 的参考资产组合以贷款债权为主。CBO 或 CLO 投资者的收入都来源于资产池的现金流量及为补偿资产组合的信用风险而惯常进行的信用增级。CDO 的信用增级采取的形式通常是超额担保,这将 CBO 或 CLO 划分为两类层次:有限系列层证券和次级层证券。这样就可以使得每一种证券都有自己特定的信用级别、信用损失情况和超额信用担保形式。虽然在本质上,CBO 和 CLO 有许多相似之处,但在设计过程中所使用的技术仍然有很大差异,尤其是 CLO 的标的资产具有银行贷款的许多特性,使得其在信用分析、现金流量分析上及法律程序等方面更加复杂。

以标的资产为依据,CDO 可以具体分为现金流型 CDO 及合成 CDO。通常如果标的资产由贷款、债券等所组成则称为现金流型 CDO,发行人通常为银行。而合成 CDO 则是 CDO 的衍生性产品，是由发行人集合一些债权并进行包装，且将债权组合与 SPV 整体称作信用违约互换合约。然后，SPV 向投资人发行不同信用等级的证券，在收到来自投资人的本金之后，SPV 用本金去取得高质量债券作担保品。以担保品为未来到期偿还本金的保证，而高质量债券的利息可作为投资人的收益及 CDS 的权利收入。若违约事件发生了，SPV 将担保品作为赔偿给发行人的资金。而合成式 CDO 与现金流量型 CDO 的最大差异在于合成式 CDO 并未真实出售，即债权群组并未真正出售给投资人，换句话说，SPV 并没有实质购入资产池中的债券，CDO 的投资人也未能真正拥有资产池中标的资产的债权。

3. **变异型** CDO

分券资产组合违约互换（Tranched Portfolio Default Swaps，TPDS）是相对较新并且相对较有发展潜力的合成结构化衍生产品。在 TPDS 中，SPV 以分券的形式按不同风险等级将基础资产进行分类，并设定一个超优先级分券（super-senior tranche），称为 AAA，通常也是分券中占比例最大的分券。对比标准的 CDO，在 TPDS 中，SPV 和违约互换的投资人可以基于拟定的风险水平来进行违约风险交易。

分券一篮子违约互换（Tranched Basket Default Swaps，TBDS）相当于第 n 次违约篮子和 CDO 的结合。例如合约规定若基础资产的中间层的第 3 个资产违约则合约终止，那么中间层中第 3 个资产以后的资产将不受保护。而 TPDS 中资产池的所有的资产都能受到保护。

抵押担保债务凭证的立方结构（CDO Squared Structures）通常也称作 CDO 的 CDO，在这个结构中分为内外部 CDO，通常外部的 CDO 是单券的，内部的 CDO 则隶属于外部 CDO 的几个分券，资产之间还往往存在迭代。内部的 CDO 结构往往包括较为常见的资产支持证券 ABS。

4. **CDS 指数及其有关的分券产品**

前文已经有提到 CDS，即信用违约互换。前文的 CDS 标的资产只有一个，所以有时候也被称为单个资产 CDS 或者单名 CDS（Single Name CDS）。而我们在这里提到的 CDS 指数则不然，这里 CDS 指数（CDS Indices）是以多个具有显著特征的信用违约互换为基础资产，按照特定的标准编制出一个指数类的信用产品。该指数目的是跟踪一系列单名 CDS 的平均的信用利差，用来标志市场的信用整体利差水平。在 2004 年之前，国际市场主要存在两个主要的 CDS 指数，即 iBoxx 与 Trac-X。以上两个 CDS 指数于 2004 年合并，进而形成新的两个按照区域区分的 CDS 指数，即 iTraxx 与 CDX 体系。这两个体系中，CDX 主要包括不含亚洲的新兴市场和北美市场，而 iTraxx 主要包括亚洲和欧洲市场。另外，iTraxx 和 CDX 这两个 CDS 指数自身又根据 CDS 的发起人所属的行业的类别、有效期限甚至细分的信用等级又可以划分为多个子指数，因此 iTraxx 和 CDX 已经成为了两大主要的国际信用指数体系。成为 CDS 指数成员的一般都属于信用市场中流动性相当高的信用违约互换品种。正常情况下，为满足投资者的多样化需求，六个月就会多多少少有新的 CDS 指数在市面上发行。

为说明 CDS 指数的实际操作机理，本书以 CDX. NA. IG 为例来说明。CDX. NA. IG 是属于 CDX 指数体系的一个子指数，代表北美市场投资级企业债的平均信用价差水平。CDX 跟踪了从美国择取的 125 家投资级别的企业债发起人的 CDS 的信用利差，每一种基础 CDS 信用利差在指数中的所占权重是相等的。同时 CDX. NA. IG 指数根据包含的行业又可以划分为 5 个子指数，即能源、金融、消费、媒体和科技、工业和电信。根据到期期限，该系列的指数还可以分为 1 ~ 3、5、7、10 年期共 6 个细分品种。一般来说，CDX. NA. IG 指数合约中，只有破产和未能偿付才会被视为发生了违约事件。当基础 CDS 的发起人出现了违约时，CDX. NA. IG 指数的合约卖方就需要按照 CDS 合约偿付补偿金额给 CDS 的合约买方。并且，CDX. NA. IG 指数与 CDO 产品还有一个极为相似的点，就是 CDX. NA. IG 指数也有自己的分券产品，即整个指数可以分成不同层级的产品（Index Tranches）分别进行交易。例如，[5% ~ 7%] 表示此分券的指数卖方要承担整个指数[5% ~ 7%] 区间的损失。

CDS 指数用于反映不同信用质量产品的板块信用价差走势，CDS 指数产品的设计为投资人提供有效的信用投资、信用对冲工具。另外，CDS 指数具有比组合产品流动性更高、灵活性更大、标准化程度更高的特点，所以产品受到广大投资者的关注和喜爱。

三、信用衍生品交易的参与者

信用违约互换是最基本的信用衍生品，它是由交易双方协议达成的双边金融合约。合约双方分别为信用保护卖方和信用保护买方，信用保护买方通过定期支付一定的保险费，将标的信用风险转移给信用保护卖方，在合约规定的期限内，一旦参考实体发生了违约事件，信用保护卖方就必须向信用保护买方支付一笔资金来补偿信用保护买方的损失。本质上说，信用违约互换的参与者可以是任意个体。但在实际的操作中，通常信用违约互换的一方为投资银行，另一方可能是任意种类的投资人，包括退休基金、对冲基金（hedge funds）、商业基金、相互基金、保险公司、其他资产管理公司甚至是一般公司等。其中，投资银行发挥着市场中介的作用，因此成为市场上极为重要的一员。随着信用衍生品市场逐步向纵深及多元化发展，其他类型的参与者也逐步加入到信用衍生品市场中。新型参与者包括 CDO 管理者。具体信用衍生品市场的参与者包括以下几大类：

1. **投资人**（Investor）

投资人就是信用衍生品的购买人。CDO 的投资人可以是银行、退休基金、相互基金、保险公司、资产管理公司甚至是各种各样的投资企业。投资人可能是现金投资人，也可能是组合投资人，可以是杠杆投资人或非杠杆投资人。投资人往往根据自己对风险和收益的目标决定投资品种。目前 CDO 的投资人绝大多数是机构投资者，这是与个人投资者完全不同的一个概念。按投资者的性质来分类，当 CDO 持有人为一个自然人时，则该投资者称作个人投资者，当 CDO 持有人是一个机构时，则该投资者称作机构投资者。目前，中国国内市场 CDO 的机构投资者主要有保险公司、证券公司、社会保险基金、证券投资基金、合格的境外机构投资者（QFII）及一般法人机构。

2. **发起人**（Issuer）

CDO 的发起人一般是一个特别目的公司（Special Purpose Vehicle，简称 SPV）。特别目的公司通常由聚集或生成资产的公司成立或组成。SPV 仅仅从事与发行 CDO 有关的业务，因此通常又属于破产隔离（bankruptcy remote）的公司。通常 SPV 的母公司对其真实出售资产而使得 SPV 获得自身资产。CDO 一旦出现违约等问题，CDO 的投资人不得追索 SPV 之外的资产。

3. **受托人**（Trustee）

受托人又称为信托公司，信托以投资 CDO 的方式持有 CDO 的资产。信托的职能包括负责执行 CDO 法律文件中的各类条款、提供 CDO 资产状况的定期报表、分配给投资人应得收益，等等。

4. **参考实体**(Reference Entity)

参考实体可以是金融机构、公司企业,甚至是主权国家,与之相对的是机构评级、企业评级和主权评级。参考资产则是参考实体的一个债务或债务组合,如公开债券或者企业贷款或银行贷款。从理论上说,参考实体和参考资产都有自己的评级,同样的参考实体可以有不同评级的参考资产,且对参考资产的信用评级并无限制,但在实际的市场操作中,违约风险极大的债券很难在CDO 市场上生存,因为无法找到愿意提供保护的卖方。

5. **评级机构**(Rating Agency)

评级机构的主要职能是审查信用衍生品的法律与信用结构,包括抵押资产。除此之外,评级机构还对参与交易的受托人和资产管理公司进行审查。通常,评级机构运用数学模型及统计模型对信用衍生品进行审查并进行风险分析。然后,根据全部量化及非量化的要素对该产品进行风险等级的评定。目前,国际上的知名评级机构包括标准普尔(Standard & Poor's)、穆迪公司(Moody's)、惠誉公司(Fitch)。从企业信用体系过程上看,作为信用评价体系的信用评级,连接了信用活动与信用评价结果,是信用监管体系的核心,也可以说信用评级是信用衍生品市场的核心。评级公司在这个体系中的核心地位也是由信用评级在信用衍生品市场体系中的作用决定的。

6. **信用增级公司**(Credit Enhancer)

信用增级公司本质上属于金融担保公司,其主要职能是为金融工具或资产的信用提供担保。正常信用增级公司都拥有极高的信用评级。信用增级公司用自身的信用为金融工具作担保,它相当于把所要担保的金融工具的评级提升到自身的信用等级。因此,这种担保公司又被叫作信用增级公司。

7. **资产管理公司**(Asset Manager & Collateral Manager)

资产管理公司的主要职能是在需要管理资产的 CDO 中负责管理抵押资产。它包括挑选抵押资产,以及按照事先制定的规则管理抵押资产。资产管理公司为了满足 CDO 的各项风险要求的测定指标,既可以买进抵押资产,又可以卖出抵押资产。不同风险证券的持有人的利益往往相互冲突,资产管理公司则负责协调。因此,资产管理公司必须持有某些风险证券的一部分,使得资产管理公司的利益和 CDO 投资人的利益一致。

8. **投资银行**(Investment Bank)

在信用衍生品市场中,投资银行扮演着至关重要的角色。投资银行与发行人、评级公司、资产管理公司等其他参与方密切合作，负责制定信用衍生品的结构、确定信用衍生品的评级、起草信用衍生品的法律文件、完成信用衍生品的定价，等等。特别需要注意的是，在制定产品结构时，投资银行必须对基础资产的各类风险进行分析、定量，并且要根据资产的风险特征设计合适的结构。此外，投资银行也负责向投资者包销产品。

本章小结

信用风险是经济中常存在的一种风险，也是金融机构中极为核心的一种风险。信用风险通常以评级机构的信用评级来衡量。然而评级机构以自身工作为标准将信用风险人为划分为违约风险、回收风险、信用等级过渡风险、信用相关性风险，却忽略了信用风险真正来源于非对称信息。而非对称信息造成的是买卖双方的不平等交易。因此信用风险必定有一部分来源于实体经济，而目前信用风险的人为分类并未考虑这些，也直接造成了信用风险模型的风险。金融机构发展信用衍生品，作为管理信用风险的工具。信用衍生品源于信用风险，受信用风险模型的影响极为明显，其定价更多考虑评级机构的评级方式，忽略了实体经济的运作。而评级机构是为投资人服务的，并非是从宏观经济的视角进行评级的。从这个意义上说，信用衍生品定价模型对于金融机构衡量信用风险并不完全适用。从金融机构的视角来看，信用衍生品定价风险源于使用者的不同，金融机构需要寻找适合自己的新的定价框架。

第三章 现有含违约风险的债券定价模型

目前学术界有违约风险的债券定价模型可以分为两类:结构化模型和简化模型。结构化模型又分为两类:外生结构化模型和内生结构化模型。外生结构化模型认为违约发生于股权价值达到外生给定的违约边界时。内生结构化模型认为违约发生于股权价值达到内生给定的违约边界时。简化模型的违约取决于外生违约过程。由于信用衍生品的互换标的即可违约的债务,因此有违约风险的债券定价是信用衍生品定价的基础。有违约风险的债券定价具有良好的研究前景和应用前景,主要体现在几个方面:首先,对债权人来说,公司债券的违约风险是不可忽视的,因此债务收益必然要包含对未来可能的损失的估值;其次,有违约风险的债券定价要求进行详细的信用风险暴露的识别,和深入分析金融风险,这有利于优化公司的融资决策;第三,有违约风险的债券定价可以用于公司的债务重组和杠杆破产决策中。债务融资一方面增大公司的财务风险,但同时也具有一定的税收优势。在标准债务合同中,当公司出现财务危机或违约事件时,其实大多数不会立即进行破产清算,而是采用债务重组的方式,此时有违约风险债务定价理论为公司的债务重组提供了可解释的经济学基础。

第一节　基于结构化模型的有违约风险的债券定价

一、内生结构化 Merton 债务定价模型

Merton(1974) 提出的结构化模型假设:金融市场是完美、无摩擦的,交易

是连续的,无税收、无交易成本的,公司的价值与公司的资本结构是无关的,即满足 Modiglian-Miller 假设。假设违约事件只发生在到期日 T,公司的价值是动态变化的,并且服从几何布朗运动,满足风险中性假设。

$$dV_t = rV_t dt + \sigma V_t dW_t \tag{3-1}$$

其中,r 是一无风险利率,σ 是企业资产价值的波动率。在到期日,企业的资产价值为V_T,企业债务的面值为 F,如果$V_T < F$,即发生了违约事件。在到期日,企业股东的收益为$E_T = \max(V_T - F, 0)$;债务人需要支付 $\min(V_T, F)$,或者另一种表达式为 $F - \max(F - V_T, 0)$。因此债务的价值可以表示为:

$$\begin{aligned} F_V(t,T)^{Merton} &= p(t,T)E_t^Q[F - \max(F - V_T, 0)] \\ &= p(t,T)F - p(t,T)E_t^Q(F - V_T I_{\{V_T \leq F\}}) \end{aligned}$$

$$CS(d,\sigma,T) = -\frac{1}{T}\log\left[N(h_0) + \frac{1}{I_0}N(h_1)\right] \tag{3-2}$$

其中,$h_1 = \frac{\log(d)}{\sigma\sqrt{T-t}} - \frac{\sigma\sqrt{T-t}}{2}$,$h_2 = -\frac{\log(d)}{\sigma\sqrt{T-t}} - \frac{\sigma\sqrt{T-t}}{2}$,$d = V_t/F$。

公式(3-2)里,$N(\cdot)$是正态累积概率分布函数,准负债率用$I_0 = F\exp(-rT)/V_0$ 表示,则 $CS(d,\sigma,T)$ 表示有违约风险债务的价差。有违约风险债务的价差 CS 是准负债率I_0 和股票的波动率 σ 的增函数,从函数关系来看,随着I_0 或 σ 的增大,债务的信用价差也加大,意味着债务的信用风险增大。

Merton 模型开创了一个结构化的衍生品定价方法。然而 Merton 模型有较大的局限性,主要在于其严格的假设,即极为简单的资产结构 —— 只有股票和债务。此外,其违约事件的假设也过于简单,即只能发生在债务到期日等。因此,该模型最终很少用来估计短期的信用利差。

二、外生结构化的 Merton 扩展模型

外生结构化模型扩展了 Merton 的模型,主要从两个方面进行。一种假设违约时间或违约跨度与企业的资产和债权人的承诺支付债务的条款有关。另一种则是使用随机概率让无风险利率随机变化。

Kim 等(1993) 首先提出 KRS 模型,即外生违约的结构化模型。该模型的主要思想是,企业违约的原因是流动性不足,考虑了一个与 Merton 不一样的企业资产价值过程。该模型中的资产价值与股票持有人支付成比例,此时资产价值与债券利率就具有了相关性。假设在到期日 T 之前,企业需要支付一个连

续的利息，并且债务结构是单一的利息形式。企业违约的边界表示为$V_B(t) = c/\delta$。另外还附加了其他的边界条件，如当到期日企业的现金流小于该期必须偿还的债务，即发生违约。再比如违约的范围不是 Merton 模型所说的是源于资不抵债，此时违约的范围是一个外生给定的参数或变量，并且可以使用无风险债券设定违约范围。

KRS 模型中的债务结构是单一的，因此局限性也很明显。KRS 模型考虑了资产价值与随机无风险利率的相关性，假设单因素 CIR 的利率模型，此时有违约风险的债券定价必须使用数值模拟的方法进行计算。对比更为原始的有违约风险的债券定价模型，KRS 模型的风险定价更高。从理论来看，企业的债务违约源于什么并不清楚，因此该模型的经济背景不甚合理。

Longstaff 等(1995) 的模型假定，违约发生时间为公司资产价值在首次达到较低违约边界V_B 的时刻。该模型假设一个固定的违约触发范围，与原始的违约风险模型对比，该模型考虑的债务结构较为复杂，包括不一样的利息结构，不一样的到期日规定，不一样的优先权设置等因素对违约风险的影响。Longstaff 等的模型假定不同的融资工具造成的损失，其假定包括：(1) 当企业发生违约时，必须是所有的债务都发生了违约。(2) 发生违约的时候，每笔债务的债权人将会在到期日收到债务本金一定比例 φ 的回收价值。Longstaff 等的模型与 Merton(1974) 和 Black 和 Cox(1976) 模型的假设不同在于，Longstaff 模型假设公司的资产结构是外生的，且企业的违约触发范围是外生固定的。该模型具有一定的优势，即对于特定债务的定价不需要考虑对其他债务的影响，因此有违约风险债券可以变为有违约风险零息债券的组合。(3) 该模型假设单因子 Vasicek(1977) 模型，即采用与 KRS 模型类似的做法，假设企业资产价值过程与利率过程有相关性。两个模型不同的地方在于，该模型可以得到一个有违约风险封闭解，即有违约风险的零息债券定价可以表示为：

$$v(t,T) = p(t,Y)[\varphi + (1-\varphi)\,Q^T(\tau > T)] \tag{3-3}$$

公式(3 -3) 中$Q^T(\tau > T)$ 是在远期测度下，价格为$p(t,T)$ 的物品的风险中性下的生存概率。公式(3 - 3) 可以看出，有违约风险的零息债券的定价可以拆分为无违约风险的零息债券定价 $p(t,Y)$ 乘以有违约风险的债券的到期期望价值。此时的风险中性测度是风险中性的远期测度，不是以货币计量的商品的风险中性测度。Longstaff 模型通过数值模拟计算出违约概率$Q^T(t \leqslant T)$。

模型发现该违约概率仅仅与资产价值 V 和违约范围V_B 两者的比例$\frac{V}{V_B}$ 有关。这样的处理方式和结果使得该模型的应用更为方便简单，在应用过程中不必再纠结于资产价值 V 和违约范围V_B 的表达形式。

与此同时，也有许多研究扩展和延伸了 Longstaff 模型及其做法，典型的如 Nielsen 等(1993) 的模型。在 Nielsen 等(1993) 的模型中，没有关于固定违约范围V_B 的假设，而是加入了随机违约范围的假设，但是仍然强调资产价值 V 和违约范围V_B 两者比例在有违约风险债券定价中的重要性。然而该模型不假设企业的资产价值可以支付所有的债务违约后的回收金额，即到期的资产价值不一定大于债务的违约回收额。鉴于该模型的缺陷，Briys 等(1997) 提出了新的模型，改变了模型的违约时间设置，取得有违约风险零息债券的定价的解析解。

在这些结构化模型里，都基于公司资产的价值过程为一个扩散过程，分析得出企业的短期内的信用价差为 0，而这样的结论明显与实际经验并不相符。另一种扩展模型的方式是假设资产价值是一个跳跃过程。如 Mason 等(1981) 假设资产价值是一个纯跳跃过程，Schonbucher(1996) 等则假设企业的资产价值服从一个跳跃—扩散过程。当资产价值突然发生了改变，此时跳跃—扩散过程中的违约事件就会发生。确切地说，违约事件只发生于资产跳跃使得企业资产价值小于违约的范围时。但是，在一般情况下，即使资产价值过程未发生跳跃现象，正常的资产价值波动也有可能使得资产价值低于违约的范围，此时也一样叫做发生了违约。可以说，在外生违约范围的结构化模型中违约时刻并非是一个可预期的变量。像这样具有附加跳跃的成分的有违约风险的债券定价模型显然比原有的模型要复杂得多。Schonbucher(1996) 与 Zhou(1997) 的模型假设了固定跳跃强度以及对数正态分布的跳跃范围，并运用数值模拟的方法进行实证分析，结果显示在短期内跳跃的影响在信用价差中非常明显，而在长期内跳跃影响比较小。此外实证也发现，信用价差在非常短的时间内也是大于 0 的数值，从这个角度说，资产价格跳跃过程的结构化模型可以有效避免基于扩散过程的结构化模型在短期内认为企业信用价差为 0 的明显缺陷。

外生的有违约风险的债券的结构化定价模型假设企业的债务总额对违约的范围不产生影响，或者假设企业的违约回收率是外生给定的，从给定企业价值动态变化过程的角度去解释有违约风险的债务的价格。在给定公司资产价值的条件下，强调企业的信用等级和相关的风险价差是内生决定的。可以说，这类模型的重心在于为复杂的债务衍生产品如信用衍生品进行定价，而不是重点分析信用风险产生的根本原因。假设利率期限结构是预先给定的，为复杂的信用衍生工具定价使用外生的有违约风险的结构化债券定价模型是更为合适的。

外生有违约风险的结构化债券定价模型主要缺点是不灵活，另一方面其实际应用范围是相当局限的，根本原因在于企业的资产价值并非如假设的那样服从一个简单的过程，而是市场化估计价值的。并且，假设企业的资产价值过程为一个扩散过程，那么信用价差估计的偏差是如何产生的就变得很难解释。即使引入跳跃 — 扩散过程进入模型，也仍然难以解释与此同时产生的另一个实际经验中的应用问题，即如何估计跳跃 — 扩散过程中的各种参数。

三、内生结构化的有违约风险的债券定价模型

在结构化系列模型里，内生的违约范围模型已经在学者中引起广泛的探讨，这类结构化模型的主要优势不是在复杂的信用衍生品的产品定价问题，而是更多在于分析信用风险、风险溢价与企业的融资决策之间的错综复杂的关系。内生有违约风险的结构化债券定价模型将企业财务金融方面的理论研究成果引入了具有违约风险的债券定价模型中，对违约事件的定义进行更为详细的设定，并且这类模型可以更为实际地反映出破产的相关制度，甚至许多内生有违约风险的结构化债券定价模型适当引入了债权债务双方的讨价还价，使得模型更加具有应用特点。这类模型都有一个共通点，即认为违约事件的发生是公司破产决策的后果。

这类模型的最新进展是把税收及破产成本加入企业资本结构的动态过程，扩展了 Black 和 Cox(1976) 的模型。并且许多学者应用博弈论等信息经济学研究方法更为细致地考虑不同的权利所有人之间的谈判过程。此外，还另有一些学者以实物期权理论为基础，构建内生结构化的有违约风险的债券定价模型，用于分析使用一定债务融资的企业的破产的最优化决策。

鉴于内生结构化的有违约风险的债券定价模型很多都是源于 Black 和 Cox 模型的扩展成果，有必要在讨论这些模型之前预先简单阐述内生结构化的 Black 和 Cox 模型的违约决策问题。

假设发行股票是企业偿还所有需要偿还的债务的唯一途径，Black 和

Cox(1976)的模型可以说明发行新债的融资方式不是债务人的唯一选择。假设企业的资产价值 V 满足公式(3－1)的随机运动过程,并且无风险利率是一个常量,具有完备市场和无摩擦环境;再假设在Black和Cox的简单模型里,企业发行了唯一一种具备连续复利 c 的企业公债,那么企业债务的价格 $D(V)$ 可以用以下的常微分方程表示:

$$\frac{1}{2}\sigma^2 V^2 D_{vv} + rVD_v - rD + C = 0 \qquad (3-4)$$

假设具有一定的到期日和违约范围,则该企业债务的定价的一般解可以表示为:

$$D(V) = \frac{c}{r} + C_1 V + C_2 V^{-\lambda} \qquad (3-5)$$

其中,$\lambda = \frac{2r}{\sigma^2}$。假设债务人失去了关于偿还本息的自主权,即债权人决定如何支付利息和什么时候停止支付,那么债权人必然会选择违约水平的边界,来最大化自身权益。按照这样的逻辑就必然会使得债券价值最小化,可以用以下的公式表示:

$$\min_{V_B} D(V, V_B) \qquad (3-6)$$

公式(3－6)的定价公式依赖于违约的范围条件,解决该最优化问题,只能先确定公式(3－5)的常量 C_1、C_2。假设企业的资产价值接近于足够大的边界,即 $V \to \infty$,此时债券的违约风险几乎为0。假设企业的资产价值接近于最小的边界值 V_B,那么就应该由债权人取得公司的股权。也就是说,这时候违约的边界可以表示为 $\lim_{V\to\infty} D(V) = \frac{c}{r}$ 及 $D(V_B) = V_B$,那么就可以得到 $C_1 = 0$ 以及 $C_2 = (V_B - \frac{c}{r}) V_B^{\lambda}$。再由公式(3－6)的一阶最优化条件,可以得到最优化的违约范围,表示为:

$$V_B^* = \frac{C}{r + \frac{\sigma^2}{2}} \qquad (3-7)$$

Leland(1994)的模型扩展了 Black 和 Cox(1976)的内生结构化违约模型,引入了债务的纳税优势及破产成本。由于债务利息先于税收支付,债务具有一定的税负优势。假设企业需要支付的税率为一个常量 ζ,那么违约事件发生前企业的税收的免税率为 $c\zeta$。这样一来，若真发生了破产事件，企业就会产生一定的破产费用，表示为 αV_B。那么在债务重组的情况下，杠杆公司自己的价值 U 则不再等同于原来的资产价值 V，企业的价值可以增加税收减免 TB，并同时减少破产成本 BC。在这种情况下，股东会选择违约水平以最大化权益资产。此时他们绝不会选择最小化债务价值，因此股权价值 E 即杠杆公司的资产价值扣除债务的价值，就必然有：

$$E = U - D = V + TB - BC - D \tag{3-8}$$

Leland 的股权价值表达式包括了破产成本、税收收益以及债务的价值，该模型在既定的违约范围边界 V_B 上，给出了与公式(3-4)颇为相似的等式，并求出了股东一阶最优化的违约边界解析解：

$$V_B^* = \frac{(1-\zeta)C}{r + \frac{\sigma^2}{2}} \tag{3-9}$$

该模型与 Black 和 Cox(1976)的模型较为相似，在 Leland 模型里，违约的边界值会随着利率的提高而增加，同时随着无风险利率水平，以及资产的波动率的降低而减少。然而，Leland 的模型与 Black 和 Cox(1976)的模型仍然有不同，即违约边界中关于利息与税收减免之间的关系有所不同。

然而 Leland 的模型在使用中必须注意两个问题。首先是由于 α 对股权价值的敏感度较高，而违约边界值不受破产成本因素的影响，因此即便是极高的破产成本直接扣除杠杆企业的价值，也可能用较少的债务价值来弥补；其次是 Leland 的模型引入了债务的税负优势以及破产成本，这根据的资本结构理论本质上是属于古典的内生结构化的违约决策的动态模式。可以说，该模型可以把债务的价值与最优的股权，债务比例和公司的资产价值、财务风险、税收成本、破产成本及各种利率联系在一起。Leland 的模型假设的违约条件是股权价值为 0，那么就意味着企业若是通过发行新股来弥补暂时性的资金短缺可以没有任何成本地进行，并且可以严格地遵守绝对优先的规则，此时再允许债务重组，就可以建立有违约风险的债券定价模型。

Uhrig 等(1998)假设股权保险需要花费成本，扩展 Leland 的模型。在该模型里，股权的保险成本体现出陷入财务危机的企业发行新股具有一定的难度，并且也可以说明即便股权的价值大于 0，资金的短缺也可能是造成企业破产的原因。

Anderson 等(1996) 的模型着重在于分析债务重组的策略选择,又称为 AS 模型。在离散时间条件下,AS 模型假设了公司资产价值过程为二义树模型,企业可以产生的现金流与资产价值是成比例的,并且企业使用现金流用于支付偿还债务,加入现金流足以支付,并且债权人接受利息条件,一旦债务人发生了违约,企业被迫进行破产结算,那么债权人就要接受企业资产价值扣除债务清偿成本的价值。由于存在着偿还成本,债务人和债权人必须就债务合约的条款重新谈判确立合约。虽然合约参与方彼此掌握足够的信息,AS 模型中仍然假设债务人具有一定的讨价还价的能力,可以决定让该企业进入破产清算或者采取其他方式解决而继续经营。在谈判时,债务人可以接受债务的支付水平低于现金流,如果债务支付大于或等于债务合约总额,那么公司可以继续经营。除此以外,债权人则可以选择让公司破产清偿债务,或者选择收取较低的利息。通过非合作的博弈方法,AS 模型分析可以得到真实的债务支付及破产的清偿界限;通过对模型的博弈扩展分析,可以得到均衡时最优化的债务支付金额。该方法可以解释对于支付优先规则的例外情况。可以说,有违约风险的债券 AS 模型会比未能考虑债务重组的优化策略的模型要求更高的风险溢价。

Fan 等(2000) 模型,又称作 FS 模型,是属于连续时间的债务定价模型。该模型扩展了 AS 模型,使用了两种模式研究讨价还价。模式一:讨论在一个较低水平的债务重组边界范围内,债权人通过债务与股权的互换,接受了债务换成股权的协议,标的企业成为一个可以出售股权给债权人的公司,这样的债换股的形式可以有效地避免债务清偿费用。模式二:该模式讨论的是债务支付优化策略,也就是说采取了一个较低的债务重组边界,债务债权双方协商利息减免问题或暂停支付问题,那么企业就仍然继续经营,同时又可以利用债务的税负优势。以上两种模式有着本质的不同,模式一双方交易的标的是企业的资产价值,而模式二双方交易的标的则是企业的资产价值以及未来的潜在税负收益。

关于讨价还价,AS 模型认为债务人可以拥有讨价还价的能力,FS 模型则认为债务人和债权人之间要进行讨价还价的博弈。在 FS 模型中,任一个企业的资产价值 V,企业的清偿成本占资产价值的比例是固定的,为 α。那么如果企业在发生违约的时刻被要求进行破产的清偿,则债权人收到的资产剩余价值为 $(1-\alpha)V_B$,而债务人则得不到任何价值。那么在违约发生的时刻为避免产生代价太高的破产清偿,双方就预先同意一旦发生违约就进行债务与股权的

转换,这就意味着债权债务双方就违约时的资产价值V_B的看法已经达成了一致,并且最优的分配规则可以表示为:

$$E(V_B) = \theta V_B, D(V_B) = (1-\theta) V_B \tag{3-10}$$

在公式(3-10)里,$\theta = \theta(\eta)$是参数,表示其与债权债务双方的讨价还价的能力有关,其中η表示债务人的讨价还价的能力,$1-\eta$则是债权人的讨价还价能力。假设债务人最大的讨价还价能力系数($\eta = 1$),参数θ最高水平假设为α,也就是说杠杆企业破产时刻对债权人来说,无论是选择债务与股权互换还是选择破产清偿都是没有差别的,如果债权人持有最高的讨价还价能力水平,即$\eta = 0$,则θ可以取得最小的边界值$\theta = 0$,那么杠杆企业发生破产的时候对债务人来说,无论是选择债务与股权互换还是选择破产的清偿都是没差别的。FS模型所建立的函数关系以讨价还价能力为自变量,可以推导出该模型的纳什均衡解析解,并且可以得到与Black和Cox(1976)模型较为相似的内生的结构化的违约范围边界值V_B^*:

$$V_B^* = \frac{(1-\zeta)C}{r+\frac{\sigma^2}{2}} \frac{1}{1-\eta\alpha} \tag{3-11}$$

可以发现,债务人即企业的讨价还价能力越强,债务重组就越容易发生,只要债务人拥有一点点讨价还价能力($\eta > 0$),违约范围的边界值V_B^*就会比Leland模型的违约边界值更大。

Mella和Perraudin(1997)的模型,又称为MP模型,也采取债务的最优策略定价。MP模型假设风险中性的代理人,将企业生产的产品出厂价格作为状态变量,同时又假设企业具有固定的产品的产出成本,如果发生了违约,进行了破产清偿,并且由新的股东接管了债务企业,则新股东只能获取的资产价值为$\xi_1 op(t) - \xi_0\omega$,而非$op(t) - \omega$,此外企业可以在任意时刻用清偿价格$\gamma$进行破产清偿。MP模型中,假设了纯股份融资企业的最优化清偿率处于较低值,采取债务融资会导致低效率,若由初始的债务人继续管理公司,出于债务清偿政策的考虑,债务人会收到较低的支付水平,这样的低效率管理最终只能进行债务重组的谈判。如果债务人持有最高的讨价还价能力,那么债务人可以提出一个最优化的、又低于债务合同利率的债务偿还方式,通过债务重组,改变偿还条件,企业被初始债务人接管,一直到资产价值超过纯股权融资企业的最优化清偿率,此时,企业的生产能力被彻底开发,不再发生提前清偿事件。此模型可以说明债务重组将具有更高的效率。MP模型通过讨论企业债务人持有的讨价还价能力的各种情况，得到差不多的结论。在该模型中，当产出的价值低于最优的破产边界时，加入企业不进行债务重组，债权人必须通过注入资金来弥补亏损。此时企业仍然由股东持股，而债权人就可以让企业持续经营，推迟债务的清偿。

第二节　基于简化模型的有违约风险的债务定价

简化模型有几个重要的代表性模型。如 Jarrow 和 Turnbull(1995)，俗称 JT 模型；Das 和 Tufano(1996)，俗称 DT 模型；Jarrow、Lando 和 Turbull(1997)，俗称 JLT 模型；Madan 和 Unal(1998)，俗称 MU 模型；Duffie 和 Singleton(1999)，俗称 DS 模型；等等。在简化模型中，违约的时间是不确定的，只是把每一个时刻的违约事件看作一个概率分布，违约是一个由违约强度作为参数的随机过程。简化模型与结构化模型不同的是，简化模型不研究为什么违约，它只研究违约事件的统计特性。简化模型认为违约时间 τ 是一个计数过程，所谓的违约就是一个发生跳跃时间，$N(t) = I_{\{\tau \leq t\}}$，其中$I_{\{\tau \leq t\}} = 1$ 则意味着发生了跳跃，并且简化模型假设 $N(t)$ 可以用 $N(t) = M(t) + \int_0^t \lambda(s)\mathrm{d}s$ 表示。其中 $M(t)$ 是一个鞅，表示风险中性概率，λ 可以称为一个非负强度的可测的随机过程，同时又可以表示为违约的损失率水平，在违约事件发生后，也就是 $t > \tau$ 时，λ 为0。不同的简化模型之间主要的区别在于关于违约的强度由什么决定，是什么变量的假设；其次，各种模型也对债务组合内不同组成部分之间的相关性，以及对模型内不同的参数之间的相关性的假设形成了重要区别。

例如，假设有一个风险中性测度，记为 Q，违约时间和无风险利率是相互独立的，那么就会有这样的简化模型基本表达式：

$$v(t,T) = E_t^Q[\mathrm{e}^{-\int_t^T r(s)\mathrm{d}s}]\{E_t^Q(1_{\{\tau > T\}}) + E_t^Q[\mathrm{e}^{-\int_t^T r(s)\mathrm{d}s}\varphi(\tau)\,1_{\{\tau \leq T\}}]\} \quad (3-12)$$

该模型假设了一个固定的回收率的无风险债券回收率 $\varphi(\tau) = \varphi$。那么公式(3－12)可以简化成以下表达式：

$$v(t,T) = p(t,T)\{Q(\tau > T) + \varphi[1 - Q(\tau > T)]\}$$
$$= p(t,T)[\varphi + 1(1 - \varphi)Q(\tau > T)] \quad (3-13)$$

公式(3 - 13)中,$Q(\tau > T)$ 是一个风险中性的生存概率,而 $p(t,T)$ 是在 T 时刻到期的没有违约风险的零息债券在 t 时刻的价格。

Jarrow 和 Turnbull 模型有一个简单的假设,即违约强度 λ 是一个常量。在此条件下,违约的时刻 τ 就可以认为是第一次发生跳跃的具有强度为 λ 的泊松过程的跳跃时刻,其中 τ 是一个指数分布的函数,参数为 λ。Jarrow 等模型运用这个假设条件在一定的概率测度下构建违约风险模型。Jarrow 等的模型有一个明显的缺点,即债券的信用质量不会随着违约事件发生而被调整,更糟的是,违约事件发生后,债券反而变为无违约风险的债券,这与事实是不符的。Jarro、Lando 和 Turbull 的模型扩展了 Jarrow 和 Turbull 的模型,引入了不同的信用等级,同时信用的质量也会随着信用等级的改变而发生变化,并且信用等级与其他等级之间可以转化,用马尔科夫过程表示。Jarrow、Lando 和 Turbull 模型假设违约时刻 τ 是第一次到达违约状态 K 的时间,在离散时刻条件下,信用等级的转化可以用转移矩阵来表示,假设为:

$$P = \begin{pmatrix} P_{1,1} & P_{1,2} & \cdots & P_{1,k} \\ P_{2,1} & P_{2,2} & \cdots & P_{2,k} \\ \vdots & \vdots & \vdots & \vdots \\ P_{k-1,1} & P_{k-1,2} & \cdots & P_{k-1,k} \\ 0 & 0 & \cdots & 1 \end{pmatrix} \quad (3-14)$$

公式(3 - 14)中,$P_{i,j} \geq 0$ 并且 $\sum_{j=1}^{k} P_{i,j} = 1$。而$P_{i,j}$(其中 $i,j = 1,2,\cdots,k-1$)表示在下一个时刻信用等级 i 转化为信用等级 j 的概率,其中$P_{i,k}$($i = 1,2,\cdots,k-1$)表示违约概率,此时违约概率$P_{i,k}$ 与债券的信用等级密切相关,该模型属于随机简化模型的特殊情形。

Jarrow、Lando 和 Turbull 的模型应用思想与 Jarrow 和 Turbull 的模型是一致的,并且使用零息债券的定价来推导风险中性的信用违约概率。因为 t 期的风险中性齐次的信用等级转移矩阵无法解释所有的零息债券定价,Jarrow、Lando 和 Turbull 的模型在信用转移矩阵中引入了违约时间独立和违约时间相关性两种情况来解决问题,违约时间独立的部分就假设一种转移概率$P_{i,j}$,违约时间独立；违约时间相关的情况就使用测度变换$\pi_{i,j}(t)$。Jarrow、Lando 和 Turbull 的模型把某一时间的风险中性的违约概率用$q_{i,j}(t)=p_{i,j}\pi_{i,j}(t)$表示，为了简化问题，降低维度，Jarrow、Lando 和 Turbull 的模型假设违约概率$p_{i,j}$的调整率$\pi_{i,j}(t)$只与当前的信用等级 i 有关，与历史信用等级无关，即表现出马尔科夫性，可以表示为$\pi_i(t)$。

Jarrow、Lando 和 Turbull 的模型与 Jarrow 和 Turbull 的模型也有一些共同的缺点。首先是两种模型均存在模型的校准困难问题，例如不同信用等级所具有的利率期限结构是不一样的，而且也很难获取具体的期限结构，这些困难在一些较低信用质量的债券中，问题特别突出。在只能获取极少几个债券品种的条件下，想要准确估计利率的期限结构几乎是不可能的。其次，一个很难忽视的问题，Jarrow、Lando 和 Turbull 的模型针对的是单一债务结构的信用等级转化，这意味着所有的债券的信用等级转化必须按照同样的马尔科夫过程进行，然而在现实中，不同的债券有不一样的债务人、券商，同一个信用等级的债券按照同样的模式进行信用等级的转化是不符合实际的。最后，Jarrow、Lando 和 Turbull 的模型还有一个重要缺点，即假设信用价差的变化只与信用等级的变化有关，也就是说，如果已知信用等级下有特定的违约强度，就有固定的回收率，然而实际上，在固定的信用等级条件下，信用价差也有很大的差别和波动。所以有很多人提出了随机回收率，用来解决这个问题。

与 Jarrow、Lando 和 Turbull 的模型有很大不同，Das 和 Tufano(1996)的模型则选择不同的参考价值。Das 和 Tufano 模型采用本金回收率的假设，不采用无风险债券的回收率假设，认为回收率表示为$\varphi=\varphi(r,x)$，应该要与无风险利率水平 r 及某些未知的不明确的变量 x 相关，无风险利率允许与违约风险相关。同时 Das 和 Tufano 模型假设在概率测度 Q 条件下 x 和违约时间 τ 是相互独立的，则期望的回收率可以表示为：

$$\Theta(r(t))=E_t^Q[\varphi(r,x)\mid r(t)] \tag{3-15}$$

因为 Das 和 Tufano 模型假设利率风险与违约时间概率分布是互相独立的，所以$\Theta(r(t))$和 τ 是互相独立的，已知利率的模型和相应的期望的条件回收率$\Theta(r(t))$的条件下，可以通过使用公式(3-12)和本金期望假设，得到等级为 i 的信用质量的零息债券的定价表达式：

$$v^i(t,T) = p(t,T)\{E_t^Q(I_{\{\tau^i > T\}}) + E_t^Q[\exp(-\int_{\tau}^{\tau^j} r(s)\mathrm{d}s)\Theta(\tau)\, I_{\{\tau^i \leq T\}}]\} \tag{3-16}$$

假设到期日 T 时刻之前发生了违约事件,那么违约时的偿付记为 $X(\tau^i) = \Theta(r(\tau^i))$,表示违约偿付与违约时间$\tau^i$ 密切相关。可以说,Das 和 Tufano 模型的解的形式相对于 Jarrow、Lando 和 Turbull 的模型要复杂一些,在 DT 模型中 φ 是 T 时刻的期望的违约偿付替代,所以有必要考虑违约偿付和违约时间的联合分布函数。

Madan 和 Unal 模型属于另一类的随机波动率的违约概率模型。该模型假设违约的强度与公司的股票价格变化过程有关,并且在风险中性的概率测度 Q 下的随机过程表示为 $\mathrm{d}s(t) = \sigma s\mathrm{d}z$,在这里 σ 表示固定的价格波动率,z 表示标准的布朗运动。Madan 和 Unal 模型又进一步假设违约强度表达式为:

$$\lambda(s,t) = \frac{a}{\left(\frac{s}{s_{crit}}\right)^2} I_{\{\tau > t\}} \tag{3-17}$$

公式(3-17)中,a 和s_{crit} 都是大于 0 的常量,本质上 s 可以是与s_{crit} 不等的任意一个整数。现在我们考虑的是更加实际的情形,即 $s > s_{crit}$,此时违约强度 $\lambda(s,t)$ 就会随着 s 的增加而降低。Madan 和 Unal 模型又假设了未来的违约时刻 t 的任意违约偿付 $X(t)$,在 T 时刻的价值可以表达为:

$$X(T) = \exp(\int_t^T r(s)\mathrm{d}s)X(t) \tag{3-18}$$

Madan 和 Unal 模型与 Das 和 Tufano 模型是不同的,Madan 和 Unal 模型使用了本金回收率的假设,在 Madan 和 Unal 模型的独立性假设条件下,有违约风险的零息债券的定价公式可以表示为:

$$v(t,T) = p(t,T)\{E(\varphi) + [1 - E(\varphi)]Q(\tau > T)\} \tag{3-19}$$

以上方程在固定的期望回收率和既定参数的条件下可以用于有违约风险债券的定价。然而,现实的模型参数往往需要通过估计有违约风险的金融资产的市场价格来进一步估计,方法上要复杂很多。

Madan 和 Unal 模型假设违约风险和利率风险是相互独立的,然而这个假设难以获得实证上的支持,但是在这个模型中两种风险的相关性是至关重要的。所以 Lando(1998) 模型就是相当于这个模型的改进版。Lando 模型与

Madan 和 Unal 模型一样,使用了违约时间是一个 Cox 过程,状态变量可以用马尔科夫过程来描述,假设强度为 λ 的 Cox 过程表达为:

$$Q(\tau > t \mid Y(t)) = \exp(-\int_0^t \lambda(s, Y(s))\mathrm{d}s) \qquad (3-20)$$

所以,$Q(\tau > t \mid Y(t))$ 是由状态变量记为 $Y(t)$ 及非齐次的泊松过程记为 $\lambda(t, Y(t))$ 共同决定的。然而 Lando 的模型不同的地方在于未能假设无风险利率和违约时刻相互独立,而假设无风险利率直接与 Y 有关。再使用固定的回收率 φ 的无风险债券回收假设,则可以得到有违约风险的债券的定价表达式:

$$\begin{aligned} v(t,T) &= \varphi p(t,T) + (1-\varphi) E_t^Q[\exp(-\int_t^T r(Y(s))\mathrm{d}s) I_{\{\tau > T\}}] \\ &= \varphi p(t,T) + (1-\varphi) E_t^Q\{\exp(-\int_t^T [r(Y(s)) + \lambda(Y(s))]\mathrm{d}s)\} \end{aligned} \qquad (3-21)$$

Lando 模型有一个主要优势,即考虑违约风险与利率风险相关性的时候使用非常简便的方法。以下是举例说明。

假设有以下的动态过程,$Y = (y_1, y_2)$ 为状态变量:

$$\begin{aligned} d y_1(t) &= \mu_1(y_1, y)\mathrm{d}t + \sigma_1(y_1, t) d z_1 \\ d y_2(t) &= \mu_2(y_2, y)\mathrm{d}t + \sigma_2(y_2, t) d z_2 \end{aligned} \qquad (3-22)$$

假设风险中性的概率测度 Q,$\mu_i (i = 1,2)$ 表示漂移率,及$\sigma_i (i = 1,2)$ 表示波动率。而对应地,$z_i (i = 1,2)$ 表示标准维纳过程,两个过程不相关。进一步地,再假设违约强度 $\lambda = \lambda(y_1, y_2)$ 和无风险利率 $r = r(y_1, y_2)$ 可以具体表示为与状态变量有关的函数 $\lambda = c y_1 + d y_2$ 和 $r = a y_1 + b y_2$。也就是说可以建立违约风险和利率风险的相关性模型,假设到期价值为 1,违约回收率为 0 的有违约风险的零息债券在 t 时刻的定价 $v(t,T)^0$ 有以下表达式:

$$\begin{aligned} & v_t^0 + \frac{1}{2}\sigma_1^2 y_1^2 v_{y_1 y_2}^0 + \frac{1}{2}\sigma_2^2 y_2^2 v_{y_1 y_2}^0 + \mu_1 v_{y_1}^0 + \mu_2 v_{y_2}^0 \\ &= ((a+c) y_1 + (b+d) y_2) v^0 \end{aligned} \qquad (3-23)$$

到期条件表示为$v^0(T,T) = 1$。另一种引入并处理违约风险和利率风险的相关性的是 Duffie 和 Singleton 模型。其不同的地方在于假设了市场价值的回收率。此外还有一个特别的地方,即 Duffie 和 Singleton 模型假设到了违约时刻 τ,债券损失的价值相当于债券市场价值的 $1-\varphi$ 的比例,这样债券的调整后的贴现因子可以表示为：

$$R(t) = r(t) + \lambda(t)(1 - \varphi) \quad (3-24)$$

就像Lando模型所述的那样，公式（3－24）中的λ表示违约的强度，违约强度依赖状态变量Y和时间t，φ表示$v(\tau - T)$参考价值的回收率。那么有违约风险的零息债券的定价就可以表示为：$v(t,T) = E_t^Q[\exp(-\int_t^T R(s)\mathrm{d}s)]$。另一点与Lando模型也颇为相似，即假设平均损失率$\lambda(1-\varphi)$和短期利率r都是外生的状态变量Y的函数，用这种方式来体现利率风险与违约风险的相关性。

第三节　有违约风险债券的一般形式定价模型

构建有违约风险债券的一般形式的定价模型，首先有必要对三种不同的风险进行基本假设，包括无违约风险的利率风险、违约时间以及违约的回收率。不妨假设：第一，利率模型具有显性或者隐性的短期的无风险利率特征，记为$r(t)$；第二，违约时间模型记为违约时刻τ，使用Cox过程；第三，违约范围的模型包括违约回收率模型$\varphi(\tau)$和市场可参考价值RT。

违约的回收率模型$\varphi(\tau)$用来表示违约时刻以后，即发生违约事件后，有违约风险的债券剩余的价值。该模型与债券的参考价值RT，如债券本金，是相对应的。则T时刻到期的没有违约风险的债券在t时刻的定价应该表示为：

$$p(t,T) = E_t^Q[\exp(-\int_t^T r(Y(s))\mathrm{d}s)] \quad (3-25)$$

公式（3－25）中的E_t^Q可以表示风险中性的概率测度Q以及已知信息集合的条件下t时刻的期望值。与之相对应，到期T时刻，债券承诺支付金额为1的有违约风险的零息债券在t时刻的价格可以用以下表达式表示：

$$v(t,T) = E_t^Q[\exp(-\int_t^T r(s)\mathrm{d}s) I_{\{\tau > T\}} + \exp(-\int_t^T r(s)\mathrm{d}s)\varphi(\tau)RT(\tau) I_{\{\tau \leq T\}}] \quad (3-26)$$

公式（3－26）表示有违约风险的债券的一般形式的定价模型。公式（3－

26）里面，假设债务人在债务有效时间内没有发生违约，则示性函数$I_{\{\tau \le T\}}$ = 1，若不然即发生了违约，$I_{\{\tau \le T\}} = 0$。

从公式（3－26）可以推导出之前所提到的两大类有违约风险的债券的定价模型。这两个不同的模型之间的差别主要在于公式中对三种风险的假设，即用不同的利率模型来表述贴现水平，用不同的违约时间模型来表述示性函数值，用不同的违约范围模型来表述发生违约事件时的债券价值损失。

然而在实证中，各类资本市场的主体在应用模型的时候常常使用不同的回收率的参考价值：第一种是本金回收率，第二种是无风险债券回收率，第三种是市场价值回收率。举例来说Moody's公司和Standard & Poor's公司等国际信用评级代理机构通常使用债务本金的一定比例作为回收的参考价值，又称为本金回收，也有一些评级机构会选择公司的资产市场价值作为回收的参考价值，又称为公司的市场价值回收率，当然，还有一些评级机构会使用无风险债券的回收率。

接下来以无风险债券（国债）为例，用一般形式的定价模型来推导Merton模型和简化模型。

如果一般形式的定价模型的回收参考的价值使用无风险债券回收率，那么在到期日即T时刻债务人承诺将支付价值1的有违约风险的零息债券在t时刻的价格可以用下面的公式表示：

$$v(t,T) = E_t^Q[\exp(-\int_t^T r(s)\mathrm{d}s)(I_{\{\tau > T\}} + \varphi(\tau) I_{\{\tau \le T\}})] \quad (3-27)$$

根据公式（3－27），到期T时刻债务人承诺支付F的有违约风险的零息债券在t时刻的定价可以用下面的公式表示：

$$\begin{aligned} F_v(t,T) &= E_t^Q[(F I_{\{\tau > T\}} + F\varphi(\tau) I_{\{\tau \le T\}})\exp(-\int_t^T r(s)\mathrm{d}s)] \\ &= E_t^Q[(F I_{\{\tau > T\}} + V_T I_{\{\tau \le T\}})\exp(-\int_t^T r(s)\mathrm{d}s)] \\ &= E_t^Q[(F - \max(F - V_T, 0))\exp(-\int_t^T r(s)\mathrm{d}s)] \end{aligned} \quad (3-28)$$

当违约风险与无风险利率无相关性时，公式（3－28）可以转化为Merton模型即公式（3－2）的形式：

$$F_v(t,T) = \exp(-\int_t^T r(s)\mathrm{d}s) E_t^Q[F - \max(F - V_T, 0)]$$

$$= p(t,T)\ E_t^Q[F - \max(F - V_T, 0)]$$

则当违约风险与无风险利率无相关性时,就可以将公式(3 – 27)简化,会有:

$$\begin{aligned} v(t,T) &= \exp(-\int_t^T r(s)\,\mathrm{d}s)\ E_t^Q[I_{\{\tau > T\}} + \varphi(\tau)\ I_{\{\tau \leq T\}}] \\ &= p(t,T)[Q(\tau > T) + \varphi(\tau)Q(\tau \leq T)] \\ &= p(t,T)[Q(\tau > T) + \varphi(\tau)(1 - Q(\tau > T))] \\ &= p(t,T)[\varphi + (1 - \varphi)Q(\tau > T)] \end{aligned}$$

此时就是简化模型的公式(3 – 13)。

如果一般形式的定价模型的回收参考价值属于本金回收或者市场价值回收,也一样可以通过一般形式的定价模型逐步推导 Merton 模型和简化模型。

本章小结

结构化模型和简化模型属于有违约风险的债券定价模型的原始模型。结构化模型更注重违约产生的原因,重点研究违约产生的经济学背景。简化模型注重违约的统计学结果。两种模型各有优缺点,本章列出了内生结构化模型、外生结构化模型的几种基本形式,同时也列出了有违约风险债券的一般形式的定价模型,并使用具体的实例来推导出一般形式的定价模型与简化模型、结构化模型的内在联系。当前国内外主要研究简化模型,因为在实证上比较简单,主要集中于几种重要的参数的设定,如违约的到达时间、违约的回收率等。由于结构化模型、简化模型各有优缺点,有效结合两种模型的优势,也是将来对有违约风险债券的定价研究的一个重要趋势。

第四章
现有信用衍生品定价模型

第一节　基于简化模型的信用衍生品定价

一、基于简化模型的 CDS 定价

CDS 模型源于信用风险模型，同样也有简化模型与结构化模型之分。本书只为提出新的定价框架，因此只选用简化模型进行说明，不考虑结构化模型的情况。

(一) 模型构建①

市场上交易最活跃的信用衍生品是参考资产为一个公司债券的 CDS。CDS 的保护买方定期向保护卖方支付一个固定的保险费，叫 CDS 利差。如果预先指定的信用事件发生了，保护买方就停止支付保险费，而保护卖方支付公司债券的面值。CDS 利差初期就已经制定了，因此进入合约时是不用花钱的。因此，保险费支付端的期望价值要等于保护端的期望价值。

首先定义参考资产的信用违约事件发生在 t 时刻之后的概率为：$S(t) = P(\tau > t)$，τ 为信用违约事件真正发生的时刻。则在 $[t, t+\mathrm{d}t]$ 时间段内发生违约事件的概率就能用条件概率表示：$P(\tau < t + \mathrm{d}t \mid \tau > t)$，$\lambda_t$ 表示在 t 时刻发生违约事件的概率密度。设违约事件的发生服从泊松分布，则参考实体的违约

① 上海申银万国证券研究所有限公司 2010 年的专题报告 // 范希文，等．信用衍生品理论与实务：金融创新的机遇与挑战[M]．北京：中国经济出版社出版，2010：107 - 117.

事件将发生在 t 时刻以后的概率则为：

$$S(t) = P(\tau > t) = e^{-\int_0^t \lambda_s ds} \tag{4-1}$$

假设CDS开始于0结束于T，付息时刻为$t_1, t_2, \cdots, t_n = T$，无风险利率固定为$r$，本金为1，其间支付的保险费为$s(0,T)$。$I_{\{\tau \leq t\}}$ 为示性函数，其值为1或0，t时间内发生违约则为1，t时间内不发生违约则为0，且违约分布服从式（4-1）。对于CDS的固定现金流一端，有固定端现金流现值的数学期望：

$$\begin{aligned} Fix(0,T) &= E\left[\sum_{i=1}^{n} e^{-rt_i} s(0,T)(t_i - t_{i-1}) I_{\{\tau > t_i\}}\right] \\ &= \sum_{i=1}^{n} e^{-(r+\lambda_i)t_i} s(0,T)(t_i - t_{i-1}) \end{aligned} \tag{4-2}$$

如果计息是连续方式，则有：

$$Fix(0,T) = s(0,T)\int_0^T dt\, e^{-(r+\frac{1}{t}\int_0^t \lambda_u du)t} \tag{4-3}$$

假定违约事件发生的概率密度不随着时间的改变而变化，为常量λ，由于$\int_0^T e^{-(r+\lambda)t} dt = \frac{1}{r+\lambda}\left[1 - e^{-(r+\lambda)T}\right]$，则有CDS固定端现金流的现值为：

$$Fix(0,T) = \int_0^T s(0,T)\, e^{-(r+\lambda)t} dt = s(0,T)\frac{1 - e^{-(r+\lambda)T}}{r+\lambda} \tag{4-4}$$

对CDS发生违约时的现金流一端，假设发生违约的时间为τ，信用卖方向信用买方支付一笔金额，为本金1减去违约后资产的剩余价值R的差。在连续计息的方式下，浮动一端的现金流现值为：

$$Float(0,T) = (1-R)E\left[e^{-rt} I_{\{\tau < T\}}\right] = (1-R)\int_0^T dt\, \lambda_t\, e^{-(r+\frac{1}{t}\int_0^t \lambda_u du)t} \tag{4-5}$$

通常假设违约发生的概率密度λ不随着时间的改变而变化，则CDS浮动端现金流的现值为：

$$Float(0,T) = \lambda(1-R)\frac{1 - e^{-(\lambda+r)T}}{\lambda + r} \tag{4-6}$$

在无套利条件下，浮动端的净现值与固定端的净现值一致，则有连续计息下的定价：

$$s(0,T) = \lambda(1-R)$$

也有离散形式下的定价：

$$s(0,T)=\frac{(1-R)E[\mathrm{e}^{-rt}I_{\{\tau<T\}}]}{\sum_{i=1}^{n}\mathrm{e}^{-(r+\lambda_i)t_i}(t_i-t_{i-1})} \tag{4-7}$$

（二）模型特点

此模型的优势包括两个方面：首先，该模型即使信用风险不发生变化，信用利差也可能发生改变；其次，可根据可观测到的市场上同一期限的违约债券的收益和无风险债券的收益，模拟违约强度过程。缺点也有两个方面：首先，对于参考资产的违约特点仅仅用外生的固定违约强度表示，无法体现不同参考实体的经营状况与信用风险的关系；其次，违约强度是外生过程，因此未能揭示公司资本结构与信用风险的关系，这是大部分 CDS 定价模型无法避免的缺陷。

二、基于简化模型的 CDO 定价

（一）违约概率函数

在简化模型中，单项资产的违约概率服从泊松分布。对于单项信用产品来说，在 T 时刻只会有两种情况：违约或不违约。而对于单个资产来说，由于服从泊松分布，其在时间$[0,T]$内发生 n 次违约事件的概率为：

$$P(N_T=n)=\frac{1}{n!}(\gamma T)^n\mathrm{e}^{-\gamma T} \tag{4-8}$$

其中，γ 为资产的违约强度。假设 τ 为资产的违约时刻，则有资产的生存概率函数及违约概率函数分别为：

$$S(t)=P(\tau>t)=P(N_t=0)=\mathrm{e}^{-\gamma t},$$

$$F(t)=P(\tau\leqslant t)=1-S(t)=1-\mathrm{e}^{-\gamma t} \tag{4-9}$$

假设目前已经过了 t 时间，那么在将来 Δt 内生存条件概率和违约条件概率分布为：

$${}_{\Delta t}S(t)=P(\tau>t+\Delta t\mid\tau>t)=\mathrm{e}^{-\gamma\Delta t} \tag{4-10}$$

$${}_{\Delta t}F(t)=P(\tau\leqslant t+\Delta t\mid\tau>t)=1-\mathrm{e}^{-\gamma\Delta t} \tag{4-11}$$

因此，可以使用违约条件概率来计算多个单项资产的违约时间概率分布，又称为资产的信用曲线，因此构造出单项资产的违约过程就相当于已经构造出单项资产的违约概率分布。

而违约强度可以用 CDS 等信用产品的利差 *spread* 及违约回收率 *recovery* 进行估算：

$$\lambda = \frac{spread}{1 - recovery} \qquad (4-12)$$

（二）违约相关性

CDO 的标的资产绝大多数是以各种资产组合的方式形成的一个资产池。与单项资产不同的是，CDO 中的入池资产可以有多个，且这些入池资产在经济衰退或萧条时，会出现很明显的违约相关特征。因此各项资产的违约分布具有一定的尾部相关性，即肥尾现象。单项资产的违约率越低，其违约回收率越高，此时资产组合的整体预期损失比例也越小。资产组合的数量越多，资产违约的可能性也越大，但违约资产数目或损失比例可能更稳定。因此资产的违约相关性对于描述资产组合的违约风险来说很重要。可以这样说，资产的违约相关性越高，资产同时发生违约的可能性就越大，这样就很可能使得资产池中多项资产同时出现大面积损失。

资产的违约相关性主要由于在同样的宏观环境或在同样的行业背景下，基础资产受到某些共同的因素的影响。例如，假定资产 A 和 B 在 T 时间内发生违约的概率分别为P_A、P_B，P_{AB} 为 A、B 在 T 时间前都违约的联合概率，则资产 A 和资产 B 在 T 时刻之前违约的相关性就是：

$$\rho = \frac{P_{AB} - P_A P_B}{\sqrt{P_A(1 - P_A)}\sqrt{P_B(1 - P_B)}} \qquad (4-13)$$

由于在现实中发生违约事件的统计记录并不完整，人们直接计算违约相关性不具备现实性和可操作性，因此人们对违约相关性的估计没有一致的看法，通常使用三种估计方式：一是通过历史违约事件统计违约相关性，二是计算债券的信用利差和股价的收益率的相关性来进行估计，三是计算市场上类似的信用组合产品估计隐含的违约相关性。

（三）Copula 函数

来源于中心极限定理假设的正态分布无法捕捉金融时间序列数据的尖峰肥尾特性。在已知边际违约概率分布的前提下，Copula 函数能够将多个具有相关关系的变量用联合违约概率组合起来，因此能够构造更符合现实的联合违约概率。因此本书在构造违约概率分布时使用 Copula 函数来处理。Copula 函数是将联合分布函数与它们各自的边缘分布函数连接在一起的一类连接函数,可以通过 Copula 函数将独立的单变量分布函数转化为多变量的分布函数。

假设 ξ 为第 ξ 个资产,$F_{\xi}(t)$ 为第 ξ 个资产的边际违约分布函数,τ_{ξ} 为第 ξ 个资产的违约时间,则可以得到联合违约分布函数:

$$F = (F_1(t), F_2(t), \cdots, F_N(t)) = P(\tau_1 < t, \tau_2 < t, \cdots, \tau_N < t) \tag{4-14}$$

根据 Sklar 定理,以 Copula 函数为连接函数,边际违约分布函数可构成多元联合违约分布函数,其实相当于多个资产的分布函数的反函数的联合分布函数:

$$P(\tau_1 < t, \tau_2 < t, \cdots, \tau_N < t) = \Phi_N(\Phi^{-1}(F_1(t)), \Phi^{-1}(F_2(t)), \cdots, \Phi^{-1}(F_N(t)), R) \tag{4-15}$$

假设 R 为相关系数矩阵,时间 $t = \Phi^{-1}(F(t))$,Φ_N 为相关系数矩阵为 R 的 N 个资产的联合正态分布。

常用的 Copula 函数中,Gaussian-Copula、Frank-Copula、T-Copula 具有对称的尾部,T-Copula 具有的尾部较厚且对尾部相关的变化比较敏感,Gumbel-Copula 函数能够对上尾相关变化更加敏感,因此适用于捕捉上尾相关性,又称牛市相关结构,而 Clayton-Copula 函数能够对下尾相关变化更加敏感,因此适用于捕捉下尾相关性,又称熊市相关结构。

令 $\rho > 0$,二元 Gaussian-Copula 函数的密度函数和分布函数分别为:

$$c(u,v;\rho) = \Phi(\Phi^{-1}(u), \Phi^{-1}(v);\rho)$$

$$C(u,v;\rho) = \int_{-\infty}^{\Phi^{-1}(u)} \int_{-\infty}^{\Phi^{-1}(v)} \frac{1}{2\pi\sqrt{1-\rho^2}} \exp\left(\frac{-(x^2 - 2\rho xy + y^2)}{2(1-\rho^2)}\right) \mathrm{d}x\mathrm{d}y \tag{4-16}$$

令 $0 < \rho < 1, v > 0$,二元 T-Copula 函数的密度函数和分布函数分别为:

$$c(u_1\ u_2;\rho,v) = |\rho|^{-\frac{1}{2}} \frac{\Gamma\left(\frac{v+2}{2}\right)\left[\Gamma\left(\frac{v}{2}\right)\right]^2 \left(1 + \frac{1}{v}\xi'\rho^{-1}\xi\right)^{-\frac{v+2}{2}}}{\left[\Gamma\left(\frac{v+1}{2}\right)\right]^2 \Gamma\left(\frac{v}{2}\right) \prod_{j=1}^{2} \left(1 + \frac{\xi_j^2}{v}\right)^{-\frac{v+1}{2}}}$$

$$C(u_1\ u_2;\rho,v) = \int_{-\infty}^{t_v^{-1}(u_1)} \int_{-\infty}^{t_v^{-1}(u_2)} \frac{1}{2\pi\sqrt{1-\theta^2}} \left[1 + \frac{s^2 - 2\theta st + t^2}{v(1-\theta^2)}\right]^{-\frac{v+2}{2}} \mathrm{d}s\mathrm{d}t \tag{4-17}$$

令 $\rho \neq 0$,二元 Frank-Copula 函数的密度函数和分布函数分别为:

$$c_F(u,v;\rho) = \frac{-\rho(e^{-\rho}-1)e^{-\theta(u+v)}}{[(e^{-\rho}-1)+(e^{-\rho u}-1)(e^{-\rho v}-1)]^2}$$

$$C_F(u,v;\rho) = -\frac{1}{\rho}[1+\frac{(e^{-\rho u}-1)(e^{-\rho v}-1)}{e^{-\rho}-1}] \tag{4-18}$$

令 $\rho \geqslant 1$,二元 Gumbel-Copula 函数的密度函数和分布函数分别为:

$$c_G(u,v;\rho) = \exp\{-[(-u)^{\rho}+(-v)^{\rho}]^{\frac{1}{\rho}}\}$$

$$C_G(u,v;\rho) = \frac{c_G(u,v;\rho)(u\Delta v)^{\rho-1}}{uv[(-\ln u)^{\rho}+(-\ln v)^{\rho}]^{2-\frac{1}{\rho}}} \tag{4-19}$$

令 $\rho > 0$,二元 Clayton-Copula 函数的密度函数和分布函数分别为:

$$c_C(u,v;\rho) = (u^{-\rho}+v^{-\rho}-1)^{-\frac{1}{\rho}}$$

$$C_C(u,v;\rho) = (1+\rho)(uv)^{-\rho-1}(u^{-\rho}+v^{-\rho}-1)^{-2-\frac{1}{\rho}} \tag{4-20}$$

(四)计算违约损失

假设 CDO 基础资产池内有 N 笔债务资产,第 ε 个债务的债务资产名义价值为A_{ε},一旦债务 ε 违约,该债务回收率为 R,到期时刻为 T。因此,基础资产池的总价值为:$V_0 = \sum_{\varepsilon}^{N} A_{\varepsilon}$。第 ε 个债务发生违约时,损失额为:$L_{(\varepsilon)} = (1-R)A_{\varepsilon}$。假设第 ε 笔债务的违约时间为τ_{ε},$N_{\varepsilon}(t) = I_{\{\tau_{\varepsilon} \leqslant t\}}$ 为违约时间的计数过程,$I_{\{\tau_{\varepsilon} \leqslant t\}}$ 为示性函数,其值为1或0,t时间内发生违约则为1,t时间内不发生违约则为0。则整个资产池在 t 时间内累计发生损失的数额为:

$$L_t = \sum_{\varepsilon=1}^{N} N_{\varepsilon}(t) L_{(\varepsilon)} \tag{4-21}$$

假设某CDO结构有分层结构[$x\%$,$y\%$],其中$0 \leqslant x \leqslant y \leqslant 100$,分别表示该层债券数额占总债券数额份额的上下限,当组合损失在 $X = x\% V_T \leqslant L(t) \leqslant y\% V_T = Y$之间时,该层债券会遭受一定的损失。则该层债券的预期损失数额为:

$$M_{X,Y}(t) = (L_t - X)I_{\{L_t \in [X,Y]\}} + (Y-X)I_{\{L_t \in [Y,V_T]\}} \tag{4-22}$$

假设$f(t)$为违约概率密度,与投资人规划的违约概率一致。在到期日 T之前,该系列的预期信用损失为:

$$EL = \int_0^T f(t)M(t)\,dt \tag{4-23}$$

因此蒙特卡洛模拟出来的违约损失和累计损失为：

$$DL = \sum_{j=1}^{N} e^{-r_D \tau_j}[L_{\tau_j} - L_{\tau_{j-1}}] \quad L_t = (1-R)\sum_{j=1}^{N} I_{\{\tau_j < t\}} \tag{4-24}$$

根据无套利原则，通过违约事件计算出来的预期违约损失的贴现值，应该要等于预期支付端的贴现值。因此 CDO 的信用利差则为：

$$s = \frac{EDL}{EPL} \tag{4-25}$$

（五）Monte Carlo 定价流程

第一步：确定违约相关性，可以使用 Copula 函数，生成 N 个多维的正态随机变量，均值为 0，方差为 1，表示有 N 个资产，且这些资产具有违约相关性。

第二步：假设 N 个资产的违约强度都是相同的 λ，可以得到违约时间为：

$$\tau_i = \frac{-\ln u_i}{\lambda}, i = 1,2,\cdots,N, u_i = \Phi(\cdot) \tag{4-26}$$

第三步：给定违约时间，可以计算出资产在 T 时刻的违约损失。

第四步：重复一定的次数，用所有模拟出来的损失的平均值表示整个资产池的预期损失。

（六）模型特点

基于 Copula 函数的蒙特卡洛模拟优点很明显有二：一是简单直观；二是可以使用不同的 Copula 函数来观察不同的尾部情况，用于刻画市场的极端情况。但其最明显的缺点就是只考虑衍生品自身的现金流，没有考虑参与人的作用，缺乏必要的经济学背景。

第二节　基于结构化模型的信用衍生品定价

一、理论基础

结构化模型是 Merton（1974）提出的，引进了期权定价方法。它在公司债券的定价方法中应用了 BS 期权定价理论。假定公司资本结构由零息贴现债券与股票构成，零息贴现债券面值为 D，到期日是 T，公司资产价值 Vt 为债券价值与股票价值之和,此时公司价值相当于执行价格为 D、到期日为 T 的欧式看涨期权价值。假设公司到期资产价值低于债务面值,即 $V_T < D$,公司就会发生违约事件。主要包括两个理论前提:无套利环境、Black-Scholes 期权定价。

(一) 无套利环境

Black 等(1973) 给出欧式期权的定价的封闭形式的解析式,为期权定价领域开创一个新的框架,对该市场做了一系列假设,这些假设描述了一个无套利环境:

(1) 交易是连续进行的;

(2) 短期无风险利率是一个常量 r;

(3) 资产可以无限制分割;

(4) 不存在交易费用,不考虑税收等交易摩擦;

(5) 允许卖空并允许将交易获得的利益再投资;

(6) 不存在无风险的套利机会;

(7) 股票是不支付红利的。

(二) Black-Scholes 的期权定价公式

假设期权合约的标的股票的价格 $V_t(0 \leqslant t < T)$ 满足如下的随机微分方程:

$$dV_t = V_t(\mu dt + \sigma dW_t) \tag{4-27}$$

其中 μ 和 σ 分别表示固定的瞬间漂移率与瞬间波动率,W_t 表示在 (Ω, F, P) 概率空间中的标准布朗运动,又称作标准维纳过程,$[\Omega, F, P, (F_t)_{t \geqslant 0}]$ 表示存在自然 σ - 代数流的概率空间,其中 $F_t = \sigma(W_t, 0 \leqslant s \leqslant t)$。无风险债券的价格变动过程为 $(B_t)_{t \geqslant 0}$,且满足条件 $B_T = B_t e^{r(T-t)}$,其中 $0 \leqslant t \leqslant T$,且 r 为一个固定的市场的短期无风险利率。

假设存在另一个概率测度 Q,满足以下条件:

$$\frac{dQ_T}{dP_T} = \xi_T, \xi_T = \exp(-\gamma W_T - \frac{1}{2}\gamma^2 T), \gamma = \frac{\mu - r}{\sigma} \tag{4-28}$$

其中 γ 为单位资产风险的价格,又称作单位资产风险的溢价。此时就有:

$$E_p[\xi_T] = 1, E_P[\xi_T \mid F_t] = \xi_t, 0 \leqslant t \leqslant T \tag{4-29}$$

其中 $E_P[\cdot]$ 表示 P - 测度下的期望,$E_P[\cdot \mid F_t]$ 表示 P - 测度下的条件期望。

根据 Girsanov 定理,可以有:

$$dV_t = V_t(rdt + \sigma d\widetilde{W}_t) \tag{4-30}$$

其中$\widetilde{W}_t = W_t + \gamma t$为某一个概率空间$(\Omega, F, Q)$下的标准布朗运动，其中$(\Omega, F, Q, (\widetilde{F}_t)_{t\geq 0})$为相应的具有自然$\sigma$－的代数流概率空间，而$\widetilde{F}_t = \sigma(\widetilde{W}_v, 0 \leq v \leq t) = F_t$。那么(4－30)的解可以表示为：

$$S(T) = S(t)\exp[(r - \frac{1}{2}\sigma^2)(T-t) + \sigma(\widetilde{W}_T - \widetilde{W}_t)] \tag{4-31}$$

其中$E_Q[e^{-rT}S_T \mid F_t] = e^{-rt}S_t$。

在无套利环境下，当到期日T结束，假设K为执行价，由风险中性定价理论可知，欧式期权的定价公式为：

$$f^{BS}(t, V_t, K, T) = e^{-r(T-t)}E_Q[\max\{\omega(V_T - K), 0\} \mid F_t] \tag{4-32}$$

二、基于期权定价的结构化模型

假设在到期日T，公司的资产价值V_T有足够支付债券面值D的能力，则公司不会发生违约事件，同时股东可以获得投资价值$V_T - D$的回报；假设到期日$V_T < D$，那么公司就会发生违约事件，同时债权人获得公司的当前价值，而股东没有任何回报。因此到期日的债券价值可以表示为：

$$F_V(V,T) = \begin{cases} V_T, & V_T < D \\ D, & V_T \geq D \end{cases} \tag{4-33}$$

公司股票的价值表示为：

$$E_T(V,T) = \begin{cases} V_T - D, & V_T \geq D \\ 0, & V_T < D \end{cases} \tag{4-34}$$

由于无套利假设的成立，在到期日之前的任一时刻t就会有：

$$F_t = D_t - E_t \tag{4-35}$$

在Black-Scholes理论假设下，到期前的t时刻$(0 \leq t \leq T)$的股票价值可以表示为：

$$E_t(V_t, \sigma_v, T-t) = V_t\Phi(d_1) - De^{-r(T-t)}\Phi(d_2) \tag{4-36}$$

其中$\Phi(\cdot)$表示随机变量服从标准正态分布的函数。

$$d_1 = \frac{\ln(\frac{V_t}{D}) + (r + \frac{\sigma_v^2}{2})(T-t)}{\sigma_v\sqrt{T-t}} \tag{4-37}$$

$$d_2 = d_1 - \sigma_v \sqrt{T - t} \tag{4-38}$$

那么公司在到期日 T 时发生违约事件的概率可以表示为：

$$P(V_T < D) = \Phi(-d_2) = 1 - \Phi(d_2) \tag{4-39}$$

由(4－39)可以发现，d_2 与无风险利率 r、波动率 σ、到期日 T、当前时间 t、资产负债率 $\frac{V_t}{D}$ 都有关，可见，在资产负债率已知的情况下，可以通过该公式推导出违约风险 $P(V_T < D)$ 的大小。则得到 Merton 基本模型的基础解析解。

Merton 的结构化模型定价方法的主要优势是可以较为方便地应用 Black-Scholes 期权定价利率。其次，该定价模型对国际信用评级机构标准普尔公司和穆迪公司的信用风险评价有广泛的借鉴作用。Merton 结构化模型的主要缺陷包括：隐含假设零息债券到了期末才会发生违约，这点与实际情况不符；其次，模型也假定了企业的资本结构，相对于正常的企业资本结构而言，过于片面，不符合实际情况。因此使用该模型评估资产的价值较为困难。

第三节　基于马尔科夫链下的信用价差衍生品定价

如第二章所言，信用价差是某种信用等级下的债券的利率与无风险债券的利率之间的价差。信用价差可以随着发起公司的信用等级的改变而改变。当投资人投资信用风险债券时，如果信用价差出现非预期的下跌，就会对债券投资造成损失，但是这项风险造成的损失可以通过信用价差的卖出期权来加以规避。这种期权的标的产品是信用价差。如果信用价差降低到或者低于期权的执行价差时，这个卖出期权就是价内期权，此时就可以有效规避信用价差所带来的损失。

如前文所述，研究有违约风险的债券定价主要采用两种模型，即结构化模型和简化模型。结构化模型以公司的违约原因为研究对象，假设企业资产价值的动态变化过程、公司的资产结构、股权与债务等内容，当公司资产价值下降以至于无法偿还应偿还的债务时，则判定发生了违约，也就是说公司的债务其实是以公司资产为标的的一种期权。与之相对应的，简化模型不关心公司是怎么违约的，只关心债务违约的统计特性，所以假设了外生固定的违约率，或者外生或与其他因素有关的违约强度来模拟违约过程。结构化模型目标是体现公司违约的发生机制,关注企业资本结构的动态变化影响公司违约的程度,具有较好的经济学背景,因此在有违约风险的债券定价中应用得较为广泛。然而,该模型也有明显的缺点。首先,企业资产结构是较为复杂的,因此企业的资产价值的假设过于死板,假设公司资产价值能够准确地连续性地观察不现实;其次,结构化模型认为公司资产是一种可交易的证券,这是不符合实际的;再次,结构化模型中,如果公司的债务在到期日接近0,此时模型常常出现与实际情况相比更低的信用价差,此时应该要对违约的条件作出的假设有所改进,在实证上才能够得到相应的支持。另外结构化模型在使用中一个重要难点,就是关于公司资产价值的波动率如何估计的问题。在 Merton 模型里,假定企业的资产价值波动率和企业股票波动率存在着某种程度的函数关系,那么就可以很容易地估计出公司的资产价值波动率,然而这样的假设的真实性是值得质疑的,至少难以得到实证上的证明。这些缺陷很大程度上限制结构化模型的使用。

简化模型假设发生违约的时间是不确定的,即把违约当作由违约强度参数决定的一个随机过程,此时研究的思路就与结构化模型研究违约的机制完全不同,而是直接研究违约的概率特性。Jarrow 和 Turnbull(1995)假设一个固定的违约损失率(LGD)以及违约时间服从指数分布,构建第一个简化模型,这个模型认为违约时间是一个由违约强度参数决定的泊松过程,假设了无风险的利率过程,并假设无风险利率过程与违约损失率函数是互相独立的。该模型中违约事件意味着发生了泊松到达现象,因此这个模型在计算上较为简便,参数容易估计。但是关于违约强度不变的违约时间假设却是不符合实际的,因为对企业来说,不同的个体应该有不同的违约强度导致的违约时间分布。所以很多学者研究如何弥补 Jarrow 和 Turnbull 模型的缺点,典型的有 Lando(1998)与 Jarrow、Lando 和 Turnbull(1997)。Lando 模型深化 Jarrow 和 Turnbull 对违约强度的认识,把违约强度当作随机变量,接着使用 Cox 过程表示违约发生次数的计数过程。此时,违约时间就是一个连续时间的 Cox 过程,具有随机的违约强度,发生第一次跳跃的时间就是违约时间。信用风险定价的核心就是如何使用市场上可以获取的所有数据,确定违约的强度过程。1997年,Jarrow、Lando 和 Turnbull 提出一个较为复杂的基于信用评级的定价模型。假设违约的强度过程是一个有限状态的马尔科夫过程,Jarrow、Lando 和

Turnbull 模型假设无风险利率与违约时间过程是相互独立的，那么在有限的状态空间里，违约事件会发生在第一次进入违约状态的时刻，其中违约状态用 K 表示，状态 K－1 表示最低的信用评级。Jarrow、Lando 和 Turnbull 模型使用历史经验数据，例如 Moody's 公司和 Standard 和 Poor's 公司的信用评级转换矩阵的违约概率，用于确定信用风险定价以及可违约债券的定价。Kijima 和 Komoribayashi 模型则假设与 Jarrow、Lando 和 Turnbull 模型不同的表达式，即调整后的风险贴水形式，规避原有调整风险贴水可能非正数的问题，并且推导出信用价差衍生品的定价公式。

一、JLT 模型(1997)

考虑一个具有离散时间的经济系统，交易时刻为 0、1、…、T，使用过滤的概率空间$(\Omega, F, (F_t)_{0 \leqslant t \leqslant T})$描述不确定性，概率 P 是一个历史的或者说经验概率，域 σ 的F_t 可以包含从初始时刻到 t 时刻为止的所有信息集合。当市场达到无套利条件时，对于所有的 $s, t (0 \leqslant s \leqslant t \leqslant T)$，到期日为 t 时刻的支付面值为 1(或记为 $B(t,t) = 1$) 的无风险的零息债券在 s 时刻的价格可以用 $B(s,t)$ 表示，并且无风险的远期利率假设为：

$$f(s,t) = -\log[B(s,t+1)/B(s,t)] \tag{4-40}$$

从 t 时刻到$(t+1)$时刻之间即期的无风险利率假设为 $r(t) = f(t,t)$，其中 $0 \leqslant t \leqslant T-1$，且货币市场账户可以用 $B(t) = \exp \sum\limits_{0 \leqslant s < t} r(s)$ 表示，其中 $1 \leqslant t \leqslant T$，并且有 $B(0) = 1$。

由于 $0 \leqslant s \leqslant t \leqslant T$，并且 $D(s,t)$ 表示 t 时刻到期时的支付面值为 1，即 $D(t,t)$ 为 1 的公司的零息债券在 s 时刻的价格，那么如果到期日 t 之前企业没有发生违约，那么债券的持有人就可以在期末收到债券本金；但是如果企业在到期日 t 时刻之前发生了违约，那么债券的持有人就会收到本金回收率 δ 乘以本金的金额，其中 δ 是一个外生的常数，并且有 $0 \leqslant \delta < 1$。

如果市场不满足无套利条件，或叫做市场无完全套利，也就是存在着风险中性的概率测度 Q 与概率测度 P 等价，在测度 Q 下，所有的可交易的证券价格动态过程贴现为货币市场账户后成为测度 Q 下面的鞅，对于 $0 \leqslant s \leqslant T$，就有 E_s^Q 表示概率测度 Q 下的期望，假设 $A \in F$，并有 $Q(A) = E_s^Q[I_A]$，其中I_A 表示集合 Q 内的一个示性函数，此时，可交易的证券价格相当于风险中性的概率测

度 Q 下的到期日支付金额贴现之后的期望值，在 t 时刻到期的无风险证券的定价可以表达为：

$$B(s,t) = E_s^Q\left[\frac{B(s)}{B(t)}\right] \tag{4-41}$$

姑且设 τ 是企业的违约时间，假定 τ 是一个给定的外生的随机变量，取值范围为 $\{0,1,\cdots,T,+\infty\}$，就可以得到有违约风险的债券的定价的表达式为：

$$\begin{aligned} D(s,t) &= E_s^Q\left[\frac{B(s)}{B(t)}(I_{\{\tau>t\}} + I_{\{\tau\leqslant t\}})\right] \\ &= E\left[\frac{B(s)}{B(t)}(\delta + (1-\delta)\,I_{\{\tau>t\}})\right] \end{aligned} \tag{4-42}$$

假定风险中性的概率测度 Q 条件下，在 $0 \leqslant s \leqslant T$ 范围内，利率过程为 $r(t)$（其中 $0 \leqslant t \leqslant T$），与违约时刻 τ 是相互独立的，那么公式(4-42)就可以简化成以下表达式：

$$\begin{aligned} D(s,t) &= E_s^Q\left[\frac{B(s)}{B(t)}(\delta + (1-\delta)E[I_{\{\tau>t\}}])\right] \\ &= B(s,t)(\delta + (1-\delta)\,Q_s(\tau > t)) \end{aligned} \tag{4-43}$$

信用等级按照从高到低排序，可以用 $C = \{1,2,\cdots,K,K+1\}$ 表示，其中 $K+1$ 表示违约等级，$1 \sim K$ 都是非违约等级，$\eta(t)$ 是在 t 时刻有违约风险的债券的信用等级，首次通过违约范围的时间是违约时间，设为 τ：

$$\tau = \inf\{t \geqslant 0 \mid \eta(t) = K+1\}$$

Jarrow、Lando 和 Turnbull 模型其中一个重要特征即假设在一定的历史统计概率测度下，信用等级的变化是一个马尔科夫过程，用公式表示即状态空间 C 中，P 概率测度下 t 时期的马尔科夫链 $\eta(t)_{0\leqslant t\leqslant T}$，其唯一的违约状态用 $K+1$ 表示，单独一期的信用等级转移矩阵可以用 $P = (p_{i,j})_{i,j\in C}$ 表示，其矩阵细节可以用以下公式表示：

$$P = \begin{bmatrix} p_{1,1} & p_{1,2} & \cdots & p_{1,K} & p_{1,K+1} \\ p_{2,1} & p_{2,2} & \cdots & p_{2,K} & p_{2,K+1} \\ \vdots & \vdots & \ddots & \vdots & \vdots \\ p_{K,1} & p_{K,2} & \cdots & p_{K,K} & p_{K,K+1} \\ 0 & 0 & 0 & 0 & 1 \end{bmatrix}$$

同时也可以缩写成：

$$P = \begin{bmatrix} A & R \\ 0' & 1 \end{bmatrix}$$

其中，$A = \begin{bmatrix} p_{1,1} & p_{1,2} & \cdots & p_{1,K} \\ p_{2,1} & p_{2,2} & \cdots & p_{2,K} \\ \vdots & \vdots & \ddots & \vdots \\ p_{K,1} & p_{K,2} & \cdots & p_{K,K} \end{bmatrix}$，$R = [p_{1,k+1} \quad p_{2,k+1} \quad \cdots \quad p_{k,k+1}]'$

假设在风险中性概率测度 Q 下 $\eta(t)_{0 \leqslant t \leqslant T}$ 为 (F_t) 的马尔科夫过程，但不是一个稳定的马尔科夫链。所以对于从 t 时刻到 $(t+1)$ 时刻的转换矩阵用公式表示为 $Q(t) = (q(t))_{i,j \in C}$，其中，$0 \leqslant t \leqslant T-1$。令有 $1 \leqslant i,j \in C$，因为概率测度 Q 和概率测度 P 是等价的，所以当且仅当 $q_{i,j}(t) = 0$ 时，即违约的吸引状态下，风险中性的概率测度 Q 下具有这样的转移矩阵，用公式表示：

$$Q(t) = \begin{bmatrix} q_{1,1}(t) & \cdots & q_{1,K}(t) & q_{1,K+1}(t) \\ q_{2,1}(t) & \cdots & q_{2,K}(t) & q_{2,K+1}(t) \\ \vdots & \ddots & \vdots & \vdots \\ q_{K,1}(t) & \cdots & q_{K,K}(t) & q_{K,K+1}(t) \\ 0 & \cdots & 0 & 1 \end{bmatrix}$$

可以缩写为：

$$Q(t) = \begin{bmatrix} A(t) & R(t) \\ 0' & 1 \end{bmatrix}$$

其中，$A(t) = \begin{bmatrix} q_{1,1}(t) & q_{1,2}(t) & \cdots & q_{1,K}(t) \\ q_{2,1}(t) & q_{2,2}(t) & \cdots & q_{2,K}(t) \\ \vdots & \vdots & \ddots & \vdots \\ q_{K,1}(t) & q_{K,2}(t) & \cdots & q_{K,K}(t) \end{bmatrix}$，

$R(t) = [q_{1,k+1}(t) \quad q_{2,k+1}(t) \quad \cdots \quad q_{k,k+1}(t)]'$

$Q(s,t) = (q_{i,j}(s,t))_{i,j \in C}$ 表示从 s 时刻到 t 时刻的信用等级转换矩阵，也可以表示为：

$$Q(s,t) = Q(s)Q(s+1)\cdots Q(t-1)$$

发生违约的状态称为吸引的状态，根据已知的马尔科夫链性质，生存概率可以表示为下面的表达式：

$$Q(\tau > t) = Q[\eta(t) \neq K+1 \mid F_s]1 - Q[\eta(t) = K+1 \mid F_s]1 - Q[\eta(t) = K+1 \mid F_s] = 1 - q_{\eta(s),K+1}(s,t)$$

将该结果代入公式(4－43),可以得到有违约风险的债券定价表达式为:

$$\begin{aligned} D(s,t) &= B(s,t)[\delta + (1-\delta)(1 - q_{\eta(t),K+1}(s,t))] \\ &= B(s,t)[1 - (1-\delta)\, q_{\eta(s),K+1}(s,t)] \end{aligned} \quad (4-44)$$

在 s 时刻,假设债券的信用评级是 i,那么此时债券的定价表达式 $D_i(s,t)$ 应该为:

$$D(s,t) = B(s,t)[1 - (1-\delta)(1 - q_{\eta(t),K+1}(s,t))] \quad (4-45)$$

当违约事件发生后,债券的价值就成为:

$$D_{K+1}(s,t) = \delta B(s,t)$$

二、随机回收率下 JLT 模型扩展

考虑 Jarrow、Lando 和 Turnbull 模型在随机回收率下的扩展,假设市场结构及产品、工具内容仍然与 Jarrow、Lando 和 Turnbull 模型相同。再进一步假设,信用评级的状态集合表示为:$C = \{1,2,\cdots,K,K+1,\cdots,K+L\}$,没有违约的状态集合表示为:$S = \{1,2,\cdots,K\}$,违约状态集合表示为:$B = C - S = \{K+1,K+2,\cdots,K+L\}$。集合 B 里面的每一项信用评级都有不同的回收率,信用评级与回收率是一一对应的,引入一个定义在 B 集合中的非负的变量 δ,δ_i 表示第 i 个违约状态下债务的回收率,其中 $i \in B$;没有违约的状态下,即 $\delta_i = 1$,其中 $i \in S$。假设 $0 \leqslant \delta_{K+L} \leqslant \cdots \leqslant \delta_{K+2} \leqslant \delta_{K+1}$,也就是说 δ_{K+1} 是代表了最高违约的回收率,δ_{K+L} 则表示最低违约回收率。所以违约时间可以表示为如下表达式:

$$\tau = \inf\{0 \leqslant t \leqslant T \mid \eta(t) \in B\}$$

这里,信息集合 $\{F_t\}$ 中停止时刻用 τ 表示。

再进一步假设:

(1) 假设企业在违约状态下,即 $i \in B$,并且债权人收到的本金回收率为 δ_i,本金为 1 的有违约风险的零息债券的到期偿付金额可以用 $D(t,t) = I_{\{\tau > t\}} + \delta_{\eta(\tau)} I_{\{\tau \leqslant t\}}$ 表示。

(2) 假设状态空间 C 里,概率测度 P 下随机过程 $(\eta(t))_{0 \leqslant t \leqslant T}$ 是一个稳定(齐次)的马尔科夫链,集合 B 中的每一项信用等级都具有吸引性;在风险中性的概率测度 Q 下 $(\eta(t))_{0 \leqslant t \leqslant T}$ 是稳定的马尔科夫链。

(3) 假设风险中性的概率测度，马尔科夫链$(r(t))_{0\leqslant t\leqslant T}$与马尔科夫链$(\eta(t))_{0\leqslant t\leqslant T}$是相互独立的。

与前文类似，可以将单期的等级转换矩阵$P=(p_{i,j})_{i,j\in C}$表示为以下表达式：

$$P=\begin{bmatrix} A & R \\ O & I \end{bmatrix}$$

其中

$$A=\begin{bmatrix} p_{1,1} & p_{1,2} & \cdots & p_{1,K} \\ p_{2,1} & p_{2,2} & \cdots & p_{2,K} \\ \vdots & \vdots & \ddots & \vdots \\ p_{K,1} & p_{K,2} & \cdots & p_{K,K} \end{bmatrix}$$

O为单期$L\times K$维的转移矩阵，矩阵中所有的元素都为0，I是单期的L维单位矩阵，而R矩阵表示违约的状态，也就是说$p_{i,j}$(其中$i\in S,j\in B$)用来表示由状态i转换为违约的状态j的概率。

与此同时，我们假设市场不能满足无套利条件，也就是说存在着概率测度Q，且概率测度Q与概率测度P是等价的，那么在风险中性的概率测度Q下信用转换矩阵表达式为：

$$Q(t)=\begin{bmatrix} A(t) & R(t) \\ O & I \end{bmatrix}$$

其中

$$A(t)=\begin{bmatrix} q_{1,1}(t) & q_{1,2}(t) & \cdots & q_{1,K}(t) \\ q_{2,1}(t) & q_{2,2}(t) & \cdots & q_{2,K}(t) \\ \vdots & \vdots & \ddots & \vdots \\ q_{K,1}(t) & q_{K,2}(t) & \cdots & q_{K,K}(t) \end{bmatrix}$$

$$R=\begin{bmatrix} q_{1,K+1}(t) & q_{1,K+2}(t) & \cdots & q_{1,K+L}(t) \\ q_{2,K+1}(t) & q_{2,K+2}(t) & \cdots & q_{2,K+L}(t) \\ \vdots & \vdots & \ddots & \vdots \\ q_{K,K+1}(t) & q_{K,K+2}(t) & \cdots & q_{K,K+L}(t) \end{bmatrix}$$

已知单期的信用转换矩阵，可以通过下列公式计算从s时刻直到t时刻的

转换矩阵 $Q(s,t)=(q_{i,j}(s,t))_{i,j\in C}$,其中 $0\leqslant s\leqslant t\leqslant T$,具体可以表示为:

$$Q(s,t)=Q(s)Q(s+1)\cdots Q(t-1)$$

其中 $A\subset C$,且$q_{i,A}(s,t)=\sum_{j\in A}q_{i,j}(s,t)$。

(一) 有违约风险的债券的定价

在风险中性的概率测度 Q 下,有违约风险的债券的定价可以表达为:

$$\begin{aligned}D(s,t)&=E_s^Q[\frac{B(s)}{B(t)}(I_{\{\tau>t\}}+\delta_{\eta(\tau)}I_{\{\tau\leqslant t\}})]\\&=B(s,t)\{1-E_s^Q[I_{\{\tau>t\}}(1-\delta_{\eta(t)})]\}\end{aligned}\qquad(4-46)$$

由马尔科夫链的基本性质,在范围$\{\tau\leqslant t\}=\{\eta(t)\in B\}$ 内:

$$\begin{aligned}E_s^Q[I_{\{\tau\leqslant t\}}(1-\delta_{\eta(t)})]&=E^Q[I_{\{\eta(t)\in B\}}(1-\delta_{\eta(\tau)})\mid F_s]\\&=E^Q[I_{\{\eta(t)\in B\}}(1-\delta_{\eta(t)})\mid\eta(s)]\\&=\sum_{j\in B}q_{\eta(s),j}(s,t)(1-\delta_j)\end{aligned}$$

此时就有:

$$\begin{aligned}D(s,t)&=B(s,t)[1-\sum_{j\in B}q_{\eta(s),j}(s,t)(1-\delta)]\\&=B(s,t)[q_{\eta(s),s}(s,t)+\sum_{i\in B}q_{\eta(s),j}(s,t)(1-\delta_j)]\end{aligned}\qquad(4-47)$$

在$\{\eta(s)=i\}$,且 $i\in C$ 条件下,有$D_i(s,t)$ 的详细表达式如下:

$$\begin{aligned}D_i(s,t)&=B(s,t)[1-\sum_{j\in B}q_{i,j}(s,t)(1-\delta_j)]\\&=B(s,t)[q_{i,j}(s,t)+\sum_{j\in B}q_{i,j}(s,t)(1-\delta_j)]\end{aligned}\qquad(4-48)$$

假设在某个违约状态j下,必有$j\in B$,那么就有$D_j(s,t)=\delta_jB(s,t)$。假设$q_{i,B}(s,t)>0$,那么公式(4-48)就可以写成以下形式:

$$\begin{aligned}D_i(s,t)&=B(s,t)[1-q_{i,B}(s,t)\sum_{j\in B}\frac{q_{i,j}(s,t)}{q_{i,B}(s,t)}(1-\delta_j)]\\&=B(s,t)[1-q_{i,B}(s,t)\sum_{j\in B}(1-\delta_j)Q(\eta(t)\\&=j\mid\eta(t)\in B,\eta(s)=i)]\\&=B(s,t)(1-q_{i,B}(s,t)(1-E^Q[\delta_{\eta(t)}\mid\eta(t)\in B,\eta(s)=i]))\end{aligned}\qquad(4-49)$$

所以,有违约风险的债券的定价相当于无风险的零息债券的价格扣除违约后损失的净值的现值。

(二) 信用价差的计算

假设在 $0 \leqslant s \leqslant t \leqslant T-1$ 下,i 信用等级的贴现债券在 s 时刻计算出来的 t 时刻的远期利率可以用公式表达为:

$$\begin{aligned} h_i(s,t) &= -\log[D_i(s,t+1)/D_i(s,t)] \\ &= f(s,t) + \log\frac{q_{i,s}(s,t) + \sum_{j\in B} q_{i,j}(s,t)\,\delta_j}{q_{i,s}(s,t+1) + \sum_{j\in B} q_{i,j}(s,t+1)\,\delta_j} \end{aligned} \tag{4-50}$$

不妨任取 $s=t$,那么取 $i \in S$ 信用等级的贴现债券之远期利率可以用方程表达为:

$$s_i(t) = h_i(t,t) = r(t) - \log[1 - \sum_{j\in B}(1-\delta_j)\bar{q}_{i,j}(t)]$$

由于无风险债券的到期收益可以表示为:$Y(s,t) = -\frac{1}{t-s}\log B(s,t)$,其中 $0 \leqslant s \leqslant t \leqslant T$,则 $i \in C$ 的信用等级的贴现债券的到期收益可以用方程表示为:

$$\begin{aligned} H_i(s,t) &= -\frac{1}{t-s}\log D_i(s,t) \\ &= Y(s,t) - \frac{1}{t-s}\log[q_{i,s}(s,t) + \sum_{j\in B} q_{i,j}(s,t)\,\delta_j] \end{aligned}$$

信用价差可以写成:

$$\begin{aligned} Spread_i(s,t) &= H_i(s,t) - Y(s,t) \\ &= -\frac{1}{t-s}\log[q_{i,s}(s,t) + \sum_{j\in B} q_{i,j}(s,t)\,\delta_j] \end{aligned}$$

整理后化简可以得到如下表达式:

$$Spread_i(s,t) = -\frac{1}{t-s}\log(1 - q_{i,B}(s,t)(1 - E^Q[\delta_{\eta(t)} \mid \eta(t) \in B, \eta(s) = i])) \tag{4-51}$$

(三) 风险中性的信用转换概率的计算

为深化 Jarrow、Lando 和 Turnbull(1997) 模型及 Kijima 和 Komoribayashi (1998) 模型的讨论,我们进一步假设以扩展模型的讨论:

(1) 已经确知初始时间无风险的零息债券的利率结构 $\{\tilde{B}(0,t), 1 \leqslant t \leqslant T\}$;

（2）已经知悉初始时间任一$i \in B$信用等级的有违约风险的零息债券的利率结构$\{\tilde{D}_i(0,t), 1 \leqslant t \leqslant T\}$；

（3）已经确知不同信用评级的违约回收率水平δ_i，其中$i \in B$；

（4）任一单期历史统计下的信用等级转换矩阵$\tilde{P} = (\tilde{p}_{i,j})_{i,j \in C} = \begin{bmatrix} \tilde{A} & \tilde{R} \\ 0 & 1 \end{bmatrix}$。

所以，对任意$i \in S$，即任意$j \in B$，可以通过下列公式计算$\tilde{p}_{i,j}$：

$$\tilde{p}_{i,j} = \tilde{p}_{i,B}\tilde{P}[\eta(t+1) = j \mid \eta(t+1) \in B, \eta(t) = i]$$

我们通过已经确定的市场随机价格$\{\tilde{D}_i(0,t), 1 \leqslant t \leqslant T\}$推算，就可以得到风险中性的信用等级转换的概率矩阵$Q(t)(0 \leqslant t \leqslant T)$，那么就会有下列的表达式：

$$\tilde{D}_i(0,t) = \tilde{B}(0,t)[1 - \sum_{j \in B} q_{i,j}(0,t)(1 - \delta_j)] \tag{4-52}$$

由于概率测度Q和概率测度P两者是等价的，那么下列这些式子必然成立：

对所有的$i \in C$，所有$j \in C$，以及$0 \leqslant t \leqslant T-1$，有$q_{i,j}(t) = \pi_{i,j}(t)\tilde{p}_{i,j}$。

如果风险贴水调整用$\pi_{i,j}(t)$表示，则它可以写为以下表达式：

对所有的$i \in S, j \notin k(i)$和$0 \leqslant t \leqslant T-1$，有$\pi_{(i,j)}(t) = \pi_i(t)$

对所有的$i \in S$，所有的$j \notin k(i)$，以及所有的$0 \leqslant t \leqslant T-1$，在风险中性的概率测度$Q$条件下，从0时刻到$(t+1)$时刻的信用等级转换矩阵可以表示为：

$$Q(0,t+1) = \begin{bmatrix} A(0,t+1) & R(0,t+1) \\ 0 & 1 \end{bmatrix} \tag{4-53}$$

在这里，矩阵$A(0,t+1)$和矩阵$R(0,t+1)$可以用$A(s)$及$R(s)$表示，其中$0 \leqslant s \leqslant t$。由于$Q(0,t+1) = Q(0,t)Q(t)$，就有$A(0,t+1) = A(0,t)A(t)$以及$R(0,t+1) = A(0,t)R(t) + R(0,t)$，并且对任意的$i \in S$，公式(4-52)可以用以下的方程表示：

$$\frac{\tilde{B}(0,1) - \tilde{D}_i(0,1)}{\tilde{B}(0,1)} = \sum_{j \in B} \tilde{q}_{i,j}(0,t)(1 - \delta_j)$$

用矩阵形式表示可以写为：

$$\tilde{b}(t) = R(0,t)c \tag{4-54}$$

其中，

$$\tilde{b}(t) = \left[\frac{\tilde{B}(0,t) - \tilde{D}_1(0,t)}{\tilde{B}(0,t)} \quad \cdots \quad \frac{\tilde{B}(0,t) - \tilde{D}_K(0,t)}{\tilde{B}(0,t)}\right]',$$

$$c = [1 - \delta_{K+1} \quad \cdots \quad 1 - \delta_{K+L}]'$$

用矩阵形式表示，就是：

$$R(0,t+1) = A(0,t)R(t) + R(0,t)$$

由公式(4 - 54)，方程两边同乘以 c，就会有：

$$A(0,t)R(t)c = \tilde{b}(t+1) - \tilde{b}(t) \tag{4 - 55}$$

为了扩展 KK 模型中的风险中性的信用等级转换概率，我们这里假设任一 t 有 $0 \leqslant t \leqslant T-1$，且有任一 $i \in S, i, j \in C$，那么在不同的概率测度下观察概率的表达式为：

$$\tilde{q}_{i,j}(t,t+1) = \begin{cases} \pi_i(t)\, q_{i,j}, & j \in S \\ \gamma_i(t)\, q_{i,j}, & j \in B \end{cases} \tag{4 - 56}$$

如果将公式(4 - 56) 写为矩阵的表达式，就是：

$$\tilde{A}(t,t+1) = \Pi(t)A, \tilde{R}(t) = \Gamma(t)R \tag{4 - 57}$$

在这里，有 $\Pi(t) = \mathrm{diag}(\pi_1(t), \pi_2(t), \cdots, \pi_K(t))$，和 $\Gamma(t) = \mathrm{diag}(\gamma_1(t), \gamma_2(t), \cdots, \gamma_K(t))$。因为 $Q(t)$ 是一个随机矩阵，并且要求满足 $\pi_i(t)\tilde{p}_{i,s} + \gamma_i(t)\tilde{p}_{i,B} = 1$，此时就可以有如下表达式：

$$\gamma_i(t) = \frac{1 - \pi_i(t)(1 - \tilde{p}_{i,B})}{\tilde{p}_{i,B}}, \pi_i(t) = \frac{1 - \gamma_i(t)}{\tilde{p}_{i,s}} \tag{4 - 58}$$

因为 $0 < \tilde{p}_{i,B} < 1$，那么公式(4 - 58) 可以写为矩阵的形式如下：

$$\begin{aligned} \Pi(t)A\, e_K &= e_K - \Gamma(t)(e_K - \tilde{A}\, e_K) \\ \Gamma(t)\tilde{R}\, e_L &= e_K - \Pi(t)(e_K - \tilde{R}\, e_K) \end{aligned} \tag{4 - 59}$$

其中 e_K 和 e_L 分别表示 K 维和 L 维的单位向量，因为概率测度 Q 和 P 是等价的假设，那么就一定有如下的表达式：

$$\begin{cases} \text{对任一个时刻 } t\text{，如果有 } 0 < \tilde{p}_{i,B} < 1\text{，有 } 0 < \pi_i(t) < \dfrac{1}{1 - \tilde{p}_{i,B}} \\ \text{如果有 } \tilde{p}_{i,B} = 1\text{，就有任意 } \pi_i(t), \gamma_i(t) = 1 \\ \text{如果有 } \tilde{p}_{i,B} = 0\text{，就有任意 } \gamma_i(t), \pi_i(t) = 1 \end{cases} \tag{4 - 60}$$

也就是说，对任一 $i \in S$，必须满足 $0 < \tilde{p}_{i,S} < 1$，因为 $\tilde{p}_{i,B} = 1$ 代表对于所有的信用等级的债券，下一个时刻的违约事件必须产生。那么，在估计风险贴水调整的时候，我们必须核对公式(4 - 60) 是否能够满足。

由于 $q_{i,j}(0) = \gamma_i(0)\tilde{p}_{i,j}$ 与公式(4 - 52) 满足，那么就会有以下表达式：

$$\gamma_i(0) = \frac{\tilde{B}(0,1) - \tilde{D}_i(0,1)}{\tilde{B}(0,1)\sum_{j\in B}\tilde{p}_{i,j}(1-\delta_j)}$$

$$\pi_i(0) = \frac{1}{\tilde{p}_{i,S}} \frac{\sum_{j\in B}[\tilde{D}_i(0,1) \quad \tilde{B}(0,1)\delta_j]\tilde{p}_{i,j}}{\tilde{B}(0,1)\sum_{j\in B}\tilde{p}_{i,j}(1-\delta_j)}$$

根据公式(4－55),我们可以得到 $Q(0)$ 的表达式。假设给定了 $Q(0),\cdots,Q(u-1)$,我们就可以计算出 $Q(u)$ 的值。又由公式(4－54)与公式(4－56),我们就可以得出以下表达式:

$$\tilde{b}(u+1) - \tilde{b}(u) = A(0,u)\Gamma(u)\tilde{R}c$$

所以,假设 $A(0,u)$ 矩阵是可逆矩阵,那么就有:

$$A^{-1}(0,u)[\tilde{b}(u+1) - \tilde{b}(u)] = \Gamma(u)\tilde{R}c$$

$w_{i,j}(0,u)$ 是逆矩阵 $A^{-1}(0,u)$ 的一项,那么上面的公式可以表示为:

$$[\gamma_1(u)\sum_{j\in B}\tilde{p}_{1,j}(1-\delta_j) \quad \cdots \quad \gamma_K(u)\sum_{j\in B}\tilde{p}_{K,j}(1-\delta_j)]' =$$

$$\begin{bmatrix} w_{1,1}(0,u) & \cdots & w_{1,K}(0,u) \\ \cdots & \cdots & \cdots \\ w_{K,1}(0,u) & \cdots & w_{K,K}(0,u) \end{bmatrix}\begin{bmatrix} \zeta_1 \\ \vdots \\ \zeta_K \end{bmatrix}$$

其中,

$$\zeta_h = \frac{\tilde{B}(0,u+1)[q_{h,S}(0,u) + \sum_{j\in B} q_{h,j}(0,u)\delta_j] - \tilde{D}_h(0,u+1)}{\tilde{B}(0,u+1)}$$

假设有 $\sum_{j\in B}\tilde{p}_{i,j}(1-\delta_j) > 0$,那么就可以得到如下的表达式:

$$\gamma_i(u) = \sum_{h\in S}\frac{w_{i,h}(0,u)}{\tilde{B}(0,u+1)\sum_{j\in B}\tilde{p}_{i,j}(1-\delta_j)} \times \{\tilde{B}(0,u+1)[q_{i,s}(0,u) + \sum_{j\in B} q_{i,j}(0,u)\delta_j] - \tilde{D}_h(0,u+1)\} \quad (4-61)$$

使用公式(4－58),可以得到如下表达式:

$$\pi_i(u) = \frac{1}{\tilde{p}_{i,S}}\sum_{h\in S}\frac{w_{i,h}(0,u)}{\tilde{B}(0,u+1)\sum_{j\in B}\tilde{p}_{i,j}(1-\delta_j)}\sum_{j\in B}\tilde{p}_{i,j}[\tilde{D}_h(0,u+1) - \tilde{B}(0,u+1)(\sum_{j\in B} q_{h,l}(0,u)\delta_l + \delta_j q_{h,s}(0,u))] \quad (4-62)$$

三、信用价差的期权定价

使用一个新的表达方式：$\{x\}_+ = \max\{x,0\}$，那么在 t 时刻到期的信用价差看跌期权的到期支付的金额可以表示为：

$$\{K - \Delta_i(t,T)\}_+$$

风险中性的概率下，设到期日为 t，那么 0 时刻债券的信用等级为 l 的信用价差看跌期权的价格可以表示为：

$$\Pi_1 = E_l^Q\{\exp(-\int_0^t r(s)\mathrm{d}s) \times [K - \Delta_{\eta(t)}(t,T)]\} \qquad (4-63)$$

$\tilde{q}_{l,j}(0,t)$ 表示一个信用等级的转移概率，指的是从 0 时刻到信用价差看跌期权到期日 t，信用等级为 l 的债券转变为 j 等级债券的概率。将公式（4－51）代入公式（4－63），那么在离散时间条件下的欧式信用价差看跌期权定价公式是：

$$\Pi_1 = B(0,t)\sum_{j=1}^{K+L}\tilde{q}_{l,j}(0,t)\{K + \frac{1}{t-s}\log(1 - \frac{\tilde{q}_{i,B}(0,t)}{\gamma_l(t)}(1 - E^Q[\delta_{\eta(t)} \mid \eta(t) \in B,\eta(0) \in l]))\}$$

在看跌期权的定价公式里的信用等级转换概率 $\tilde{q}_{l,j}(0,t)$ 可以根据公式（4－56），$\pi_i(t)$ 可以根据公式（4－62），$\gamma_i(t)$ 可以根据公式（4－61）来计算，而里面原来的信用等级转换概率 q_{ij} 可以根据历史的信用等级转换材料经估计得到。Standard 和 Poor's 关于信用的调查以及 Moody's 的信用报告都会有含 q_{ij} 的估计材料。所以，欧式的信用价差的看跌期权的定价是比较容易计算的。

第四节　价格均值回归、随机波动率与信用价差的衍生品定价

已有不少学者研究了利率均值回归、信用价差均值回归、商品均值回归特征。Longstaff 和 Schwartz（1995）使用信用价差对数服从均值回归过程的假设，进而得到信用价差的期权解析解。Schwartz 等（1997）研究发现铜价格与原油价格都有均值回归的特征，根据假设推导了一些信用衍生品的价格解析

式。在他们之前也有很多人研究了利率模型，Vesicek(1977) 引入均值回归特性从而推导出了连续时间的利率模型，而Cox、Ingersoll和Ross(1985)则使用了均衡模型推导出利率均值回复性质的动态过程，同时也推导了债券和债券期权的解析式，但是这些模型都假设了固定的利率波动率，从而导致相关衍生品的定价出现偏差。衍生品价格的另一类发展是引入随机波动率及价格的跳跃，典型的有Heston(1993)假设了平方根过程，并推导出外汇期权、债券及欧式期权的定价解析式。Schobel、Zhu(1999)及Zhu(2000)各在Ornstein - Uhlenbeck过程以及平方根过程的假设下推导出期权的定价解析式。然而，目前这些文献不进行基础资产的均值回归特性的假设，所以模型定价的公式较为简单，也同样会导致定价一定的偏差。所以可以考虑引入基础资产的均值回归过程以及随机波动率模型，用Longstaff与Schwartz(1995)的固定波动率模型及Heston等(1993)和Zhu等(2000)的均值回归模型，来分析衍生品的定价，推导信用价差期权、信用价差上限、信用价差下限的定价解析式。

一、一般的均值回归模型及特征函数

引入一般的均值回归模型，在真实概率测度P条件下，假设基础资产的价格变动过程是以下的表达式：

$$\mathrm{d}X_t = (\mu - \alpha X_t)\mathrm{d}t + b(V_t)\mathrm{d}Z_1(t) \tag{4-64}$$

并且价格的波动率过程为以下表达式：

$$\mathrm{d}(a(V_t)) = \kappa(\theta - a(V_t))\mathrm{d}t + b'(V_t)\mathrm{d}Z_2(t) \tag{4-65}$$

$a(\cdot)$、$b(\cdot)$、$b'(\cdot)$都是价格波动率V的函数，为实值，κ、α、θ、μ都是常量，在真实概率测度P条件下，Z_1及Z_2是有关的布朗运动。再进一步假设与Heston(1993)类似的价格波动率的风险贴水和$a(V)$成比例，并且基础资产价格的风险贴水和$b^2(V)$成比例，可以说，在风险中性的概率测度Q条件下，以上的两个随机过程都可以有新的表达式，如下：

$$\mathrm{d}X_t = [\mu - \alpha X_t - \gamma b^2(V_t)]\mathrm{d}t + b(V_t)\mathrm{d}W_1(t) \tag{4-66}$$

$$\mathrm{d}(a(V_t)) = [\kappa\theta - (k + \pi)a(V_t)]\mathrm{d}t + b'(V_t)\mathrm{d}W_2(t) \tag{4-67}$$

公式(4 - 66)与公式(4 - 67)中，W_1和W_2都表示Q概率测度下的有关的布朗运动，γ与π都表示单位的风险贴水。T时刻到期的衍生工具期权，执行价格为K，为该衍生工具定价必须求解在t时刻的概率测度Q的以下表达式的期望值：

$$E_t^Q(\exp(-\int_t^T r(s)\mathrm{d}s)\times e^{X_T}\times 1_{X_T>\ln K}) \quad (4-68)$$

$E_t^Q(\cdot)$ 表示在 t 时刻的已知信息的条件下 Q 概率测度下的数学期望，其中 r 是无风险利率。为使得表达式更好理解，计算简便，我们使用了 Randon - Nikodym 函数，引入 Q_1 和 Q_2 两个新的概率测度，并且两个概率测度都是与 Q 概率测度等价的，并且满足以下的两个表达式：

$$\frac{\mathrm{d}Q_1}{\mathrm{d}Q}=g_1(t,t)=\frac{\exp[-\int_t^T r(s)\mathrm{d}s]\times\exp(X_T)}{E_t^Q\{\exp[-\int_t^T r(s)\mathrm{d}s]\times\exp(X_T)\}} \quad (4-69)$$

$$\frac{\mathrm{d}Q_2}{\mathrm{d}Q}=g_2(t,t)=\frac{\exp[-\int_t^T r(s)\mathrm{d}s]}{E_t^Q[\exp[-\int_t^T r(s)\mathrm{d}s]]} \quad (4-70)$$

在 T 的远期概率测度 Q_2 下，公式（4 - 69）和公式（4 - 70）可以用以下表达式表示：

$$E_t^Q\{\exp(-\int_t^T r(s)\mathrm{d}s)\times\exp(X_T)\times 1_{X_T>\ln K}\}$$
$$=Q_1^t(X_T>\ln K)\times E_t^Q[\exp(-\int_t^T r(s)\mathrm{d}s)\times\exp(X_T)] \quad (4-71)$$

$$E_t^Q(\exp(-\int_t^T r(s)\mathrm{d}s)\times I_{X_T>\ln k})=Q_L^t(X_T>\ln K)\times P(t,T) \quad (4-72)$$

其中，$Q_1^t(\cdot)$ 与 $Q_2^t(\cdot)$ 都可以表示在 t 时刻所有信息已经确知的条件下的条件概率，而 $P(t,T)$ 则表示在 T 时刻到期的零息债券在 t 时刻的价值。再进一步在 Q_1 和 Q_2 下定义有 X 过程的特征函数，用下面的公式表示：

$$f_1(\varphi)=E_t^Q[g_1(t,T)\exp(i\varphi X_T)]$$
$$=\frac{E_t^Q[\exp(-\int_t^T r(s)\mathrm{d}s)\times\exp((1+i\varphi)X_T)]}{E_t^Q[\exp(-\int_t^T r(s)\mathrm{d}s)\times\exp(X_T)}\quad (4-73)$$

$$f_2(\varphi)=E_t^Q[g_2(t,T)\exp(i\varphi X_T)]$$

$$= \frac{E_t^Q[\exp(-\int_t^T r(s)\mathrm{d}s) \times \exp(i\varphi X_T)]}{E_t^Q[\exp(-\int_t^T r(s)\mathrm{d}s)]} \quad (4-74)$$

再次定义一个“实际”的特征函数$f(\psi)$，在风险中性的Q概率测度下，有如下表达式：

$$f(\psi) = E_t^Q[\exp(-\int_t^T r(s)\mathrm{d}s)\exp(\psi X_T)] \quad (4-75)$$

那么公式(4－73)和公式(4－74)就可以写为：

$$f_1(\varphi) = \frac{f(1+i\varphi)}{f(1)} \quad (4-76)$$

$$f_2(\varphi) = \frac{f(i\varphi)}{f(0)} \quad (4-77)$$

随机波动率模型和均值回归模型里，以上的特征函数就可以用一些函数的对数的线性组合来表示。为得到公式(4－71)以及公式(4－72)的累积概率，可以使用特征函数进行傅里叶的逆变换得到如下表达式：

$$Q_1(X_T > \ln(K)) = \frac{1}{2} + \frac{1}{\pi}\int_0^{+\infty} Re[\frac{K^{-i\varphi}f(1+i\varphi)}{i\varphi f(1)}]\mathrm{d}\varphi \quad (4-78)$$

$$Q_2(X_T > \ln(K)) = \frac{1}{2} + \frac{1}{\pi}\int_0^{+\infty} Re[\frac{K^{-i\varphi}f(i\varphi)}{i\varphi f(0)}]\mathrm{d}\varphi \quad (4-79)$$

在上面的公式中，$Re(\cdot)$是一个复数的实部，公式(4－78)和公式(4－79)中累积概率中有积分计算，复杂度较高，因此大部分只能进行数值模拟的计算。接下来我们将根据公式(4－66)和公式(4－67)选择恰当的$b(\cdot)$、$b'(\cdot)$与$a(\cdot)$函数，引入一些典型的随机波动率形式，进行一些信用衍生品的定价。

二、引入随机波动率模型

（一）引入平方根均值回归模型

在这里，我们引入平方根波动率V_t与均值回归的资产动态变化过程，在风险中性的Q概率测度条件下，均值回归的标的资产动态变化过程有如下表达式：

$$\mathrm{d}X_t = (\mu - \alpha X_t - \gamma V_t)\mathrm{d}t + \sqrt{V_t}\mathrm{d}W_1(t) \quad (4-80)$$

$$dV_t = (\kappa\theta - \lambda V_t)dt + \sigma\sqrt{V_t}dW_2(t) \tag{4-81}$$

公式(4－80)和公式(4－81)中,引入固定的无风险利率r的假设,则特征函数可以用以下的表达式表示:

$$E_t^Q[\exp(\psi X_T)] = \exp[\psi\exp(-\alpha(T-t))X_t + \frac{\mu}{\alpha}\psi(1-\exp(-\alpha(T-t))) - \frac{\rho}{\sigma}\frac{\kappa\theta}{\alpha}\psi(1-\exp(-\alpha(T-t))) - \frac{\rho}{\sigma}\psi\exp(\alpha(T-t))V_t] \times E_t^Q[\exp(\varepsilon_2 V_T - \int_t^T \varepsilon_1(T-s)V_s ds)] \tag{4-82}$$

其中有:

$$\begin{cases}\varepsilon_1(\tau) = [\frac{\rho}{\sigma}(\alpha-\lambda)+\gamma]\psi\exp(-\alpha\tau) - \frac{1}{2}\psi^2(1-\rho^2)\exp(-2\alpha\tau) \\ \varepsilon_2 = \frac{\rho}{\sigma}\psi\end{cases} \tag{4-83}$$

令$\alpha = 0$,此时公式(4－83)就变为Zhu(2000)的模型。引入Feynman－Kac定理可以计算公式(4－81)的期望值结构,那么就可以先定义一个函数$F(t,V)$,假设为如下表达式:

$$F(t,V) = E_{t,V}^Q[\exp(\varepsilon_2, V_T)\exp(-\int_t^T \varepsilon_1(T-s)V_s ds)] \tag{4-84}$$

$F(t,V)$满足下面的偏微分方程表达式:

$$\begin{cases}\frac{\partial F}{\partial \tau} + \frac{1}{2}\sigma^2 V\frac{\partial^2 F}{\partial V^2} + (k\theta - \lambda V)\frac{\partial F}{\partial V} - \varepsilon_1(T-t)VF = 0 \\ F(T,V) = \exp(\varepsilon_2, V)\end{cases} \tag{4-85}$$

我们再进一步假设$F(t,V)$关于(τ,V)是对数线性的,并且可以用以下表达式表示:

$$F(t,V) = \exp[D(\tau)V + C(\tau)], \tau = T-t \tag{4-86}$$

于是,$C(\tau)$和$D(\tau)$应该要满足以下的常微分方程,具体表达式如下:

$$\begin{cases}D'(\tau) - \frac{1}{2}\sigma^2 D^2(\tau) + \lambda D(\tau) + \varepsilon_1(\tau) = 0 \\ D(0) = \varepsilon_2 = \frac{\rho}{\sigma}\psi\end{cases} \tag{4-87}$$

以及会有：

$$\begin{cases} C'(\tau) - k\theta D(\tau) = 0 \\ C(0) = 0 \end{cases} \tag{4-88}$$

平方根均值回归模型的"实际"特征函数$f(\psi)$可以表示为：

$$f(\psi) = E_t^Q[\exp(-\int_t^T r(s)\mathrm{d}s)\exp(\psi X_T)] = \exp(-r(T-t)) \times \exp[\psi\exp(-\alpha(T-t))X_t + \frac{\mu}{\alpha}\psi(1-\exp(-\alpha(T-t))) - \frac{\rho}{\sigma}\frac{k\theta}{\alpha}\psi(1-\exp(-\alpha(T-t))) - \frac{\rho}{\sigma}\psi\exp(\alpha(T-t))V_t] \times \exp[D(T-t;\psi)V_t + C(T-t;\psi)] \tag{4-89}$$

（二）引入均值回归 Ornstein - Uhlenbeck 模型

1. 波动率的平方σ_t^2与参考资产的风险贴水成比例

引入风险中性的概率测度，假设在该测度Q条件下，波动率平方和参考资产的风险贴水成正比，在 Ornstein - Uhlenbeck 的模型中，均值回归标的资产过程和波动率过程用如下的表达式表示：

$$\mathrm{d}X_t = (\mu - \alpha X_t - \gamma\sigma_t^2)\mathrm{d}t + \sigma_t\mathrm{d}W_1(t) \tag{4-90}$$

$$\mathrm{d}\sigma_t = (\kappa\theta - \lambda\sigma_t)\mathrm{d}t + \beta\mathrm{d}W_2(t) \tag{4-91}$$

在这个模型中，W_1和W_2表示布朗运动，特征函数用如下的表达式表示：

$$E_t^Q[\exp(\psi X_T)] = \exp[\psi\exp(-\alpha(T-t))X_t + \frac{\mu}{\alpha}\psi(1-\exp(-\alpha(T-t))) - \frac{\rho\beta}{2\alpha}\psi(1-\exp(-\alpha(T-t))) - \frac{\rho}{2\beta}\psi\exp(\alpha(T-t))\sigma_t^2] \times E_t^Q[\exp(\eta_3\sigma_T^2 - \int_t^T \eta_2(T-s)\sigma_s^2\mathrm{d}s - \int_t^T \eta_1(T-S)\sigma_s^2\mathrm{d}s)] \tag{4-92}$$

其中：

$$\begin{cases} \eta_1(\tau) = (\frac{\alpha\rho}{2\beta} - \frac{\rho\lambda}{\beta} + \lambda)\psi\exp(-\alpha\tau) - \frac{1}{2}\psi^2(1-\rho^2)\exp(-2\alpha\tau) \\ \eta_2(\tau) = \frac{\rho\kappa\theta}{\beta}\psi\exp(-\alpha\tau) \\ \eta_3 = \frac{\rho}{2\beta}\psi \end{cases} \tag{4-93}$$

令 α 的值为0,那么公式(4 - 92) 就变为 Zhu(2000) 的模型,那么我们定义一个新的函数 $G(t,\sigma)$,可以用以下的表达式表示:

$$G(t,\sigma) = E_t^Q[\exp(\eta_3 \sigma_T^2 - \int_t^T \eta_2(T-s)\sigma_s ds - \int_t^T \eta_1(T-s)\sigma_s^2 ds)] \tag{4-94}$$

我们引入 Feynman - Kac 定理之后,就会发现 $G(t,\sigma)$ 将会满足如下偏微分方程表达式:

$$\begin{cases} \dfrac{\partial G}{\partial \tau} + \dfrac{1}{2}\beta^2 V \dfrac{\partial^2 G}{\partial \sigma^2} + (\kappa\theta - \lambda\sigma)\dfrac{\partial G}{\partial \sigma} - (\eta_1(T-t)\sigma^2 + \eta_2(T-t)\sigma)G = 0 \\ G(T,\sigma) = \exp(\eta_3 \sigma^2) \end{cases} \tag{4-95}$$

引入 $G(t,\sigma)$ 关于(t,σ) 具有对数线性特性的假设,并且可以用以下表达式表示:

$$G(t,\sigma) = \exp[\frac{1}{2}E(\tau)\sigma^2 + D(\tau)\sigma + C(\tau)], \text{其中 } \tau = T - t \tag{4-96}$$

就可以得出 $D(\tau)$ 与 $C(\tau)$ 要满足这样的常微分方程,表达式如下:

$$\begin{cases} \dfrac{1}{2}E'(\tau) - \dfrac{1}{2}\beta^2 E^2(\tau) + \lambda E(\tau) + \eta_1(\tau) = 0 \\ E(0) = 2\eta_3 = \dfrac{\rho}{\sigma}\psi \end{cases} \tag{4-97}$$

$$\begin{cases} D'(\tau) - \beta^2 E(\tau)D(\tau) + \lambda D(\tau) - \kappa\theta E(\tau) + \eta_2(\tau) = 0 \\ D(0) = 0 \end{cases} \tag{4-98}$$

$$\begin{cases} C'(\tau) - \dfrac{1}{2}\beta^2 E(\tau) - \dfrac{1}{2}\beta^2 D^2(\tau) - k\theta D(\tau) = 0 \\ C(0) = 0 \end{cases} \tag{4-99}$$

虽然方程(4 -97) 有解析解,然而公式(4 -97) 与公式(4 -98) 是没有解析解的,必须要通过数值模拟的方式求得数值解,“实际” 的特征函数 $f(\psi)$ 可以用以下的表达式表示:

$$f(\psi) = E_t^Q[\exp\{-\int_t^T r(s)ds\}\exp(\psi X_T)] = \exp(-r(T-t)) \times$$

$$\exp[\psi\exp(-\alpha(T-t))X_t + \frac{\mu}{\alpha}\psi(1-\exp(-\alpha(T-t))) - \frac{\rho\beta}{2\alpha}\psi(1-\exp(-\alpha(T-$$

$$t))) - \frac{\rho}{2\beta}\psi\exp(\alpha(T-t))\sigma_t^2] \times \exp[\frac{1}{2}E(T-t;\psi)\sigma_t^2 + D(T-t;\psi)\sigma_t + C(T-t;\psi)] \quad (4-100)$$

2. **波动率σ_t与标的资产的风险贴水成比例**

假设波动率σ_t与标的资产X_t的风险贴水成比例,那么上面的模型就可以变成如下表达式:

$$dX_t = (\mu - \alpha X_t - \gamma\sigma_t)dt + \sigma_t dW_1(t) \quad (4-101)$$

$$d\sigma_t = (\kappa\theta - \lambda\sigma_t)dt + \beta dW_2(t) \quad (4-102)$$

而相应的特征函数可以用如下表达式表示:

$$E_t^Q[\exp(\psi X_T)] = \exp[\psi\exp(-\alpha(T-t))X_T + \frac{\mu}{\alpha}\psi(1-\exp(-\alpha(T-t))) - \frac{\rho\beta}{2\alpha}\psi(1-\exp(-\alpha(T-t))) - \frac{\rho}{2\beta}\psi\exp(\alpha(T-t))\sigma_t^2] \times E_t^Q[\exp(\omega_3\sigma_T^2 - \int_t^T\omega_2(T-s)\sigma_s ds - \int_t^T\omega_1(T-s)\sigma_s^2 ds)] \quad (4-103)$$

其中有:

$$\begin{cases}\omega_1(\tau) = \frac{\rho}{\beta}(\frac{\alpha}{2}-\lambda)\psi\exp(-\alpha\tau) - \frac{1}{2}\psi^2(1-\rho^2)\exp(-2\alpha\tau) \\ \omega_2(\tau) = (\frac{\rho\kappa\theta}{\beta}+\psi)\exp(-\alpha\tau) \\ \omega_2 = \frac{\rho}{2\beta}\psi\end{cases} \quad (4-104)$$

我们使用Feynman - Kac定理,那么"实际"的特征函数$f(\psi)$就可以用以下的表达式表示:

$$f(\psi) = E_t^Q[\exp[-\int_t^T r(s)ds]\exp(\psi X_T)] = \exp(-r(T-t)) \times \exp[\psi\exp(-\alpha(T-t))X_t + \frac{\mu}{\alpha}\psi(1-\exp(-\alpha(T-t))) - \frac{\rho\beta}{2\alpha}\psi(1-\exp(-\alpha(T-t))) - \frac{\rho}{2\beta}\psi\exp(\alpha(T-t))\sigma_t^2] \times \exp[\frac{1}{2}E(T-t;\psi)\sigma_t^2 + D(T-c;\psi)\sigma_t + C(T-t;\psi)] \quad (4-105)$$

其中,$C(\tau)$、$D(\tau)$、$E(\tau)$与公式(4 - 97) ~ 公式(4 - 99)及公式(4 -

105）是一样的，而η_1、η_2、η_3 则是由ω_1、ω_2、ω_3 来替代。

三、信用价差的期权定价、上限定价与下限定价

（一）信用价差的期权定价

信用价差是用来为投资人补偿标的资产的违约风险比无风险利率更高的风险溢价的。信用价差的期权使得合约的买方可以在到期日单方面决定是否付出相应条款在合约订立时约定的价差。引入信用价差的欧式看涨期权，到期日为 T，执行价格是 K 的有关期权假设，那么该信用价差期权的定价解析式应该用以下的表达式表示：

$$C(t,T) = f(t,T;1)\,Q_1^{t,T}(X_T > \ln(K)) - f(t,T;0)\,K\,Q_2^{t,T}(X_T > \ln(K)) \tag{4-106}$$

在公式(4 - 106）中，累积概率函数和特征函数 $f(t,T;\psi)$ 可以用表达式表示为：

$$f(t,T;\psi) = E_t^Q\left[\exp\left(-\int_t^T r(s)\,\mathrm{d}s\right)\exp(\psi X_T)\right] \tag{4-107}$$

$$Q_1^{t,T}(X_T > \ln(K)) = \frac{1}{2} + \frac{1}{\pi}\int_0^\infty Re\left[\frac{K^{-i\varphi}f(t,T;1+i\varphi)}{i\varphi f(t,T;1)}\right]\mathrm{d}\varphi \tag{4-108}$$

$$Q_2^{t,T}(X_T > \ln(K)) = \frac{1}{2} + \frac{1}{\pi}\int_0^\infty Re\left[\frac{K^{-i\varphi}f(t,T;i\varphi)}{i\varphi f(t,T;0)}\right]\mathrm{d}\varphi \tag{4-109}$$

使用看涨 - 看跌期权的平价关系，可以得到信用价差的欧式看跌期权的价格，即以下表达式：

$$P(t,T) = f(t,T;0)\,K\,Q_2^{t,T}(X_T < \ln(K)) - f(t,T;1)\,Q_1^{t,T}(X_T < \ln(K)) \tag{4-110}$$

可以使用比较静态来对冲波动率与标的资产变化对看跌期权价格的影响的风险，用以下表达式表示：

$$Delta(t,T) = \frac{\partial C(t,T)}{\partial\, \mathrm{e}^{X_T}} = \exp(-\alpha(T-t))\exp(-X_t)f(t,T;1)\,Q_1^{t,T}(X_T > \ln(K)) \tag{4-111}$$

$$Gamma(t,T) = \frac{\partial Delta(t,T)}{\partial \exp(X_t)} = (1 - \exp(-\alpha(T - t)))\exp(-$$

$X_t)Delta(t,T)+\frac{\exp(-2\alpha(T-t))\exp(-2X_t)}{\pi}\int_0^{+\infty}Re(f(t,T;1+i\varphi)K^{-i\varphi})\mathrm{d}\varphi$

Vega与波动率有关,依赖于波动率,所以当波动率可以满足平方根过程的时候,Vega可以用以下的表达式表示:

$$\mathrm{Vega}(t,T)=\frac{\partial C(t,T)}{\partial V_t}=[D(T-t;1)-\frac{\rho}{\sigma}\exp(-\alpha(T-t))]f(t,T;1)$$

$$Q_1^{t,T}(X_T>\ln(K))+\frac{1}{\pi}\int_0^{+\infty}Re[\frac{D(t,T;1+i\varphi)-D(T-t;1)}{i\varphi}f(t,T;1+i\varphi)$$

$$K^{-i\varphi}]\mathrm{d}\varphi-\frac{K}{\pi}\int_0^{+\infty}Re[\frac{D(T-t;i\varphi)}{i\varphi}f(t,T;1+i\varphi)K^{-i\varphi}]\mathrm{d}\varphi$$

波动率如果满足Ornstein - Uhlenbeck条件,Vega就可以用以下表达式表示:

$$\mathrm{Vega}(t,T)=\frac{\partial C(t,T)}{\partial \sigma_t}=[E(T-t;1)\sigma_t+D(T-t;1)-\frac{\rho}{\sigma}\exp(-\alpha(T-t))$$

$$\sigma_t]f(t,T;1)Q_1^{t,T}(X_T>\ln(K))+\frac{1}{\pi}\int_0^{+\infty}Re\{[\frac{E(T-t;1+i\varphi)-E(T-t;1)}{i\varphi}\sigma_i+$$

$$\frac{D(T-t;1+i\varphi)-D(T-t;1)}{i\varphi}]f(t,T;1+i\varphi)K^{-i\varphi}\}\mathrm{d}\varphi-\frac{K}{\pi}\int_0^{+\infty}Re\{[\frac{E(T-t;i\varphi)}{i\varphi}$$

$$\sigma_t+\frac{D(T-t;i\varphi)}{i\varphi}]f(t,T;i\varphi)K^{-i\varphi}\}\mathrm{d}\varphi$$

(二)信用价差的上限定价和下限定价

信用价差的上限和下限给予卖方在重置时刻取得购买的权利。在单一的重置时刻,信用价差的上限或下限和欧式期权是一样,所以,信用价差的上限或者下限本质上相当于一系列的欧式期权叠加,信用价差的上限定价表达式如下:

$$Cap(t)=\sum_{j=1}^{n}f(t,t_j;1)Q_1^j(X(t_j)>\ln(K_j))-\sum_{j=1}^{n}f(t,t_j;0)K_jQ_2^j(X(t_j)>\ln(K_j))\tag{4-112}$$

公式(4 - 112)中$Q_1^j(X(t_j)>\ln(K_j))$、$Q_2^j(X(t_j)>\ln(K_j))$和$f(t,t_j;1)$的定义同公式(4 - 107)、公式(4 - 108)和公式(4 - 109),同样可以得到信用价差下限的定价为以下表达式:

$$Floor(t) = \sum_{j=1}^{n} f(t,t_j;0) K_j Q_2^j(X(t_j) < \ln(K_j)) - \sum_{j=1}^{n} f(t,t_j;1) Q_1^j(X(t_j) < \ln(K_j)) \quad (4-113)$$

类似的，*Delta* 可以用以下的表达式表示：

$$Delta(t,T) = \frac{\partial Cap(t,T)}{\partial \exp(X_t)} = \exp(-X_t) \times \sum_{j=1}^{n} \exp(-\alpha(t_j - t)) f(t,T;1) Q_1^{t,T}(X_T > \ln(K))$$

第五节　金融机构视角下的现有信用衍生品定价的问题

一、排除实体经济

从目前使用的信用违约互换定价模型来看，几乎都没有深入考虑参考实体面临的产品市场风险。首先，参考实体的经营涉及产品的需求与供给，这属于经营风险；其次，参考实体自身的产出和融资能力，这属于技术和流动性风险。造成如此缺陷的原因，主要是无套利定价仅仅从衍生品的角度看定价，只关注资本市场因素，忽略了产品市场因素。然而，对金融机构来说，造成信用质量改变的因素并不局限于资本市场。因此可以说，目前的信用衍生品定价模型对金融机构来说，均存在忽视产品市场风险的问题。

二、未能考虑违约的传染

实体经济中的企业通常是处于供应链中的企业。供应链上的中小企业由于其资信低、抗风险能力弱等，融资存在一定难度。有学者提出，使用纵向联贷联保融资模式解决供应链信用风险问题①。然而该模式通过联保企业分散信用风险的功能丧失容易因联保成员集体违约导致系统性风险，特别是当联保成员为供应链上的成员企业时更容易造成这样的问题。典型的案例，如威海钢

① 田江，温璐．供应链纵向联贷联保融资模式与策略研究［J］．合肥工业大学学报（社会科学版），2015（3）：36－42．

贸企业集体违约事件，说明供应链企业在行业景气程度下降时，使得联保融资模式的信用风险分散功能彻底失效①。该案例同时也说明管理债务组合的重点是，不可忽略供应链债务违约的传染性。

第六节　金融机构视角下信用衍生品定价的改进思路

一、纳入产品市场

无套利均衡分析只适用于规范化的无套利市场，无套利定价局部均衡的特征使得现有信用衍生品的定价标的忽视了产品市场、实体经济的影响。因此针对金融机构，改进信用衍生品定价模型的思路，可以考虑使用更大范围的市场均衡，将实体经济纳入均衡范围中，使信用衍生品成为更大范畴的经济均衡。而从金融机构的角度看信用衍生品，可以市场均衡为约束条件，从理论上实现一般均衡视角下的信用衍生品定价。

二、考虑信用传染现象

金融机构的资产组合往往来源于企业集合。企业之间互相拖欠债务原是常态，企业债起源于交易往来，包括供应链即供应商 — 企业 — 顾客之间的交易和同行企业之间的交易。这些交易中，往往供应链的交易在企业交易中占主要地位，因此这些交易形成的债务也是企业债务的重要成分。而从银行等传统融资渠道融资，往往也是为了维持企业的正常运营。假设供应链的交易和债务债权能够顺利流动，来自传统融资渠道的债务也不容易违约。可以说供应链上的债务债权正常履行是企业运营的基础，企业能否正常履行债务与供应链上的相关交易方的债务履行密切相关。因此，从金融机构视角，衡量企业债的违约风险不能局限于企业自身的违约风险，也要注重来自供应链上的传染风险。

---

①　葛志强．联保融资的有效边界：威海钢贸企业集体违约案例［J］．金融发展研究，2014(5)：59 – 62.

第七节　一般均衡定价原理与无套利定价原理的比较

一、一般均衡原理与无套利原理的内在一致性

金融学理论的核心在于研究在不确定的情形下，如何选择合适的方式最优地配置资源，并分析经济个体在资源配置过程中所起的作用。根据新古典经济学的传统方法，以个体偏好和资源禀赋作为外生变量，应用期望效用函数，在投资者追求个人效用最大化的前提下，就可以研究在不确定情形下资产市场中所涉及的最优投资组合等相关问题，再从市场整体中投资人的消费－投资行为可以达到一般均衡的角度，就能得到市场整体的资产定价。这就为金融经济学引入真正的经济学内容，达到学科上的融合。（邹辉文，2010）

要在一般均衡的框架下研究资产市场，首先，应进行一系列假设。假设一，目前市场有 I 个投资者，而经济中没有交易的商品。假设二，只有两个时刻——当前和未来，当前已经确定，而未来则有多个，有 s 种可能，以 Ω 表示全体。假设三，市场中有多种基本资产，数量为 n，未来价格为 s 维向量，记为$y_j=(y_{1j},y_{2j},\cdots,y_{sj})^T\in R^s,j=1,2,\cdots,n$；其状态依存收益记为矩阵 $Y=(y_1,y_2,\cdots,y_2)$；当前价格为$y_j^0=p(y_j)$。在这里 p 为R^s 上的定价函数，设为线性函数；而当前价格向量记为$y^0=(y_1^0,y_2^0,\cdots y_n^0)^T\equiv p(Y)^T\in R^n$；最后状态依存收益率矩阵记为 $R=YD_p^{-1},D_p=\mathrm{diag}\{p(y_1),p(y_2),\cdots,p(y_n)\}$。

设投资人 i 的效用函数是当前价值与未来不同状态下的价值的函数，记为$u^i:R_+^{s+1}\to R^1$。这里暂时不必引进概率，而效用函数为 $s+1$ 维向量空间上的函数，其中第0个变量是投资人 i 持有资产的当前价值，后 s 个变量则是 s 种不同状态下的未来价值，+号则表示只考虑当前价值和未来价值非负。其次，我们假定此效用函数存在几个假设：

强单调假设：u^i 为R_+^{s+1} 上的连续函数；u^i 对于其每个变量都严格递增。这就意味着，不管在什么状态下，钱总是越多越好。

接着，考虑投资人的最优资产组合选择。也就是说在特定价格体系下，投

资人该如何选择资产组合,使得其效用在当前和未来最大。

再假定投资人 i 无论在当前和未来的何种状态下,都持有一初始禀赋,为非负的 $s+1$ 维向量,记为$c^i=\begin{pmatrix}c^{i0}\\ c^{i1}\end{pmatrix}\in R_+^{s+1}$,因此投资人 i 选择的资产组合 $\theta\in R^n$ 必须满足以下约束条件:

$$x^0=c^{i0}-\theta^T y^0\geqslant 0, x^1=c^{i1}+Y\theta\geqslant 0 \tag{4-114}$$

前一个条件有这样的意义,投资人 i 在当前购买了一个资产组合 θ,相应的符号为负;后一个条件有这样的意义,投资人 i 在未来在不同状态下出售该组合得到价值,相应的符号为正;而他们在不同情况下与投资人 i 的持有之和都非负则是指投资人的选择受其所支配的资金约束。

$$令 B(c^i;y^0;Y)=\{x\in R_+^{s+1}\mid x=\begin{pmatrix}x^0\\ x^1\end{pmatrix}, x^0=c^{i0}-\theta^T y^0, x^1=c^{i1}+Y\theta, \theta\in R^n\} \tag{4-115}$$

称为投资人 i 的约束集合。投资人 i 面临的资产组合选择是:

$$\max_{x\in B(c^i;y^0;Y)} u^i(x) \qquad 问题 4.1$$

即,目前考虑的投资人 i 是用衡量其当前和未来的消费效用函数u^i 和其当前与未来所持有的资金c^i 描述的。

设 $u=(u^1,u^2,\cdots,u^I)$,$c=(c^1,c^2,\cdots,c^I)$,记经济 $\Psi(u,c,Y)$ 为资产市场。在该资产市场中,我们期望通过对每个投资人求他的最优资产组合选择,形成均衡下资产的当前价格。值得注意的是,这种情况下,资产的当前价格可能为负。

定义 4.1　资产市场的一般均衡为:$(x^*,\theta^*,Y^{0*})\in R_+^{I(s+1)}\times R^{I(n)}\times R^n$。其使得:

(1) 对任何 $i\in\{1,2,\cdots,n\}$,对任何 $x\in B(c^i;y^{0*};Y)$,$u^i(x)\leqslant u^i(x^{*i})$;

(2) $\theta^{*1}+\theta^{*2}\cdots+\theta^{*I}=0$;

(3) $x^{*1}+x^{*2}+\cdots x^{*I}=c^1+c^2+\cdots+c^I$。

这里(2) 指资产的交易就在这些投资人之间进行,所有的投资人所持有的资产组合之和使得市场出清。其经济意义为,此处的资产都为债券型,而不是股票型。但这并不影响模型的一般性。也可以在模型中假设还有一些投资人持有总和不为零的资产组合。例如总和恒为1,其意义为每个投资人都掌握某特定股票的一个份额(可能非正值)。在这种情况下,可以通过简单的变换在数学上归为以上情形。而(3)实际上是(2)的直接推论。此时的一般均衡我们称为资产市场均衡。

投资人i面临的资产组合选择问题4.1不一定有解。其解的存在与否与无套利条件有关。下面的定理则说明,最优组合选择问题有解与无套利假设在一定意义上是等价的。

定理4.1　在强单调假设下,问题4.1有解的充要条件是经济中不存在套利机会。

证明:若问题4.1有解$x^* = \begin{pmatrix} x^{*0} \\ x^{*1} \end{pmatrix} \in B(c^i;y^0;Y)$,而经济$R$中存在套利机会,即,存在组合$\hat{\theta} \in R^n$使得有:

$$v^0 = -\hat{\theta}^T y^0 \geqslant 0, v^1 Y \hat{\theta} \geqslant 0, v = \begin{pmatrix} v^0 \\ v^1 \end{pmatrix} \neq 0 \qquad (4-116)$$

从而有$x^* + v \in B(c^i;y^0;Y)$,$x^* + v > x^*$。所以,$u^i(x^* + v) > u^i(x^*)$。与x^*是问题4.1的解矛盾。

反过来说,若经济R中不存在套利机会,则由市场一价法则的充要条件,存在着状态价格向量$q \in R^s_{++}$,使:

$$Y^T q = p(Y)^T = y^0 \qquad (4-117)$$

从而对$x \in (c^i;y^0;Y)$有:

$$x^0 + (x^1)^T q = c^{i0} - \theta^T y^0 + (c^{i1})^T q + \theta^T Y^T q = c^{i0} + (c^{i1})^T q \equiv M_0 \qquad (4-118)$$

这里M_0的经济意义为投资人掌握的资产组合当前的持有价值和未来的持有折现值之和,为非负值(一般为正值)。由此有:

$$0 \leqslant x^0 \leqslant M_0, 0 \leqslant x^{1k} \leqslant \frac{M_0}{q_k}, k = 1,2,\cdots,s \qquad (4-119)$$

所以有$B(c^i;y^0;Y)$为一个有界集,同时是一个闭集。问题4.1就变为,在一个有界闭集上,求连续函数的最大值,这一定有解。

该定理把投资人的最优资产组合选择与无套利条件联系在一起。它指出若投资人的效用函数满足该定理则意味着"非餍足性"强单调假设,则最优组合选择问题有解和无套利条件在一定意义上是等价的。若市场达到一般均衡,由定义4.1可知问题4.1有解,再由定理4.1可知市场中并无套利机会。所以一般均衡条件蕴含了无套利条件。也就意味着,若无套利条件不成立,则不可能通过一般经济均衡的框架为资产进行定价。

二、一般均衡原理相对无套利原理的优越性

一般均衡条件蕴含着无套利条件,但达到无套利条件并不意味着市场就一定达到了一般均衡。因为$R = YD_p^{-1}$,在资产收益矩阵Y已知的条件下,一组资产价格决定了唯一的资产收益率,所以套利机会是否存在取决于经济R中的资产价格$p(Y)^T$。因此,套利机会是否存在与经济中的价格系统有关,而与个人是否在该价格系统中恰当地交易资产进而实现效用最大化无关。在特定资产价格p的条件下,个人可能会发现根本无任何套利机会,但该价格可能并非均衡价格,因为这组价格虽可能使每个投资人达到最优效用,但并不一定可使市场出清,即不一定能够满足条件中的(2)和(3)。

综上所述,一般均衡定价原理与无套利定价原理有着密不可分的关系。如果投资者偏好满足"非餍足性"(即财富越多,效用越大),则投资者效用优化问题有解的充分必要条件是资本市场不存在套利机会。这一结果的直接推论就是:如果资本市场的一般均衡解存在,那么它一定也是无套利均衡解。也就是说,一般均衡条件蕴含无套利条件,由一般均衡条件得出的资产定价一定也是无套利条件下的定价。

然而无套利条件成立并不意味着市场一定达到了一般均衡,用无套利原理得出的资产定价不一定是一般均衡条件下的定价。而且一般均衡定价既考虑资本市场的均衡,又考虑产品市场的均衡,故一般均衡定价应该比无套利原理定价更能反映现实。因此使用一般均衡原理对信用衍生品定价也有了其理论上的必要性。因此,本书试图探索一般均衡视角下的信用衍生品定价就具备了足够的合理性和必要性。

本章小结

现有信用衍生品的定价模型均源于信用风险模型，而通用的信用风险模型主要用于信用评级机构。信用评级机构是为投资人服务的，因此其模型具有面向投资人的特点，仅考虑统计上的违约现象、回收现象、信用等级过渡及信用相关性等。未能考虑信用风险的根本来源，即交易双方的信息不对称导致的不平等现象，缺乏根源性的经济背景。主要原因是它们都从投资人的视角思考，局限于资本市场的均衡。从理论上看，达到一般均衡条件必定达到无套利条件，而达到无套利条件不一定达到一般均衡条件。因此本书从金融机构的角度，首先引入产品市场，使用一般均衡原理，构建多市场均衡对信用衍生品进行定价，是对目前研究的一个补充，其次引入地位不平等的违约互换，构建具有根源性经济背景的新的信用衍生品定价框架，具有深远的理论意义。

第五章
次贷危机期间信用衍生品定价风险的反映

第一节　次贷危机期间信用衍生品定价风险的先验性

从模型分析的结果可以看出信用衍生品定价存在风险，但是这仍然缺乏实际数据的论证。为了证明信用衍生品定价存在着风险，本章将分析次贷危机期间信用衍生品所存在的各种风险。由于信用衍生品价格对于监测系统性风险具有重要意义，本书选择次贷危机作为分析对象，从整个系统的角度，分析次贷危机中信用衍生品所表现出来的突出影响，暴露出信用衍生品的问题，有助于本章的论述。

一、信用衍生品的定价风险

造成全球性金融危机的风险是系统性风险，然而系统性风险都是从微观风险而来的，因此本书的论述从信用衍生品的风险开始。本书认为信用衍生品的定价风险可以反映信用衍生品的自身风险，可以从三个方面来看，具体如下：

（一）信用衍生品交易本身所增加的固有风险

在基础资产原有的违约风险和回收风险的基础上，信用衍生品在交易中增加了信用评级过渡风险、信用价差风险、信用相关风险和交易对手违约风险，对于结构性的信用衍生品还增加了合成 CDO 分级风险。此外，次贷危机期间，在房地产价格不断下跌、利息不断攀升的宏观背景下，信用状况较差的次级房屋抵押贷款的借款人违约率不断攀升，而参考信用没有被标准化使得市场参与者无法在既定的时间内以可以接受的价格找到交易对手，导致信用衍生品的流动性风险。同样，低估了违约率也使得违约相关性有所改变。加之各层次信用衍生品设计者对宏观形势估计不足，产品定价模型构建中低估了违约风险，增加了操作风险等市场风险①②。而无论是信用评级过渡风险、信用价差风险、信用相关风险和违约风险，都是构成信用衍生品定价风险的核心部分，因此可以说信用衍生品交易的固有风险本质上属于信用衍生品的定价风险。

（二）信用衍生品交易的逆向选择和道德风险

由于信用保护的买方与卖方之间存在着信息不对称，从而使得信用风险由信息相对充分的一方转移给信息相对不充分的一方。信用风险的买方在认为信用项目的风险较低时，就放弃购买信用保护，选择退出市场，这就产生了逆向选择，使得信用市场上只留下高风险项目，恶化了购买者的构成。道德风险则表现为交易对手的技术性违约。贷款银行在购买了信用保护后，会产生提前触发信用事件的动机，达到从保护提供者那里获得补偿支付的目的③。因此在信息不对称的条件下，参考资产在各方参与人的主观意志影响下，提高了违约可能性，而违约概率是信用衍生品定价的核心。因此逆向选择和道德风险直接导致信用衍生品的定价的扭曲，造成定价风险。

（三）信用风险导致系统性风险的增加从而威胁金融体系的稳定

信用衍生品的应用扩大了信用影响的范围，改变了原有金融体系的风险配置方式。除了次级按揭贷款的直接违约损失外，以次级按揭贷款为基础的CDO 市场的介入使得危机涉及面扩大，对金融体系的影响程度加深。投机资本更是利用信用衍生品本身所呈现的高杠杆率，与其他资本市场之间进行跨国投机套利，违背了信用衍生品规避风险的初衷，也增加了风险传递，从而增加了金融体系的系统性风险与金融体系的脆弱性。而政府的利率和房地产经济政策缺乏连贯性，鼓励高风险抵押贷款导致风险源头失控，次贷产品过度衍生，金融杠杆过度使用，风险跨市场传递，以及中介独立性弱化与监管缺位导

---

① 张明．美国次贷危机的根源、演进及前景[J]．世界经济与政治，2008(12)：6 - 9.

② Sarkar A. Liquidity Risk, Credit Risk, and the Federal Reserve's Responses to the Crisis[J]. Financial Markets and Portfolio Management, 2009(4): 335 - 348.

③ 邓斌，张涤新．金融危机背景下信用违约互换道德风险研究[J]．经济评论，2011(1)：5 - 14.

致了金融危机①②。次贷危机期间，在结构性信用产品市场崩盘之后，所有的信用产品均遭到质疑，投资者的投资偏好从高风险高收益产品转向低风险产品，信用市场进入全面危机。随着危机在欧洲市场逐渐蔓延，违约率的急剧上升，此次危机演变为全球信用危机。伴随信用危机的是金融市场的流动性紧张，银行不愿拆借直接导致短期和长期利率上升，从而导致债务工具的资金链断裂，个人消费能力下降。贷款和存款数也下降，使得货币创造速度和流通速度下降，最后导致全球性流动性危机。为了满足流动性需求，很多金融机构不得不变卖股票等资产，进一步造成股票价格、期货价格的下跌，同时金融机构也要面临次贷的巨额损失，使得投资者对其信心大减，危机从产品市场向资本市场蔓延。金融机构为了去杠杆化，急于出售资产并减少对相关对冲基金的贷款，造成资产价格的进一步下跌，从而金融机构对资产重新估值，使得其资产负债表进一步恶化并提取更多的减值准备，出售更多资产，造成资本市场恶性循环。最后全球大小金融机构均受到巨额损失，纷纷倒闭，导致一次系统性的金融危机③。从这个角度来看，次贷危机从信用危机转化为流动性危机，从流动性危机转化为全球金融危机，使得风险从产品市场扩大到资本市场，导致系统性风险的增加，破坏金融体系的稳定。

二、传统金融风险

当然，除了信用衍生品造成的风险，次贷危机时期的市场也同样存在着传统的金融风险，如信用风险、流动性风险。

（一）信用风险

传统金融风险范围内的信用风险主要是指商业银行的信用性风险，表现为商业银行资产质量的下降。不良债权规模的急速扩张，银行存在大量呆账坏账。在次贷危机中，在次级抵押贷款的影响下，信用市场极为低迷，与抵押贷款有关的资产都大幅度缩水，各家金融机构纷纷为损失计提减值准备，有的金融机构的减值准备远远超出市场的预期，如美林和花旗集团，继而引发信用市场

---

① 高蕾，罗勇．美国住房金融机构与市场及次贷危机的传导［J］．河北经贸大学学报，2012(4)：88－91.

② 张其光．美国住房金融制度及对我国的启示［J］．人民论坛旬刊，2010(20)：134－139.

③ 邹辉文，缪莉莉．基于产品构造路径角度的次债信用衍生品的风险分析［J］．福州大学学报，2011(6)：16－22.

的极度恐慌。由于大量计提减值准备，商业银行的资本充足率也明显下降。商业银行的盈利能力迅速下降且资产负债情况急速恶化，直接导致各大信用评级机构对各家金融机构的财务情况重新审核并调低了大部分金融机构的评级情况和评级展望。这包括了许多世界一流投行的债信评级①，而那些二流三流的企业的信用更是岌岌可危。而在大量债务降低评级的同时，以次级抵押贷款为基础资产的 CDO 的评级基础受到影响，CDO 的信用评级也随之下降，而与之直接相关的 CDO 定价也受到影响。CDO 价值的降低又使得投资银行的资产减值损失再次恶化，因此信用风险与信用衍生品定价呈螺旋式循环的密切相关关系。

（二）流动性风险

随着商业银行不良贷款的增加，银行资本充足率的下降，银行债务评级下降，人民对银行的信任感下降，社会储蓄量下降，加剧了市场对金融机构可能出现的巨额损失的担忧，也使得市场的流动性出现萎缩②。而市场主体的投资者为规避即将到来的投资风险，急于卖出各类与次级抵押债务资产有关的金融机构债券。随着市场流动性的萎缩，金融机构通过资本市场融资的渠道受限。在信用风险的影响下市场急速推高了融资成本，在利率上升的情况下，CDO 的价值也随之降低，从而再次加剧资产损失，使得市场风险恶性循环。因此，可以说流动性风险是影响信用衍生品价值的重要因素。

三、产品市场风险

除此之外，金融危机的影响也不仅仅限于金融机构，同样也波及实体经济，而对实体企业的影响主要体现在运营风险上。在金融危机的背景下，社会对商品的总需求下降，企业的整体销售利润逐渐下滑，甚至加速下降。与此同时，产品生产环节的原材料成本上涨，人工成本提高，各方面都导致企业净利润下降，这也同样导致企业借贷的预期违约率上升或违约现象发生。整个供应链上的个体违约率上升，自然影响企业商品销售后资金回笼的效率，造成企业资金的流动性风险，直接导致违约率的上升。而随着利率的上升，企业融资成

---

① 刘辉，杜姝一．美国次贷危机对金融业的影响[J]．新金融，2008(2)：28 - 30.

② 王春雷，金哲．金融风险与金融危机[J]．财经问题研究，1999(7)：7 - 9.

本上升，持有债券的资产价值下降，同样也导致企业的违约率上升①。企业违约率上升更进一步推动信用衍生品价值的波动。

四、小结

综上所述，无论是创新金融风险还是传统金融风险，无论是资本市场风险还是实体经济风险，导致金融危机的种种风险的核心部分都直接或间接地与信用衍生品定价风险有关。无论从微观还是宏观角度，信用衍生品定价都受到这些风险的影响，同时也影响着这些风险，在次贷危机中起着至关重要的作用。从微观的角度看，信用衍生品交易本身所增加的固有风险，信用衍生品交易的逆向选择和道德风险，通过影响信用衍生品的关键定价参数，成为影响信用衍生品定价风险的重要因素。有价格才能进行交易，因此定价是交易的基础，定价效率的高低直接影响交易是否能够公平，进而影响交易参与的积极性，所以定价风险作为信用衍生品交易的关键因素，从根本上影响这两种风险。从宏观的角度看，系统性风险、传统金融中的信用风险、流动性风险、产品市场风险均通过影响信用衍生品的定价参数，成为影响定价风险的因素，而交易活动是整个系统性风险、信用风险、流动性风险的基础，因此定价风险在影响交易活动的同时也对这几种风险产生重要影响。

第二节　次贷危机期间信用衍生品定价风险的实证

为了说明信用衍生品定价风险对次贷危机的影响，本书选取几个指标代表次贷危机期间最突出的几种风险，与CDS和CDO定价均作为内生变量建立实证模型，从数据的角度说明金融危机期间这些风险对CDS和CDO价格变化的贡献程度，说明这些风险对CDS和CDO定价风险的贡献程度，并通过实证模型从长期的角度说明信用衍生品定价对整个经济的影响，进而说明对次贷危机造成的影响。

---

① 白丹丹，初凤荣．后金融危机下企业的财务风险防范问题研究［J］．中外企业家，2016(5)：68－69.

一、数据、模型与检验

（一）数据来源与整理

根据以上分析，本书用违约相关性表示信用风险导致的违约相关风险，用违约率、回收率表示传统金融风险中的信用风险，用利率、信贷利差表示传统金融风险中的流动性风险，用净资产收益率表示产品市场风险。假设以上几种变量都可以取得，则我们至少应该可以考察的风险包括违约相关风险、回收风险、违约风险、利率风险、信贷风险、产品市场风险。

CDS 和 CDO 定价：本书选择建元 2008 - 1 重整资产证券化信托项下资产支持证券优先级证券，债券代码为 0830013（CDO，计量模型中使用中债估值），选择中债 I 号（CRMA，2010 年度第一期信用风险缓释凭证，为中国版 CDS，以中国联通为参照实体，本书用第四章的 CDS 无套利均衡定价模型估计 2008—2009 年数据）。

违约相关性、利率、信贷利差、违约率、回收率：使用丁春霞（2008）介绍的方法估计 CDO 违约相关性（BETA）①，取锐思数据库人民币存款利率作为存款利率（DEPOSIT），取锐思数据库中国银行间同业拆借利率作为贷款利率（DEBT），作为利率风险和信贷风险（D2D）代表数据，从穆迪 1996—2014 年的违约和回收率报告获取违约率（DR）和回收率（RR）数据。

产品市场风险：取锐思数据库的建行净资产收益率（ROE_CDO）和中国联通净资产收益率（ROE_CDS）作为产品市场风险替代数据。

本书只选取日期一致的数据，整理出 2008 年 9 月至 2009 年 9 月月度数据共 13 组，建立 VAR 模型并进行方差分解，用来分析金融危机时期各种风险对 CDO 价格的影响。

描述性统计结果（表 5 - 1）显示，各组数据均值都不为 0，且较为离散。偏度显示 CDO、CDS、D2D、ROE_CDS、RR、DEBT 有明显的右拖尾，而 ROE_CDO、DR、BETA 有明显的左拖尾。峰度显示 CDS、D2D、ROE_CDS、DEBT 呈现明显

① 违约相关性可以通过市场上已交易的类似信用组合产品估计市场隐含的违约相关性，本书选取 2008 年 9 月至 2009 年 9 月的 02 国债及中证金融债的债券收益率，计算其相关性，用于估计违约相关性。

的尖峰,其他都是平峰特征,说明该时期内 CDS 价格相对比较集中,而 CDO 定价相对不那么集中;信贷利差较高,说明信贷风险偏高;ROE_CDO 左偏且明显平峰,ROE_CDS 在高于均值处集中,显示出建行金融行业风险较高,而联通信息产业的经营风险较低;DR 呈现左偏平峰特征,数值较为分散,RR 则右偏平峰,数值也较为分散,没有明显特征;BETA 呈现违约相关性平均水平较高,数据较为分散;DEBT 贷款利率右偏且尖峰,说明贷款利率较高。从金融数据的情况来看基本符合现实。

表 5－1　数据描述性统计

指标	均值	标准差	偏度	峰度	JB 检验	概率
CDO	0. 26	0. 22	0. 20	1. 64	1. 09	0. 58
CDS	0. 02	0. 01	1. 37	4. 20	4. 82	0. 09
D2D	1. 38	0. 72	1. 32	3. 99	4. 29	0. 12
ROE_CDO	0. 13	5. 69	－0. 54	1. 78	1. 44	0. 49
ROE_CDS	0. 03	0. 04	3. 06	10. 62	51. 76	0. 00
DR	0. 17	0. 05	－0. 47	1. 23	2. 19	0. 33
RR	0. 27	0. 01	0. 84	1. 71	2. 42	0. 30
BETA	0. 74	0. 19	－0. 82	2. 82	1. 49	0. 48
DEBT	0. 01	0. 01	1. 32	3. 99	4. 30	0. 12

在使用 VAR 模型过程中,模型对数据并没有做正态性的要求。因此,可以用此组数据构建 VAR 的计量模型。

(二) 单位根 ADF 检验

从 ADF 检验结果(表 5－2) 来看,一阶差分序列的 ADF 值都小于 5% 的显著性水平,所以都是平稳序列。因此这几个变量有非平稳序列也有平稳序列。虽然序列不是全部平稳的,但在 VAR 的 AR 根检验平稳的条件下,仍然可以用来进行 VAR 建模并进行相关的讨论①。

① 高铁梅. 计量经济分析方法与建模[M]. 北京: 清华大学出版社, 2006: 281。

表 5－2 单位根检验结果

指标	ADF 值	5% 临界值	P 值	结论
CDO	－3.257120	－4.008157	0.1306	非平稳
D(CDO)	－3.665556	－3.259808	0.0282	平稳
CDS	－3.849351	－3.144920	0.0157	平稳
D2D	－3.699582	－3.144920	0.0201	平稳
ROE_CDO	－1.684846	－3.144920	0.4134	非平稳
D(ROE_CDO)	－3.341751	－1.977738	0.0034	平稳
ROE_CDS	－3.618741	－3.144920	0.0229	平稳
DR	－1.207615	－3.144920	0.6336	非平稳
D(DR)	－3.162278	－1.977738	0.0048	平稳
RR	－1.609458	－3.144920	0.4479	非平稳
D(RR)	－3.331774	－3.175352	0.0391	平稳
BETA	－3.227119	－3.144920	0.0437	平稳
D(BETA)	—	—	—	平稳
DEBT	－3.700854	－3.144920	0.0200	平稳
D(DEBT)	—	—	—	平稳

（三）多重共线性检验

表 5－3 CDO 多重共线性检验

－阶值	D(CDO)	D(BETA1)	D(DEBT)	D(DR)	D(RR)
D(CDO)	1	0.3666	0.2841	0.1270	0.7386
D(BETA1)	0.3666	1	0.0208	0.1549	0.3127
D(DEBT)	0.2842	0.0208	1	0.0174	0.6209
D(DR)	0.1270	0.1549	0.0174	1	0.0989
D(RR)	0.7386	0.3128	0.6209	0.0989	1

表 5－4 CDS 多重共线性检验

－阶值	D(CDS)	D(DR)	D(RR)	D(DEBT)
D(CDS)	1	0.0209	0.5801	0.6975
D(DR)	0.0209	1	0.0989	0.0174
D(RR)	0.5801	0.0989	1	0.6209
D(DEBT)	0.6975	0.0174	0.6209	1

从相关性的检验结果来看，各组数据的相关性系数均低于0.75，可以认为两组数据不存在多重共线性。

（四）格兰杰因果检验

格兰杰因果检验适用于检验自变量与因变量的虚假相关①，而对于已经确定的因果关系则不需要检验。由于违约概率、回收率、违约相关性、利率直接进CDO定价公式，违约率、回收率、利率直接进CDS定价公式，所以这几个要素与CDO和CDS的因果关系不需要检验，因此只需检验D2D和ROE_CDO与CDO定价之间的因果关系，以及D2D和ROE_CDS与CDS定价之间的因果关系。

表5－5　CDO和CDS定价与风险的格兰杰因果检验结果

因果关系	P值
D2D ⟶ CDO	0.2019
ROE_CDO ⟶ CDO	0.4538
ROE_CDS ⟶ CDS	0.2623
D2D ⟶ CDS	0.7556

从格兰杰检验结果（表5－5）来看，信贷利差风险及产品市场风险与CDO、CDS定价之间并不存在统计学上的因果关系，并且在CDO和CDS的定价模型中，也没有任何与之相关的变量，因此不必用于建立VAR模型和进行方差分解。

方差分解通过分析每一个结构冲击对内生变量变化的贡献度，主要用来评价不同结构冲击的重要性。本书建立金融危机期间CDO、CDS定价的VAR模型，通过方差分解研究在金融危机期间，每一种要素的随机扰动对CDO、CDS价格产生的影响程度，从而得到各种风险因素对CDO、CDS价格的影响程度。

（五）VAR模型与检验

VAR模型的构建需要确定滞后阶数。为了避免残差出现自相关，滞后阶数不能太小，此外为了保证参数估计的有效性，也不能让滞后阶数太大。实际使用过程中，人们一般使用赤池信息准则（AIC）和施瓦茨准则（SC）。本书使

① 高铁梅．计量经济分析方法与建模［M］．北京：清华大学出版社，2006：260.

用 Eviews 提供的 VAR Lag Order Selection Criteria 方法来确定滞后阶数，如表 5－6。

表 5－6　CDS 与 CDO 的 VAR 模型滞后阶数选择

CDO_VAR						
Lag	LogL	LR	FPE	AIC	SC	HQ
0	109.4255	NA	3.92e－15	－18.98646	－18.80560	－19.10047
1	180.2074	64.34716*	1.84e－18*	－27.31044*	－26.22527*	－2799449*
CDS_VAR						
Lag	LogL	LR	FPE	AIC	SC	HQ
0	156.1356	NA	1.15e－16	－25.35593	－25.19430	－25.41578
1	217.5824	71.68794*	7.28e－20*	－32.93040*	－32.12222*	－33.22962*

* 表示该标准下应该选择的滞后阶数。由表可知，无论是采用哪一种标准，CDS 和 CDO 的 VAR 模型的滞后阶数都应该选择 1 阶。滞后阶数确定后，根据影响因素的分析和检验结果，我们可以建立包括 CDO 价格、违约率、违约相关性、回收率、利率的 VAR 模型。模型如下：

D(CDO) =－0.110627254299 * D(CDO(－1)) －22.9129418403 * D(BETA1(－1)) －943.244336715 * D(DEBT(－1)) +75.3771824412 * D(DR(－1)) +1427.37308154 * D(RR(－1)) －6.1272526223　(5－1)

D(BETA1) = 0.00647754082548 * D(CDO(－1)) －0.87894816512 * D(BETA1(－1)) +16.1416969522 * D(DEBT(－1)) －1.95554020084 * D(DR(－1)) －16.2946081083 * D(RR(－1)) +0.0139417379522　(5－2)

D(DEBT) =－5.97307011606e－05 * D(CDO(－1)) －0.0112567943526 * D(BETA1(－1)) －0.40157514617 * D(DEBT(－1)) +0.00707904106912 * D(DR(－1)) +1.00311540372 * D(RR(－1)) +5.68454436656e－05　(5－3)

D(DR) = 6.94846505008e－05 * D(CDO(－1)) －0.00378997723201 * D(BETA1(－1)) +0.488374428109 * D(DEBT(－1)) +0.00989795188801 * D(DR(－1)) －8.97487829384 * D(RR(－1)) －0.000255223768507　(5－4)

D(RR) =－3.60553292296e－05 * D(CDO(－1)) －0.00531764312373 * D(BETA1(－1)) －0.384918354752 * D(DEBT(－1)) +0.0165752736446 *

D(DR(-1)) +0.543606245954 * D(RR(-1)) -0.00150607563733　(5-5)

同理,也可以建立 CDS 价格、利率、回收率、违约率的 VAR 模型,模型如下:

D(CDS) = 11.5475622153 * D(CDS(-1)) -2.37174986317 * D(DR(-1)) + 139.218011846 * D(RR(-1)) - 888.944937808 * D(DEBT(-1)) + 0.0127961224871　(5-6)

D(DR) = 0.0532183587943 * D(CDS(-1)) - 2.5379117732e-05 * D(DR(-1)) - 8.40661994116 * D(RR(-1)) - 3.5384231986 * D(DEBT(-1)) -0.000553871937019　(5-7)

D(RR) = 0.0794072880088 * D(CDS(-1)) - 0.000912173430453 * D(DR(-1)) + 1.00084271555 * D(RR(-1)) - 6.30361983819 * D(DEBT(-1)) -0.00155780791479　(5-8)

D(DEBT) = 0.169717482582 * D(CDS(-1)) - 0.0298818784949 * D(DR(-1)) + 2.03215467945 * D(RR(-1)) - 13.0618527285 * D(DEBT(-1)) -9.6787293484e-05　(5-9)

两个模型的稳定性可以由 AR 根图像表现,如图 5-1,5-2:

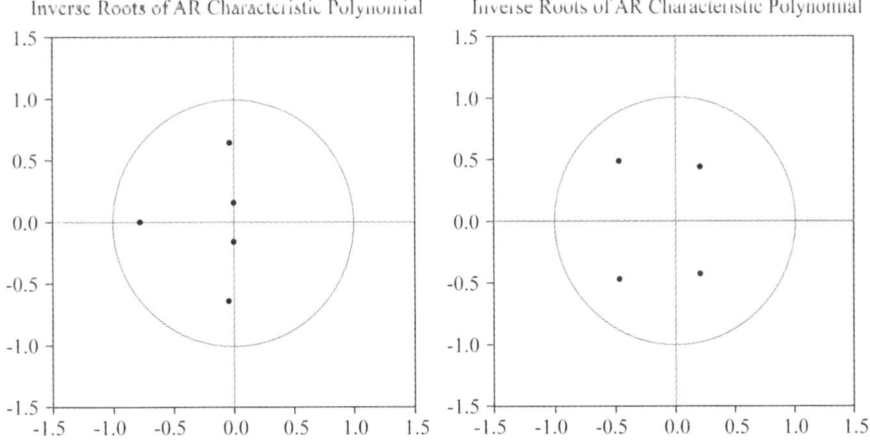

图 5-1　CDO VAR 模型的 AR 根图像　　**图 5-2　CDS VAR 模型的 AR 根图像**

被估计的 VAR 模型所有的根的模倒数都位于单位圆内,即小于 1,表明 CDS VAR 和 CDO VAR 模型是稳定的,VAR 模型的结果可以使用。模型的残差在 5% 的显著性水平下,接受正态序列的假设。残差自相关性可以使用 LM 检验。从结果(表 5-7)来看,在滞后 5 阶及 5% 的显著性水平下,5 阶模型残差均不存在自相关性，因此符合脉冲响应和方差分解的条件。

表 5 - 7 VAR 模型的 LM 检验结果

滞后阶数	Q 统计量	*P* 值
CDO VAR		
1	0.0782	0.780
2	0.1023	0.950
3	0.4626	0.927
4	4.0803	0.538
5	4.9248	0.553
CDS VAR		
1	0.0248	0.875
2	0.8728	0.646
3	1.0406	0.791
4	1.0924	0.895
5	1.1200	0.952

（六）脉冲响应函数方法分析

一般我们在分析 VAR 模型时，不会分析一个变量对另一个变量的影响如何，更多的是分析当模型受到某一个冲击时，对整个系统的动态影响。而在前一个部分本书已经分析过了信用衍生品定价风险与传统金融风险、产品市场风险等其他风险都有错综复杂的关系，在本章部分已经对信用衍生品定价风险与多种风险建立了先验关系，因此该部分本书着重分析信用衍生品定价的冲击对所有风险的动态效应，使用脉冲响应函数符合本章实证的需要。

由以上的 VAR 模型，我们可以得到如下的脉冲响应函数图像（图 5 - 3，5 - 4），横轴表示冲击后的滞后期数，纵轴表示相应变量的变化情况。可以看出两个图像都在第 8 期以后才进行收敛，也就是说信用衍生品的价格对其他变量的影响期限都比较长，其中 CDO 价格对相关性的影响时间更长。

1. 信用衍生品价格冲击对其他变量的影响具有滞后性

CDO 与 CDS 价格冲击对其他变量的影响具有滞后性。从图中可以发现，CDO 的价格冲击对贷款利率、违约率、回收率、违约相关性的影响均在滞后一期达到最大。CDS 价格冲击对利率、违约率、回收率也在滞后一期中影响最大。

可以认为,信用衍生品的价格冲击对整个系统的所有变量均有着滞后的影响。

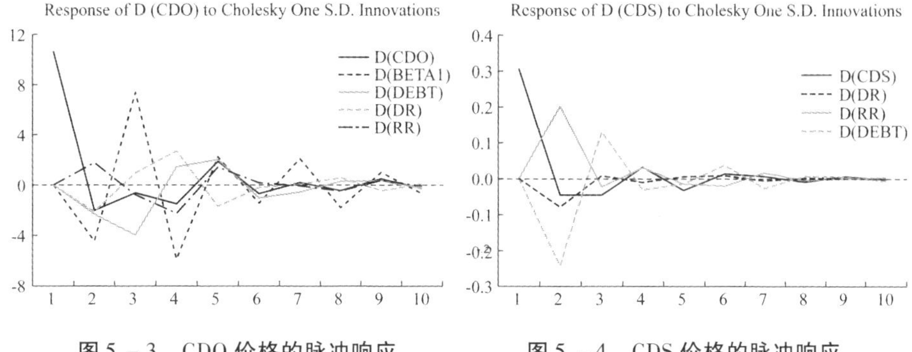

图5－3　CDO价格的脉冲响应　　图5－4　CDS价格的脉冲响应

2. 信用衍生品价格冲击对其他变量的影响具有衰减性

CDO与CDS价格冲击对系统变量的影响具有衰减性。从图可以看出,系统变量在CDO和CDS的价格冲击下都能于滞后一期内达到最大影响,随后逐渐衰减,而到了第8期后冲击影响基本消失。因此信用衍生品价格冲击对系统中的其他变量的影响具有长期的衰减性。

3. 信用衍生品价格冲击对不同系统变量的影响具有不平衡性

CDO与CDS价格冲击对不同系统变量的影响具有不平衡性。从每一个单独变量来看,CDO和CDS价格脉冲都有着或正或负的效应。从整体来看,CDO价格的脉冲对违约相关性长期内存在负影响,对违约率、回收率、贷款利率长期内存在正影响。CDS价格的脉冲对回收率长期内存在正影响,对违约率、贷款利率长期内存在负影响。且对比两种信用衍生品对其他系统变量的冲击程度,CDO的冲击影响比CDS的冲击影响更大些。

(七)CDO和CDS定价VAR模型的方差分解

对于VAR模型来说,方差分解可以用于研究模型的动态特征,进一步评价各内生变量对预测方差的贡献度,用于分析预测残差的波动由不同因素的冲击影响的比例,从而分解对应的各种变量对目标变量标准差的贡献程度。因而适用于研究各种风险因素对CDS和CDO定价的贡献度。

从CDS和CDO VAR模型的方差分解表(表5－8)可以得出以下几个结论:

(1)信用衍生品自身价格具有后顾预期性和主导性

在对CDO和CDS价格变化的贡献率中,CDO与CDS价格对自身的贡献率始终是最大的。CDO对自身的贡献率最后呈现平稳性,是40%左右的比率。

而 CDS 对自身贡献率存在递减的特点，第四期下降到 43%，此后呈现平稳性，始终是 43% 左右的比率。这说明信用衍生品价格具有后顾预期特征，人们往往根据以往的信用衍生品价格的趋势情况预测未来的产品价格。另一方面，长期内 CDO 价格对自身贡献率更低，而 CDS 价格对自身的贡献率较高，这说明 CDO 价格受其他风险因素的影响较大，而 CDS 价格受其他风险因素的影响较小。

表 5－8 金融危机期间 CDS 和 CDO 定价 VAR 模型的方差分解

CDS					
Period	S. E.	CDS	DR	RR	DEBT
1	0. 304685	100. 0000	0. 000000	0. 000000	0. 000000
2	0. 447704	47. 33780	3. 099792	20. 28458	29. 27783
3	0. 469036	44. 08250	2. 851709	18. 71201	34. 35379
4	0. 472203	43. 94218	2. 865190	18. 86051	34. 33213
5	0. 473803	44. 11710	2. 859637	18. 82930	34. 19397
6	0. 475976	43. 79539	2. 861838	18. 84948	34. 49329
7	0. 477111	43. 60416	2. 865067	18. 87742	34. 65336
8	0. 477279	43. 61162	2. 864448	18. 87490	34. 64903
9	0. 477340	43. 61590	2. 863728	18. 87014	34. 65023
10	0. 477412	43. 60424	2. 863478	18. 86868	34. 66360

CDO						
Period	S. E.	CDO	BETA	DEBT	DR	RR
1	10. 65553	100. 0000	0. 000000	0. 000000	0. 000000	0. 000000
2	12. 26687	78. 15808	13. 23896	3. 568315	2. 954924	2. 079716
3	14. 91807	53. 02257	33. 37915	9. 504113	2. 412899	1. 681269
4	16. 55852	43. 85808	39. 80995	8. 480087	4. 622914	3. 228973
5	17. 07540	42. 43321	39. 13807	9. 384886	5. 328387	3. 715449
6	17. 18271	42. 06301	39. 35499	9. 627104	5. 276026	3. 678875
7	17. 31876	41. 41783	40. 18491	9. 578736	5. 195784	3. 622740
8	17. 43512	40. 93151	40. 70875	9. 479774	5. 231710	3. 648252
9	17. 48405	40. 78410	40. 80964	9. 464229	5. 268345	3. 673680
10	17. 50134	40. 72857	40. 87772	9. 464986	5. 260503	3. 668222

（2）多种风险因素在长期内对信用衍生品价格的影响有稳定性

金融危机期间的CDS和CDO价格不仅自身因素的影响相当明显，具有主导性和衰减性，同时金融危机期间的各类风险因素对其也有影响。而且其他风险因素对CDS和CDO价格变化的影响往往越来越稳定，而CDS和CDO自身价格影响越来越弱。说明信用衍生品价格自身贡献具有主导性和衰减性，而其他风险因素对信用衍生品价格变化短期内有较强影响，而长期内有稳定影响。

（3）违约相关风险和利率风险的贡献程度高且具有滞后性和长期稳定性

金融危机期间的违约相关风险、利率风险对CDO价格变化都有较高的贡献程度，利率风险对CDS价格变化有较高的贡献程度，而且这两种风险的贡献具有滞后性和长期稳定性。除去CDO和CDS价格自身的贡献率，中国银行拆借利率对CDO价格的最高贡献率达到9.5%，违约相关风险对CDO价格的最高贡献率接近41%，利率对CDS价格的最高贡献率达到35%，都远高于同期的其他风险。且随着时间的推移，违约相关风险对CDO价格的贡献程度逐渐稳定，且最终稳定在40%以上，利率风险对CDO价格的贡献程度也逐渐稳定，且最终稳定在9.4%以上。这两种风险对CDO价格显得特别重要，主要是因为金融资产明显的厚尾分布，使得金融危机期间的违约相关性明显提高，其次是贷款利率在风险较高时期也会随着风险溢价的提高而上升，在两者波动较大的情况下，其对CDO和CDS的方差贡献率也较大。

（4）违约率和回收率的贡献程度较低且具有长期稳定性

违约率和回收率对CDO和CDS价格变化的贡献程度都比较小，但都会逐步趋于稳定，因此贡献较小但具有稳定性。其中回收率对CDO定价的贡献程度最后稳定于3.6%以上，而违约率对CDO价格的贡献程度最后稳定于5.2%以上；回收率对CDS的贡献稳定于19%左右，而违约率对CDS的贡献稳定于2.9%左右。这主要是因为目前CDO定价都使用固定的违约率和回收率，因此两者对CDS和CDO价格变化的贡献程度较小，且相对其他因素无明显变化。

二、小结

根据金融危机期间各种风险的先验结果，本章建立VAR模型，并进行脉冲响应分析和方差分解，着重分析CDO和CDS定价与其他风险的关系，可以得出以下几个结论：

首先，从金融机构的角度看，产品市场风险和信贷风险理论上应该要与信用衍生品定价存在一定的联系，然而在格兰杰因果检验的结果中，未能发现其关系，可以认为信用衍生品定价缺乏必要的风险因素；

其次，信用衍生品定价的脉冲对其定价要素均有不同程度的影响，且该影响具有滞后性、衰退性和不平衡性；

再次，信用衍生品价格对自身贡献具有主导性和衰减性，违约相关性和贷款利率对信用衍生品价格的贡献次之，而且该贡献具有滞后性和长期稳定性，而违约率和回收率贡献微弱但具有长期稳定性。

综上，信用衍生品的价格虽然与多种风险具有先验关系，但是只能够与一部分风险要素相互影响，缺乏与必要的风险因素的相关性，即说明信用衍生品的定价存在着风险。所缺乏的风险因素包括产品市场风险和信贷利差风险，因此信用衍生品的定价模型应该要加入相关的风险要素，与这些风险要素形成必要的联系。

本章小结

综上所述，从金融机构的视角看，信用衍生品的定价风险与传统金融的信用风险、流动性风险、产品市场风险、信用衍生品交易风险、系统性风险等均有密切关系，有的是互相影响，有的是单向直接或间接影响。而实证结果显示，信用衍生品定价未能表现出上述所有风险。从金融机构的角度来说，目前的信用衍生品定价存在风险。因此，对监管部门和金融机构来说，目前的信用衍生品定价需要改进，而改进的方向就是在原有的定价框架中纳入传统金融风险和产品市场风险，提高定价效率。

第六章
金融机构视角下信用衍生品的定价模型构造

第一节　金融机构视角下信用衍生品定价的一般均衡模型

传统的银行经济学使用简单的包含三部门的一般均衡框架和确定性的模型框架研究银行的借贷款。模型的主要角色包括消费者、企业和银行三者，包含两个时期，并有一个实物商品和存贷款。消费者通过选择当期的消费数量、存款金额和证券金额的配置，最优化效用，其中存款和证券是完全可替代的；企业通过配置合适的投资规模和融资结构，最大化利润；银行通过配置贷款总额和证券发行量维持社会资金配置的均衡。该模型假设证券与贷款没有直接的关系，然而在实际应用中，证券是企业融资的手段，而贷款是企业融资的来源之一，两者之间存在内在的联系，但不是直接的因果关系。从信用衍生品的角度，信用衍生品本身是贷款的衍生产品，我们只需在该一般均衡框架下增加一个假设，即贷款的违约使得证券发生不一样的现金流，使得贷款和证券有偶发的因果关系，就可以构建基于金融机构视角的信用衍生品的一般均衡分析框架。本书不改变哈维尔的原始模型的假设，银行是属于风险中性的部门，并将证券的类别具体化，即证券属于银行从消费者手中获取的贷款的信用衍生品。

一、隐含的经济关系

（一）市场结构的说明

信用衍生产品是以贷款或债券的信用作为基础资产的金融衍生工具，其实质是一种双边金融合约安排。金融中介分别与投资人和贷款或债券持有人订立合约，承诺当参考资产运行一切正常时，投资人支付保险费给金融中介，当违约时投资人收到金融中介付出的一笔赔款。由于参考资产通常可能是债务也可能是基金等，有资金流入和流出，而这些资金也是为了实现企业的产出，所以参考资产可以看做是具有一定资产结构、有生产行为的企业。因此在这组合同中有几个重要角色：投资人，金融中介，企业。在信用衍生品合约中，无论契约的条款有多复杂，总是能抽象出两个市场、三种角色、四种产品。

市场可以划分为两个：产品市场和资本市场。

市场参与者有三种：投资人、企业和金融中介。

市场交易的产品有四种：可消费的产品、存款、贷款与信用衍生品。

（二）引入角色的说明

从第四章的定价模型来看，原有的信用衍生品定价使用无套利原理。实现信用衍生品有关的现金流平衡，只与投资人这个角色有关。与原有的简化模型比较，本模型引入了金融中介和企业两个角色。目的如下：

（1）金融中介是本书观察的重要角色，金融中介是产品市场与资本市场之间联系的纽带，是为信用衍生品定价的主要视角；

（2）债务是发生违约的源头，因此企业是信用风险的主要来源，也是金融中介设立信用衍生品的依据，在模型中不可或缺。

（三）违约与损失的说明

本模型中违约情况在金融中介的利润函数和投资人的效用函数中体现。原因如下：

（1）本书使用简化模型的违约假设，企业的违约属于概率事件，是不可预测的，因此违约不会表现为资不抵债等企业内部现象，企业的生产函数也不会有任何与违约有关的特征。

（2）债务一旦违约，企业不会因为债务违约而损失，而是在企业无法还债时造成金融中介的资产损失，而金融中介将违约损失通过信用衍生品转移到投资人身上，因此违约所发生的损失会在金融中介和投资人的收益中体现。

（四）市场均衡的说明

本模型从金融机构的视角，以一般均衡为主要的分析框架，将所有市场即资本市场和产品市场看做一个整体。可以说信用衍生品的价格不是单单由信用衍生品的需求和供给决定，也不是由单纯的现金流入流出均衡决定，而是由市场存在的所有实体产品和金融产品决定的，包括消费性产品、存贷款和信用衍生品。

本模型实现的一般均衡包括三个条件：交换的一般均衡、生产的一般均衡以及生产和交换的一般均衡。

交换的一般均衡指的是参与市场交换的消费品及金融产品，即存款、消费品、信用衍生品在所有投资人中进行有效率的分配。交换的一般均衡条件指所有投资人均获得最大效用。

生产的一般均衡指的是金融机构提供的贷款在所有生产者之间进行有效率的分配。该模型假设市场只有一个厂商，因此只需研究单个企业的贷款投入安排。生产的一般均衡条件指企业的生产达到利润最大化。

生产和交换的一般均衡指的是经济资源在整个社会进行有效率的配置，使得产品市场和资本市场通过价格机制调整供给和需求，达到有效平衡，即通过价格机制所有市场可交易的产品均达到供需数量相等。其中，金融中介起着至关重要的维持均衡的作用。

二、基本定价模型

在投资人非餍足的假设下，投资人应该具有连续且递增的强单调性的效用函数，并且投资人所拥有的资产组合包括存款D^S 和信用衍生品B^d，C^d 表示消费，根据实现一般均衡的条件，在交换的一般均衡条件下，投资人选择为：

$$\max_{D^s, C^d, B^d} u^i(D^s, C^d, B^d) \quad \text{问题 6.1}$$

根据资产定价基本定理和套利定价的一般原理，无套利假设与风险中性假设是等价的。因此无套利市场中不考虑投资人的风险偏好。而一般均衡下是需要考虑风险偏好的，大部分对于投资人的偏好假设包括经典的投资人偏好假设均使用风险规避，这与风险中性假设没有矛盾。所谓的风险中性假设又称风险中性定价方法，表达的是在资本市场不存在任何套利可能性的条件下，若衍生证券的价格依赖于可交易的基础证券，则该衍生证券价格与投资者的风险偏好无关，也就是说其实它撇开了投资者的风险偏好来谈定价，其直接表现就是在证券定价公式中不包含反映投资者风险态度的变量。因此投资人风险规避假设与风险中性假设没有矛盾。因此本书在信用衍生品的投资人性质中使用风险规避假设。

根据哈维尔(2000)对企业的基本假设,C^s 表示企业的生产,$Loan^d$ 表示企业的负债,在生产的一般均衡条件下,企业选择为:

$$\max_{C^s, Loan^d} \pi(C^s, Loan^d) \quad \text{问题 6.2}$$

根据哈维尔(2000)对金融中介的基本假设,金融中介拥有的资产组合包括存款D^d 和贷款$Loan^s$ 及信用衍生品B^s,在生产和交换的一般均衡条件下,金融中介选择为:

$$\pi(D^d, Loan^s, B^s) \quad \text{问题 6.3}$$

三、市场均衡

然后,将三个函数具体化,在市场达到一般均衡时,可以求出一般均衡条件下的信用衍生品定价。在市场均衡下,有:

$$C^s = C^d, B_s = B_d, D^s = D^d, Loan^s = Loan^d$$

第二节 确定违约概率下的 CDS 定价模型

一、隐含的经济关系

信用违约互换是信用衍生品市场的基石。在这一契约中,信用违约互换的卖方(一般为金融机构),向信用违约互换的买方(一般为机构投资者)转移参考实体(假设为企业)的信用风险。换句话说,信用违约互换的买卖双方之间转移的风险是除它们自身之外的第三家实体的信用风险。而金融机构就是拥有参考实体(企业)债权的机构,因此参考实体(企业)与金融机构间属于借贷关系。当信用违约互换买卖双方达成互换协议后,金融机构以定期固定息票方式向投资人支付一定的费用,投资人在企业发生违约事件时向金融机构提供债务资产减值的贬值额,称为信用损失。可以用图 6 - 1 来表示信用违约互换中相关参与者的关系：

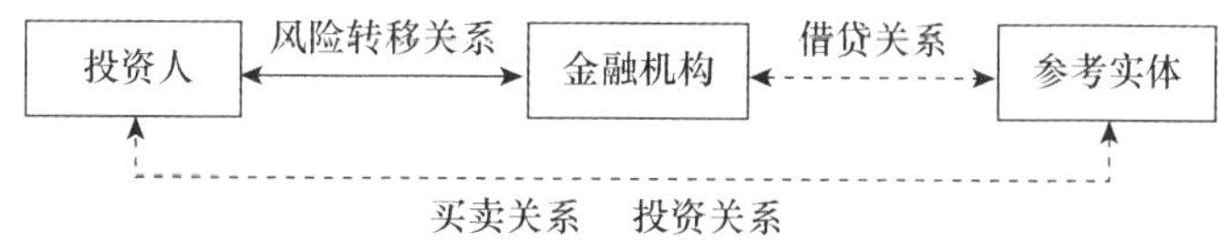

图6－1　信用违约互换中相关参与人的关系

在信用违约互换中，信用违约互换的投资人可以作为参考实体（企业）的股东存在，社会成员（投资人）购买参考实体的产品，因此投资人也是消费者。所以参考实体（企业）和投资人之间也存在投资关系和买卖关系。换言之，合理的信用违约互换模型在存在产品市场和资本市场的假设下，应该要考虑所有参与者之间的各种关系。

因此本模型将市场结构简单描述为基于两个市场、多种综合关系的各种人与物的要素：

产品市场：

供给方 —— 企业；需求方 —— 投资人；对象 —— 产品

资本市场：

供给方 —— 投资人；需求方 —— 金融机构；对象 —— 存款

供给方 —— 金融机构；需求方 —— 企业；对象 —— 贷款

供给方 —— 金融机构；需求方 —— 投资人；对象 ——CDS

二、投资人

投资人是短视的，当前效用由当前消费、投资收入和下期期望财富决定。为了最大化当前效用，使用对数效用函数，在预算约束下，投资人的目标规划为：

$$\max_{C^d_{i,t},B^d_{i,t},D^s_{i,t}} U_{i,t} = a\ln C^d_{i,t} + c(\ln D^s_{i,t} - \ln B^d{}_{i,t}) + bE_{i,t}\ln(\frac{\hat{W}_{i,t+1}}{p_{t+1}})$$

$$\text{s. t. } W_{i,t+1} = (1+\rho_{i,t+1})[W_{i,t} - p_t C^d_{i,t} + d_t S_{i,t} + r_D D^s_{i,t} - \lambda B^d{}_{i,t} f + r_t(1-f)B^d{}_{i,t}] \tag{6－1}$$

几个重要的参数及变量说明如下：

（1）$i \in \{1,2,\cdots,N\}$，表示投资人为有限个体。

（2）t 表示当前时刻，$t+1$ 表示下一时刻。

（3）投资人的资源配置方案：$U_{i,t}$ 表示当前投资人的效用，$C^d_{i,t}$ 表示当前投资人消费需求，$B^d_{i,t}$ 为当前投资人对信用违约互换的需求，$D^s_{i,t}$ 表示当前投资人存款数量，$S_{i,t}$ 为当前投资人股权。

(4) 社会资源总量配置方案：$W_t = \sum_i W_{i,t}$ 为个体财富总和，代表社会总财富；$S_t = \sum_i S_{i,t}$ 为个体股权总合，代表股票总市值；$D_t = \sum_i D_{i,t}$ 为投资人存款总值，代表社会融资总额；$B^d_t = \sum_i B^d_{i,t}$ 为个体的信用违约互换投资的名义需求总量，代表社会衍生品需求的名义总额。

(5) 投资人个体效用函数参数：a 为当前消费在总效用函数中的权重，c 为当前投资在总效用函数中的权重，b 为期望下期财富在总效用函数中的权重。

(6) 投资人个体预算约束变量与参数

与产品市场有关变量：$W_{i,t}$ 代表投资人当前持有的名义财富量，p_t 代表消费产品的当前价格水平，$\rho_{i,t+1}$ 代表下一期的市场随机利率，$p_t\,C^d_{i,t}$ 代表投资人当前消费总价值。

与资本市场有关变量：投资人均持有实体企业的股权，$d_t\,S_{i,t}$ 为当期的股权收益，d_t 为单位股份的分红，$r_D\,D^s_{i,t}$ 代表投资人的存款收入，其中r_D 代表无风险的存款利率，$B^d_{i,t}$ 代表投资人持有的信用违约互换名义总量。持有信用违约互换的投资人拥有风险性的收益权：若 CDS 的参考资产发生了违约，投资人需要为信用违约互换支付费用为$\lambda B^d_{i,t}$，并且$\lambda < 1$ 代表违约损失，若参考资产不违约，则当期投资人持有 CDS 表现为一笔固定收入$r_t\,B^d_{i,t}$，r_t 为信用违约互换规定的价格。企业的违约概率f_t，服从均匀分布。使用最优化方法求解以上的规划，可以得到信用违约互换名义需求$B^d_{i,t}$、投资人存款需求$D^s_{i,t}$ 和消费需求$C^d_{i,t}$ 为(表 6－1)：

表 6－1　投资人的信用违约互换名义需求、存款需求与消费需求

$D^s_{i,t}$	$B^d_{i,t}$	$C^d_{i,t}$
$-\dfrac{c(W_{i,t}+d_t\,S_{i,t})}{r_D(a+b)}$	$\dfrac{c(W_{i,t}+d_t\,S_{i,t})}{[r_t(1-f)-\lambda f](a+b)}$	$\dfrac{a(W_{i,t}+d_t\,S_{i,t})}{p_t(a+b)}$

三、企业

(1) 生产函数和利润函数

为了简化计算过程，本书的生产函数将不涉及劳动要素。因此可以选用道

格拉斯生产函数的紧凑形式作为生产函数。即假设企业生产只有资本投入①，可以得到：

$$Y = C^s = k L^{\beta} \tag{6-2}$$

β 为资本产出弹性，k 为除资本投入以外的影响因素。企业的规划是利润最大化：

$$\max_{C_t^s, L_t^d} \pi_t = p_t C_t^s - r_L L_t^d \tag{6-3}$$

这里p_t 代表 t 时刻的产品价格，与投资人预算约束一致。r_L 代表无风险的贷款利率。企业当期的利润π_t 都分配到每个消费者手中。因此投资人的股权投资收益$d_{t+1} = \pi_t$，股东的股利收益率为$\frac{\pi_t S_{i,t+1}}{S_0}$。

（2）最优产量与融资规模

对产品市场，企业提供消费产品数量C_t^s；对资本市场，企业有融资的需求，表现为贷款总额L_t^d。$\beta \neq 1$，使用一阶最优化条件得出企业利润最大化的资源配置，包括当期的最优产量规模C_t^s 和当期最优的融资规模L_t^d：

$$L_t^d = (k\beta)^{\frac{1}{1-\beta}} \left(\frac{r_L}{p_t}\right)^{\frac{1}{\beta-1}} \tag{6-4}$$

$$C_t^s - k^{\frac{1}{1-\beta}} \beta^{\frac{\beta}{1-\beta}} \left(\frac{r_L}{p_t}\right)^{\frac{\beta}{\beta-1}} \tag{6\quad 5}$$

四、金融中介

金融中介吸收的存款利率为r_D，贷款利率为r_L，两者都是无风险利率，且$r_L > r_D$，每一期会有存款支出$r_D D_t^d$，也会有贷款收入$r_L L_t^s$。单名 CDS 价格为r_t，违约概率为f_t，违约回收率固定为 λ。因此金融中介对于发行的 CDS 产品在每一期，企业债务无违约的时候会有成本$r_t B_t$，违约的时候有收入 λB_t。同时金融中介起到平衡资本市场的作用，所以其发行的 CDS 产品和吸收的存款要与贷款平衡②。所以金融中介的利润可以表示为：

$$\pi_b = r_L L_t^2 - r_t B_t^s (1-f) + \lambda B_t^s f - r_D D_t^d$$
$$s.t.\ L_t^s = B_t^s + D_t^d \tag{6-6}$$

---

① 罗默．高级宏观经济学（第二版）[M]．王根蓓，译．上海：上海财经大学出版社，2003：9－10.

② 哈维尔·弗雷克斯．微观银行学[M]．刘锡良，译．成都：西南财经大学出版社，2000：9－10.

五、市场均衡

由于在本模型中，金融中介、投资人、企业在市场中形成竞争均衡，市场出清时产品市场均衡必然有$C_t^d = C_t^s$，资本市场均衡必然有$B_t^s = B_t^d, D_t^s = D_t^d$，$L_t^s = L_t^d, L_t^d = B_t^d + D_t^s$。则可以得到以下的一般均衡下的一组市场价格，即均衡下商品价格和 CDS 价格：

$$p_t^{Walrasion} = \frac{1}{k}\left(\frac{r_L}{\beta}\right)^{\beta}\left[\frac{a(W_t + d_t S_t)}{a + b}\right]^{1-\beta} \tag{6-7}$$

$$r_t^{Walrasion} = \frac{1}{1 - f_t}\left(\lambda f_t + \frac{r_D r_L c}{a\beta r_D + c r_L}\right) \tag{6-8}$$

六、模型结论

商品价格与个人财富有密切关系，同时也与企业资本产出弹性有关。在资本产出弹性大于 1 时，个人财富的提高会降低价格；资本产出弹性小于 1 时，个人财富的提高会提高商品价格。

CDS 价格与资本市场和产品市场均有密切关系。资本市场因素主要体现在无风险利率、违约率、回收率，产品市场因素主要体现在投资人偏好系数和企业资本产出弹性。投资人投资相对于消费的偏好程度越高，则投资需求越高，CDS 价格越高。企业资本产出弹性越高，则生产风险越低，CDS 价格越低。

商品和 CDS 的交易同时由产品市场和资本市场决定。这主要由于在一般均衡视角下，模型的框架涉及两个市场，在两个市场同时均衡的情况下求解均衡，所以此时的均衡解必然同时有两个市场的因素。

均衡的调整性和稳定性。该模型是在消费者短视的假设下市场以供求缺口为动力进行供需的调整，因此消费者和企业的行为具有调整性，而市场调整过程中，由于方向的一致性，最后必然走向均衡，因此该均衡又具有稳定性。

七、确定违约概率下 CDS 定价公式的推导方法

（一）投资人目标

$$\max_{C_{i,t}^d, B_{i,t}^d, D_{i,t}^s} U_{i,t} = a\ln C_{i,t}^d + c(\ln D_{i,t}^s - \ln B_{i,t}^d) b E_{i,t}\ln\left(\frac{\hat{W}_{i,t+1}}{p_{t+1}}\right) \tag{6-9}$$

s. t. $\hat{W}_{i,t+1} = (1 + \rho_{i,t+1})[W_{i,t} - p_t C_{i,t}^d + d_t S_{i,t} + r_D D_{i,t}^s - \lambda B_{i,t}^d f + r_t(1 - f) B_{i,t}^d]$

由最优化的一阶条件得：

$$\begin{cases}\dfrac{\partial U_{i,t}}{\partial C_{i,t}^{d}}=\dfrac{a}{C_{i,t}^{d}}-\dfrac{b\,p_t}{A}=0\rightarrow\dfrac{a}{C_{i,t}^{d}}=\dfrac{b\,p_t}{A}\\ \dfrac{\partial U_{i,t}}{\partial B_{i,t}^{d}}=\dfrac{b[r_t(1-f)-\lambda f]}{A}-\dfrac{c}{B_{i,t}^{d}}=0\rightarrow\dfrac{b[r_t(1-f)-\lambda f]}{A}=\dfrac{c}{B_{i,t}^{d}}\\ \dfrac{\partial U_{i,t}}{\partial D_{i,t}^{s}}=\dfrac{c}{D_{i,t}^{s}}+\dfrac{b\,r_D}{A}=0\rightarrow\dfrac{c}{D_{i,t}^{s}}=-\dfrac{b\,r_D}{A}\end{cases}\tag{6-10}$$

$$A=W_{i,t}-p_t C_{i,t}^{d}+d_t S_{i,t}+r_D D_{i,t}^{s}-\lambda B_{i,t}^{d}f+r_t(1-f)B_{i,t}^{d}$$

$$\frac{a B_{i,t}^{d}}{c C_{i,t}^{d}}=\frac{p_t}{r_t(1-f)-\lambda f}\rightarrow B_{i,t}^{d}=\frac{c\,p_t C_{i,t}^{d}}{a[r_t(1-f)-\lambda f]}\tag{6-11}$$

$$\frac{a D_{i,t}^{s}}{c C_{i,t}^{d}}=-\frac{p_t}{r_D}\rightarrow D_{i,t}^{s}=-\frac{c\,p_t C_{i,t}^{d}}{a\,r_D}\tag{6-12}$$

由(6－9)、(6－10)、(6－11)，可得到

$$A=\frac{b\,p_t C_{i,t}^{d}}{a}$$

$$W_{i,t}-p_t C_{i,t}^{d}+d_t S_{i,t}-r_D\frac{c\,p_t C_{i,t}^{d}}{a\,r_D}+[r_t(1-f)-\lambda f]\frac{c\,p_t C_{i,t}^{d}}{a[r_t(1-f)-\lambda f]}=\frac{b\,p_t C_{i,t}^{d}}{a}$$

$$C_{i,t}^{d}=\frac{a(W_{i,t}+d_t S_{i,t})}{p_t(a+b)}\tag{6-13}$$

$$B_{i,t}^{d}=\frac{c(W_{i,t}+d_t S_{i,t})}{[r_t(1-f)-\lambda f](a+b)}$$

$$D_{i,t}^{s}=-\frac{c(W_{i,t}+d_t S_{i,t})}{r_D(a+b)}\tag{6-14}$$

（二）企业目标

企业的目标函数为：

$$\max_{C_t^s,L_t^d}\pi_t=p_t C_t^{s}-r_L L_t^{d}$$

由最优化的一阶条件得：

$$\begin{cases}\dfrac{\partial \pi_t}{\partial L_t^{d}}=\beta k\,p_t\,(L_t^{d})^{\beta-1}-r_L=0\\ \rightarrow L_t^{d}=(k\beta)^{\frac{1}{1-\beta}}\left(\dfrac{r_L}{p_t}\right)^{\frac{1}{\beta-1}}\\ \rightarrow C_{i,t}^{s}=k^{\frac{1}{1-\beta}}\beta^{\frac{\beta}{1-\beta}}\left(\dfrac{r_L}{p_t}\right)^{\frac{\beta}{\beta-1}}\end{cases}\tag{6-15}$$

(三) 市场均衡

在市场均衡条件下,可以推出以下方程:

$$\begin{cases} \rightarrow k^{\frac{1}{1-\beta}} \beta^{\frac{\beta}{1-\beta}} \left(\frac{r_L}{p_t}\right)^{\frac{\beta}{\beta-1}} = \frac{a(W_t + d_t S_t)}{p_t(a+b)} \\ (k\beta)^{\frac{1}{1-\beta}} \left(\frac{r_L}{p_t}\right)^{\frac{1}{\beta-1}} = \frac{c(W_t + d_t S_t)}{[r_t(1-f) - \lambda f](a+b)} - \frac{c(W_t + d_t S_t)}{r_D(a+b)} \end{cases}$$

那么就会得到瓦尔拉斯解析解:

$$\begin{cases} p_t^{Walrasion} = \frac{1}{k}\left(\frac{r_L}{\beta}\right)^{\beta}\left[\frac{a(W_t + d_t S_t)}{a+b}\right]^{1-\beta} \\ r_t^{Walrasion} = \frac{1}{1-f_t}\left(\lambda f_t + \frac{r_D r_L c}{a\beta r_D + c r_L}\right) \end{cases} \qquad (6-16)$$

第三节 随机违约概率下的CDS定价模型

一、投资人

(一) 投资人的预算约束

从隐含经济关系的分析可以发现,CDS的收入和损失,其实都在投资人身上发生,因此投资人的投资收益包括预期成本和预期收入,见表6-2:

表6-2 投资人的预期收入和预期费用

预期成本	$(1-R)\, B_{i,t}^{d} E[\mathrm{e}^{-r\tau} I_{\{\tau<T\}}]$
预期收入	$r_t\, B_{i,t}^{d} E[\sum_{j=1}^{T} \mathrm{e}^{-r_D\tau_j}(\tau_j - \tau_{j-1}) I_{\{\tau<t_j\}}]$

i表示第i个投资人,t表示第t期。

投资人的下期的财富包括累积财富$W_{i,t}$加上预期收入减去预期支出。预期支出包括当前消费$p_t\, C_{i,t}^{d}$,以及股票收入$d_t\, S_{i,t}$;预期成本包括存款利息收入$r_D\, D_{i,t}^{s}$,以及信用违约预期投资收益。

累积财富:$W_{i,t}$代表投资人当前持有的名义累积财富总额,p_t代表当前价格水平，$\rho_{i,t+1}$ 代表市场随机利率。

预期收益：预期收益包括预期存款收益、信用违约互换预期收益和预期股权收益。预期股权收益用$d_t\,S_{i,t}$ 表示，其中d_t 为每一股份的股票分红。预期存款收益用$r_D\,D^s_{i,t}$ 表示，r_D 表示存款利率。市场随机利率、存款利率均属于外生变量，存款利率为无风险利率。信用违约互换预期费用是名义本金总额扣除信用损失的剩余价值，预期收入是每一期 CDS 剩余名义总额的利息支付，预期费用和预期收入都需要考虑时间价值。其中 τ 表示违约时间，而τ_j 代表互换第τ_j 个付息日。其中$B^d_{i,t}$ 为信用违约互换的名义本金额，R 表示债务违约后的回收率，因此投资人的预算约束可以表示为：

$$\hat{W}_{i,t+1} = (1+\rho_{i,t+1})\{W_{i,t} - p_t\,C^d_{i,t} + d_t\,S_{i,t} + r_D\,D^s_{i,t} - B^d_{i,t}[E\,\mathrm{e}^{-r_D\tau}\,I_{\{\tau<T\}}(1 - R) - r_t E\sum_{j=1}^{T}\mathrm{e}^{-r_D\tau_j}(\tau_j - \tau_{j-1})\,I_{\{\tau<t_j\}}]\} \quad (6-17)$$

（二）投资人的效用函数

以风险规避的性质，投资人可使用较为常用的对数效用函数，目标函数可表示为：

$$U_{i,t} = a\ln C^d_{i,t} + c(\ln D^s_{i,t} - \ln B^d_{i,t})b\,E_{i,t}\ln\left(\frac{\hat{W}_{i,t+1}}{p_{t+1}}\right) \quad (6-18)$$

$a>0$ 为当前消费在总效用函数中的权重，$c>0$ 为当前投资在总效用函数中的权重，由于储蓄与 CDS 投资都属于投资，所以权重一致，$b>0$ 为期望下期财富在总效用函数中的权重。

（三）投资人的效用最大化

在预算约束（6－17）和效用函数（6－18）下，投资人的目标规划可表示为：

$$\max_{C^d_{i,t},B^d_{i,t},D^s_{i,t}} U_{i,t} = a\ln C^d_{i,t} + c(\ln D^s_{i,t} - \ln B_{i,t}) + bE_{i,t}\ln\left(\frac{\hat{W}_{i,t+1}}{p_{t+1}}\right) \quad (6-19)$$

$$\text{s.t. } W_{i,t+1} = (1+\rho_{i,t+1})\{W_{i,t} - p_t C^d_{i,t} + d_t S_{i,t} + r_D D^s_{i,t} - B_{i,t}[Ee^{-r_D\tau}I_{\{\tau<T\}}(1 - R) - rE\sum_{j=1}^{T}e^{-r_D\tau_j}(\tau_j - \tau_{j-1})1_{\{\tau>t_j\}}]\}$$

求解以上的规划得到CDS数量$B^d_{i,t}$、投资人存款数量$D^s_{i,t}$ 和消费需求$C^d_{i,t}$ 为（表6－3）：

表 6－3 投资人的 CDS 数量、存款数量、消费需求

$D^s_{i,t}$	$-\dfrac{c(W_{i,t}+d_t S_{i,t})}{r_D(a+b)}$
$B^d_{i,t}$	$\dfrac{c(W_{i,t}+d_t S_{i,t})}{\left[r_t E\sum_{j=1}^{T}\mathrm{e}^{-r_D\tau_j}(\tau_j-\tau_{j-1})I_{\{\tau<t_j\}}-E\,\mathrm{e}^{-r_D\tau}I_{\{\tau<T\}}(1-R)\right](a+b)}$
$C^d_{i,t}$	$\dfrac{a(W_{i,t}+d_t S_{i,t})}{p_t(a+b)}$

其中社会财富总额表示为个体累积财富$W_t=\sum_i W_{i,t}$，股票总市值表示为个体股权的加总$S_t=\sum_i S_{i,t}$，投资人存款总额表示为个人存款总额的加总$D^s_t=\sum_i D^s_{i,t}$，CDS 名义总额表示为个体信用违约互换名义总额的加总$B^d_t=\sum_i B^d_{i,t}$。

二、企业

（一）生产函数和利润函数

为了简化计算过程，本书的生产函数将不涉及劳动要素。本书借鉴 Raberto（2006）① 的道格拉斯生产函数的紧凑形式作为生产函数。假设企业生产只有资本投入。根据经济关系的分析，企业违约跟资本与债务无关，因此生产函数不需要考虑违约问题，可以得到企业的生产函数和利润函数：

$$Y=C=k\,Loan^{\beta} \tag{6-20}$$

$$\max_{C^s_t,Loan^d_t}\pi_t=p_t C^s_t-r_L\,Loan^d_t \tag{6-21}$$

这里p_t代表 t 时刻的产品价格，与投资人预算约束一致。r_L 代表无风险的贷款利率。企业当期的利润π_t 都分配到每个消费者手中，因此投资人的股权投资累积$d_{t+1}=\pi_t$，单个股东的股利收益率为$\dfrac{\pi_t S_{i,t+1}}{S_0}$。

（二）最优产量和最优融资总额

企业对产品市场提供消费商品总量C^s_t，同时对资本市场有融资需求总额

① Reberto M，Teylio A，Cincotti S. A General Equilibrium Model of a production Economy with Asset Market［J］. Physica A，2006（370）：75－80.

$Loan_t^d$。求解利润函数的一阶最优条件可以得到企业总产量C_t^s 和融资$Loan_t^d$：

$$Loan_t^d = (k\beta)^{\frac{1}{1-\beta}} \left(\frac{r_L}{p_t}\right)^{\frac{1}{\beta-1}} \tag{6-22}$$

$$C_t^s = k^{\frac{1}{1-\beta}} \beta^{\frac{\beta}{1-\beta}} \left(\frac{r_L}{p_t}\right)^{\frac{\beta}{\beta-1}} \tag{6-23}$$

三、金融中介

存款利率为r_D，贷款利率为r_L，两者都是外生变量，且$r_L > r_D$，存款支出$r_D D_t^d$，贷款收入$r_L B_t^s$，L_t 为信用损失率。CDS 价格为r_t，因此金融中介对于发行的 CDS 产品，其预期成本为投资人的预期费用，预期费用为投资人的预期成本。金融中介是为经济体提供融资的中性实体。根据金融中介基本假设，金融中介的利润可以表示为：

$$\pi_t = r_D D_t^d - r_L B_t^s + (1-R) B_t^s E[\mathrm{e}^{-r_D\tau} I_{\{\tau<T\}}] - r_t B_t^s E[\sum_{j=1}^{T} \mathrm{e}^{-r_D\tau_j}(\tau_j - \tau_{j-1}) I_{\{\tau<t_j\}}] \tag{6-24}$$

$$\text{s.t. } Loan_t^s = B_t^s + D_t^d$$

四、违约概率函数

该部分使用第四章 CDO 定价的违约概率函数。

五、市场均衡

金融中介、投资人、企业在市场中形成竞争均衡，市场出清时产品市场均衡必然有 $C_t^d = C_t^s$，资本市场均衡必然有 $B_t^s = B_t^d$，$D_t^s = D_t^d$，$L_t^d = L_t^s$，$L_t^d = B_t^d + D_t^s$。商品价格 P_t 用于刻画产品市场均衡的价格水平，r_t 代表 CDS 总需求和总供给均衡下的价格水平。则可以得到以下的一般均衡下的市场均衡值：

$$p_t^{Walrasion} = \frac{1}{k}\left(\frac{r_L}{\beta}\right)^{\beta} \left[\frac{a(W_t + d_t S_t)}{a+b}\right]^{1-\beta} \tag{6-25}$$

$$\begin{aligned} r_t^{Walrasion} &= \frac{1}{E\sum_{j=1}^{T} e^{-r_D\tau_j}(\tau_j - \tau_{j-1}) I_{\{\tau>t_j\}}} \left(Ee^{-r_D\tau} I_{\{\tau<T\}}(1-R) + \frac{r_D r_L c}{a\beta r_D + c r_L}\right) \\ &= r_t^{no-arbitrage} + \Delta \end{aligned} \tag{6-26}$$

其中$r_t^{no\text{-}arbitrage}$表示简化模型定价水平，$r_t^{Walrasion}$表示一般均衡定价水平。

当$\frac{r_D r_L c}{a\beta r_D + cr_L} > 0, \beta > \frac{-cr_L}{ar_D}$时，随机违约概率下CDS的一般均衡定价大于简化模型定价。

当$\frac{r_D r_L c}{a\beta r_D + cr_L} < 0, \beta < \frac{-cr_L}{ar_D}$时，随机违约概率下CDS的一般均衡定价小于简化模型定价。

六、模型结论

从市场均衡的解来看，随机违约概率下CDS的一般均衡对比简化模型定价法有几个特点：

（一）内在一致性

由第四章的论证可以发现，在较弱的条件下，无套利定价是一般均衡定价的必要条件。当市场达到一般均衡时，$r_t^{Walrasion} = r_t^{no\text{-}arbitrage} + \Delta$，说明一般均衡条件下的CDS定价已经蕴含了简化模型定价。其理论渊源为一般均衡与无套利定价思想的一致性，一般均衡是包括所有局部均衡的一般均衡，因此在其均衡定价里，有着和无套利均衡重复的一部分。

（二）包含产品市场和资本市场的信用风险

由于$r_t^{Walrasion} = r_t^{no\text{-}arbitrage} + \Delta$，因此一般均衡修正了无套利定价，可以分割为产品市场信用风险和资本市场信用风险，其特点主要体现在对产品市场风险的表达上。因此CDS的一般均衡定价很可能在风险描述上比无套利定价更丰富。

（三）消费的影响

消费的影响可以通过投资偏好系数影响一般均衡的CDS价格，由$\frac{r_D\, r_L c}{a\beta\, r_D + c\, r_L} = \frac{r_D\, r_L}{\frac{a\beta\, r_D}{c} + r_L}$可知，投资偏好系数的增大会提高CDS价格。其原因是投资偏好系数提高使得对CDS的投资效用增加，进而有利于提高投资人对CDS的需求，根据需求供给的价格定律，CDS的价格有提高的倾向。而传统定价忽略CDS的投资人效用函数表达，体现不出投资人在CDS投资需求方面的特征，使得投资偏好的影响无法体现在定价模型中。

（四）生产的影响

参考实体生产的影响得以在模型中体现，为修正项的一部分$\frac{r_D\, r_L c}{a\beta\, r_D + c\, r_L}$。产品市场风险可以通过资本产出弹性影响一般均衡的 CDS 价格，在其他因素不变的条件下，资本产出弹性的提高会使得 CDS 价格降低。这是因为资本产出弹性的提高相当于企业生产效率的提高，在同样的市场环境下，提高企业自身的生产效率相当于降低企业的产品市场风险，因此企业的还贷能力有所提高，偿债风险降低，基于债务的 CDS 价格也会降低。相对的，CDS 的无套利定价通过违约强度来表达资本市场风险，而对于公司所面临的产品市场风险不予考虑，因此无法捕捉产品市场风险。因此一般均衡视角下的 CDS 定价在体现参考实体的风险上相对无套利定价模型有更大的优势。

综上所述，一般均衡定价在理论上与传统的无套利定价相比具有内在一致性，但由于一般均衡定价中考虑了产品市场因素，因此其定价对无套利定价进行了修正，是对无套利定价的调整。另一方面，一般均衡定价综合考虑资本市场和产品市场，将两个市场之间的风险传递均囊括进定价框架中，具有更深入、更丰富的风险刻画能力。

七、随机违约概率下 CDS 定价公式的推导方法

（一）投资人目标

$$\max_{C_{i,t}^d, B_{i,t}^d, D_{i,t}^s} U_{i,t} = a\ln C_{i,t}^d + c(\ln D_{i,t}^s - \ln B_{i,t}) + bE_{i,t}\ln(\frac{\hat{W}_{i,t+1}}{p_{t+1}}) \qquad (6-27)$$

$$s.t.\ \hat{W}_{i,t+1} = (1+\rho_{i,t+1})\{W_{i,t} - p_t C_{i,t}^d + d_t S_{i,t} + r_D D_{i,t}^s - B_{i,t}^d[E\,\mathrm{e}^{-r_D\tau} I_{\{\tau<T\}}$$

$$(1-R) - r_t E\sum_{j=1}^{T}\mathrm{e}^{-r_D\tau_j}(\tau_j - \tau_{j-1}) I_{\{\tau<t_j\}}]\}$$

$$\begin{cases} \dfrac{\partial U_{i,t}}{\partial C_{i,t}^d} = \dfrac{a}{C_{i,t}^d} - \dfrac{b\,p_t}{A} = 0 \rightarrow \dfrac{a}{C_{i,t}^d} = \dfrac{b\,p_t}{A} \\ \dfrac{\partial U_{i,t}}{\partial B_{i,t}^d} = -\dfrac{bF}{A} - \dfrac{c}{B_{i,t}^d} = 0 \rightarrow -\dfrac{bF}{A} = \dfrac{c}{B_{i,t}^d} \\ \dfrac{\partial U_{i,t}}{\partial D_{i,t}^s} = \dfrac{c}{D_{i,t}^s} + \dfrac{b\,r_D}{A} = 0 \rightarrow \dfrac{c}{D_{i,t}^s} = -\dfrac{b\,r_D}{A} \end{cases}$$

$$\begin{cases} A = W_{i,t} - p_t C_{i,t}^d + d_t S_{i,t} + r_D D_{i,t}^s - B_{i,t}^d [E e^{-r_D \tau} I_{\{\tau < T\}} (1 - R) - \\ \quad r_t E \sum_{j=1}^{T} e^{-r_D \tau_j} (\tau_j - \tau_{j-1}) I_{\{\tau < t_j\}}] \\ F = E e^{-r_D \tau} I_{\{\tau < T\}} (1 - R) - r_t E \sum_{j=1}^{T} e^{-r_D \tau_j} (\tau_j - \tau_{j-1}) I_{\{\tau < t_j\}} \end{cases} \tag{6-28}$$

$$\begin{cases} \dfrac{a B_{i,t}^d}{c C_{i,t}^d} = -\dfrac{p_t}{F} \rightarrow B_{i,t}^d = -\dfrac{c p_t C_{i,t}^d}{aF} \\ \dfrac{a D_{i,t}^s}{c C_{i,t}^d} = -\dfrac{p_t}{r_D} \rightarrow D_{i,t}^s = -\dfrac{c p_t C_{i,t}^d}{a r_D} \end{cases}$$

$$A = \frac{b p_t C_{i,t}^d}{a}$$

$$W_{i,t} - p_t C_{i,t}^d + d_t S_{i,t} - r_D \frac{c p_t C_{i,t}^d}{a r_D} + F \frac{c p_t C_{i,t}^d}{aF} = \frac{b p_t C_{i,t}^d}{a}$$

$$C_{i,t}^d = \frac{a(W_{i,t} + d_t S_{i,t})}{p_t(a + b)} \tag{6-29}$$

$$\rightarrow D_{i,t}^s = -\frac{c(W_{i,t} + d_t S_{i,t})}{r_D(a + b)}$$

$$\rightarrow B_{i,t}^d = -\frac{c(W_{i,t} + d_t S_{i,t})}{F(a + b)} \tag{6-30}$$

（二）企业目标

$$Y = C = k\, Loan^{\beta} \tag{6-31}$$

$$\max_{C_t^s, Loan_t^d} \pi_t = p_t C_t^s - r_L Loan_t^d \tag{6-32}$$

由最优化的一阶条件得：

$$\frac{\partial \pi_t}{\partial Loan_t^d} = \beta k p_t (Loan^d)^{\beta - 1} - r_L = 0$$

$$\rightarrow Loan_t^d = (k\beta)^{\frac{1}{1-\beta}} \left(\frac{r_L}{p_t}\right)^{\frac{1}{1-\beta}} \tag{6-33}$$

$$\rightarrow C_{i,t}^s = k^{\frac{1}{1-\beta}} \beta^{\frac{\beta}{1-\beta}} \left(\frac{r_L}{p_t}\right)^{\frac{\beta}{1-\beta}} \tag{6-34}$$

（三）市场均衡

由于$C_t^s = C_t^d$，并且有式（6－34）、（6－30），可以得到：

$$\rightarrow k^{\frac{1}{1-\beta}}\beta^{\frac{1}{1-\beta}}\left(\frac{r_L}{p_t}\right)^{\frac{\beta}{1-\beta}}=\frac{a(W_t+d_tS_t)}{p_t(a+b)} \tag{6-35}$$

由于$B_t^d=B_t^s$，且$Loan_t^d=B_t^d+D_t^s$，且有式(6－36)、(6－39)，可以得到：

$$\rightarrow (k\beta)^{\frac{1}{1-\beta}}\left(\frac{r_L}{p_t}\right)^{\frac{1}{1-\beta}}=$$

$$-\frac{c(W_t+d_tS_t)\left[E\,\mathrm{e}^{-r_D\tau}I_{\{\tau<T\}}(1-R)-r_tE\sum_{j=1}^{T}\mathrm{e}^{-r_D\tau_j}(\tau_j-\tau_{j-1})I_{\{\tau<t_j\}}+r_D\right]}{(a+b)\left[E\,\mathrm{e}^{-r_D\tau}I_{\{\tau<T\}}(1-R)-r_tE\sum_{j=1}^{T}\mathrm{e}^{-r_D\tau_j}(\tau_j-\tau_{j-1})I_{\{\tau<t_j\}}\right]r_D} \tag{6-36}$$

由于$\frac{\text{式}(6-35)}{\text{式}(6-36)}$

$$\rightarrow r_t^{Walrasion}=\frac{1}{E\sum_{j=1}^{T}\mathrm{e}^{-r_D\tau_j}(\tau_j-\tau_{j-1})I_{\{\tau<t_j\}}}\left(E\,\mathrm{e}^{-r_D\tau}I_{\{\tau<T\}}(1-R)+\frac{r_Dr_Lc}{a\beta r_D+cr_L}\right)$$

$$\rightarrow p_t^{Walrasion}=\frac{1}{k}\left(\frac{r_L}{\beta}\right)^{\beta}\left[\frac{a(W_t+d_tS_t)}{a+b}\right]^{1-\beta}$$

第四节　金融机构视角下 CDS 定价的违约传染模型

违约通常在企业交易的过程中发生。在实体经济中，供应链作为企业赖以生存的环境，对企业的作用至关重要。从金融机构的视角来看，银行拥有大量的企业存款与贷款，而这些企业之间通常存在直接或间接的联系。因此供应链中企业的关系是金融机构探索债务之间违约传染的一个重要视角。根据公认的定义，供应链是指商品到达消费者手中之前各类利益相关者的各种业务关系，是一个围绕核心企业的系统性的功能网链结构。其中核心企业的凝聚力、影响力、管理水平决定了这个网链结构的规模和对地区经济的影响力。而其他的非核心企业虽然无法与核心企业相提并论，但仍然有自己的层次结构。对于供应链上的中小企业的债务，参考实体是一个非核心企业，参考资产是该企业的债务。然而中小企业的债务违约风险来源于供应链，包括核心企业和本身。

来源于核心企业的违约风险称为信用风险的传染,可以称为行业风险,而自身的违约风险称为个体违约风险。基于这样经济背景的 CDS 可以称为金融机构视角下存在违约传染的信用违约互换。简化模型的思想认为信用违约互换定价的核心在于违约强度的假设。基于这样的思路,该模型可以有以下几个基本假设:

一、违约时间假设

Lando(1998)的简化模型认为参考实体 i 公司的随机违约时刻可以表示为某种指数分布$\tau^i, i \in \{B,C\}$, $\tau^i = \inf\left\{t:\int_0^t \lambda_s^i \mathrm{d}s \geqslant E^i\right\}$。其中$\lambda^i(i \in \{B, C\})$,代表违约时刻$\tau^i$公司$i$的大于0的违约强度;其中$E^i(i \in \{B,C\})$为单位指数分布的随机变量,呈独立同分布。而点过程$N_t^i = I_{\{t > \tau^i\}}$ 表示 i 公司的违约过程,当值为0时表示不违约,当值为1表示发生违约,并且$N_t^i - \int_0^t \lambda_s^i I_{\{s<\tau\}} \mathrm{d}s$为一可测的鞅。

二、概率空间与生存概率假设

我们用一个概率空间来描述一个经济环境:在代表经济环境的概率空间(Ω, F_t, P), $t \geqslant 0$。F_t 代表Ω空间上的σ - 代数,用来描述投资者在t时刻可获得的全部信息集合;T代表信用违约互换的合约到期日。违约可能是行业风险引起的,也可能是企业个体的风险导致的,因此空间代数F_t 可以表示为

$$F_t = G_t^X \vee H_t^1 \vee \cdots \vee H_t^I \tag{6-37}$$

其中$G_t^X = \sigma(X_s, 0 \leqslant s \leqslant t)$,$H_t^i = \sigma(N_s^i, 0 \leqslant s \leqslant t)$,分别表示宏观经济变量的行业因素$X$和$i$公司的违约过程$N$产生的信息集合。基于以上条件和随机分析理论,公司 i 的条件生存概率可以表示为:

$$P[\tau^i > T \mid F_t] = E[\exp(-\int_t^T \lambda_s^i \mathrm{d}s) \mid F_t] \tag{6-38}$$

在这一组经济关系中,存在一个核心企业 A,占据供应链中的核心地位,存在着一个非核心企业 B,占据供应链中的次要地位,同时也存在一个非核心企业定义为C,拥有小企业B的债务。对于企业C,其债务的违约风险主要有两个来源:一是来源于参考实体企业 B 自身,称为个体风险,可以用企业的违约

强度衡量;二是来源于核心企业的不利变动,称为行业风险带来的违约传染效应,可以用核心企业违约时非核心企业违约强度的跳跃衡量。

由于企业 A 在供应链中处于核心地位,而 B 企业的违约概率由其自身的违约强度以及企业 A 违约所导致的违约强度决定。假设企业 A 为核心企业,B 为非核心企业,则有:

$$\begin{cases}\lambda_t^A = a_0 \\ \lambda_t^B = b_0 + b_1 I_{\{t \geq \tau^A\}}\end{cases} \tag{6-39}$$

公式(6 - 39) 表示的是核心企业以及非核心企业的违约强度,刻画了核心企业对非核心企业或有违约传染的影响。其中参数a_0、b_0、b_1 都是常量,表示当 A 公司发生了违约,B 公司的违约强度λ_t^B 会发生跳跃而增加一个量b_1。从经济意义的角度,a_0、b_0 表示的是 A 公司和 B 公司初始的信用等级,b_1 代表的是 A 公司违约后,B 公司的信用等级转换。而若 B 公司发生了违约, A 公司的信用等级则不受影响,说明了 A 公司在供应链中的核心地位,违约时 A 公司会对 B 公司产生影响。

保护买方 C 可以拥有或者不拥有参考实体 B 公司的债务,也就是信用违约互换的参考资产。考虑到 B 公司在政策风险的威胁下,很有可能发生债务违约,为了降低违约风险,C 与 A 进行了信用违约互换。C 公司按照信用违约互换的要求定期支付互换费用给信用保护的卖方 A,直到 B 违约或者到期日来临。如果参考实体企业 B 在合约到期日前发生了违约,也就是无法及时还本付息,则企业 C 会在清算期结束时收到企业 A 的违约损失补偿。如果企业 A 在合约到期日前发生了违约,则合约中止,互换买方企业 C 可以重新开始另一个信用违约互换以继续保护还未到期的参考资产。

三、相关参数假设

(1) 信用违约互换的名义本金总额为 1,参考资产具有相同的优先级,回收率$\hat{R}$ 为常数。买方不会发生违约。

(2)δ 代表清算期,即企业 C 违约到信用违约互换清算结束的一段时间。

(3)S 代表信用违约互换价格,以点为单位。

(4)T 表示互换到期日。

(5)r 表示无风险利率。

(6) $T_i(i=1,2,\cdots,n)$ 表示互换费用的支付时间,与利息的支付时间是一致的。此外,$T_0=0,T_n=T,T_i-T_{i-1}=\Delta T,i=1,2,\cdots,n$,表示互换支付周期是固定的,与利息支付的周期一致。

四、市场均衡

(一) 发生违约时 CDS 现金流出现值

$SA_1(\tau^B)$ 代表从上一个互换费用支付时刻到参考资产违约时刻τ^B 为止,累积互换费用的现值。并且这笔现金流出的实现发生在清算期结束,现金流出等于互换卖方 A 的损失补偿中扣除的那部分成本,所以有如下公式:

$$A_1(\tau^B)=\sum_{i=1}^{n}\left[\exp(-r(\tau^B+\delta))\frac{\tau^B-T_{i-1}}{\Delta T}I_{\{T_{i-1}<\tau^B<T_{i-1}\}}I_{\{\tau^A<\tau^B+\delta\}}\right] \tag{6-40}$$

(二) 发生违约时 CDS 现金流入现值

$A_2(\tau^B)$ 表示参考实体即互换买方 B 在到期日前发生违约而互换卖方 A 在清算期结束无违约时得到的损失补偿现值,利息支付日应当支付的利息率为常数 L,是本金的百分数,这样就有:

$$\begin{aligned}A_2(\tau^B)&=\sum_{i=1}^{n}\left[\exp(-r(\tau^B+\delta))(1-\hat{R}-\hat{R}L\frac{\tau^B-T_{i-1}}{\Delta T})I_{\{T_{i-1}<\tau^B<T_{i-1}\}}I_{\{\tau^A>\tau^B+\delta\}}\right]\\&=(1-\hat{R})\sum_{i=1}^{n}\left[\exp(-r(\tau^B+\delta))I_{\{T_{i-1}<\tau^B<T_{i-1}\}}I_{\{\tau^A>\tau^B+\delta\}}\right]-\hat{R}LA_1(\tau^B)\end{aligned} \tag{6-41}$$

(三) 无套利均衡

达到无套利均衡时,互换卖方和互换买方进行信用违约互换是无成本的,即无论是发生违约或未发生违约,净现金流量的现值应该是平衡的,则互换费用 S 必然要满足条件:

$$\sum_{i=1}^{n}E\left[\exp(-rT_i)SI_{\{\tau^B\wedge\tau^A>T_i\}}\right]+SE[A_1(\tau^B)]=E[A_2(\tau^B)] \tag{6-42}$$

风险中性测度 P 下,E 表示数学期望,E^A 则为测度P^A 的数学期望。根据测度变换理论:

$$E[\exp(-rT_i)I_{\{\tau^B\wedge\tau^A>T_i\}}]=\exp(-rT_i)E[I_{\{\tau^B\wedge\tau^A>T_i\}}]=$$

$$\exp(-rT_i)E^A\left[I_{\{\tau^B>T_i\}}\exp(-\int_0^{T_i}a_0\mathrm{d}s)\right]=\exp(-(r+a_0)T_i)E^A[I_{\{\tau^B>T_i\}}]=$$

$$\exp(-(r+a_0)T_i)\int_{T}^{\infty} b_0\exp(-b_0 s)\mathrm{d}s = \exp(-(r+a_0+b_0)T_i) \tag{6-43}$$

由于在测度P^A 下，$\forall t \leqslant T$，将有$\lambda_t^B = b_0$，则可以有：

$$\sum_{i=1}^{n} E[\exp(-rT_i)I_{\{\tau^B \wedge \tau^A > T_i\}}] = \sum_{i=1}^{n}\exp[-(r+a_0+b_0)T_i]$$
$$= \frac{\exp(-\alpha\Delta T)[1-\exp(\alpha n\Delta T)]}{1-\exp(\alpha\Delta T)} \tag{6-44}$$

其中 $\alpha = r + a_0 + b_0$，$\Delta T = T_i - T_{i-1}$。

又因为 $1 \leqslant i \leqslant n-1$，由式(6 - 45) 将推导出$\tau^A$ 和τ^B 的违约时间的联合概率密度：

$$f(t_1,t_2) = \begin{cases} a_0(b_0-b_1)\exp[(b_1-a_0)t_1-(b_0-b_1)t_2], t_1 \leqslant t_2 \\ a_0 b_0\exp(-b_0 t_2 - a_0 t_1), t_1 > t_2 \end{cases} \tag{6-45}$$

$$EA_1(\tau^B) = E\sum_{i=1}^{n}\left[\exp(-r(\tau^B+\delta))\frac{\tau^B - T_{i-1}}{\Delta T}I_{\{T_{i-1}<\tau^B<T_i\}}I_{\{\tau^A<\tau^B+\delta\}}\right]$$

$$= \exp(-r\delta)\sum_{i=1}^{n}E\exp(-r\tau^B)\frac{\tau^B - T_{i-1}}{\Delta T}I_{\{T_{i-1}<\tau^B<T_i\}}I_{\{\tau^A<\tau^B+\delta\}}$$

$$= \exp(-r\delta)\sum_{i=1}^{n}\int_{T_{i-1}}^{T_i}dt_2\int_{t_2+\delta}^{\infty}\frac{t_2-T_{i-1}}{\Delta T}a_0 b_0\exp[-(b_0+r)t_2 - a_0 t_1]dt_1$$

$$= -\frac{b_0\exp[-(a_0+r)\delta]}{\Delta T\alpha}\frac{1-\exp(-\alpha n\Delta T)}{1-\exp(-\alpha\Delta T)}\left[(\Delta T+\frac{1}{\alpha})\exp(-\alpha\Delta T) - \frac{1}{\alpha}\right] \tag{6-46}$$

由式(6 - 41) 可得：

$$EA_2(\tau^B) = I_1 - \hat{R}LEA_1(\tau^B)$$

$$I_1 = (1-\hat{R})E\sum_{i=1}^{n}[\exp(-r(\tau^B+\delta))I_{\{T_{i-1}<\tau^B<T_i\}}I_{\{\tau^A>\tau^B+\delta\}}]$$

$$= (1-\hat{R})\exp(-r\delta)\sum_{i=1}^{n}\int_{T_{i-1}}^{T_i}\mathrm{d}t_2\int_{t_2+\delta}^{\infty}a_0 b_0\exp(-rt_2 - b_0 t_2 - a_0 t_1)\mathrm{d}t_1$$

$$= \frac{b_0(1-\hat{R})}{\alpha}\exp[-r(r+a_0)\delta][1-\exp(-\alpha n\Delta T)] \tag{6-47}$$

由式(6－42)、(6－44)、(6－46)、(6－47)可得到CDS的无套利均衡解：

$$S\frac{\exp(-\alpha\Delta T)[1-\exp(-\alpha n\Delta T)]}{1-\exp(-\alpha\Delta T)}+SE\,A_1(\tau^B)=$$

$$\frac{b_0(1-\hat{R})}{\alpha}\exp[-r(r+a_0)\delta][1-\exp(-\alpha n\Delta T)]-\hat{R}LE\,A_1(\tau^B)$$

$$S=\frac{\Delta T\alpha\, b_0(1-\hat{R})[1-\exp(-\alpha\Delta T)]-\hat{R}L[1-(\Delta T\alpha+1)\exp(-\alpha\Delta T)]}{\Delta T\exp[(r+a_0)\delta-\alpha\Delta T]+1-(\Delta T\alpha+1)\exp(-\alpha\Delta T)}$$

(6－48)

五、模型结论

金融机构视角下存在违约传染的信用违约互换定价有以下几个特点：

(一) 信用风险与支付频率有关，但与合约期限无关

在供应链传染的假设下，信用违约互换的有效期可以有较大的弹性。然而改变互换期间的互换支付次数或周期，会改变信用风险，并且影响的方向和大小难以确定。而在简化模型的CDS定价中，互换的定价与合约期限的关系较为密切。

(二) 金融机构视角下存在违约的CDS基础定价不受违约跳跃的影响

可以发现金融机构视角下存在违约的CDS基础定价里面没有b_1。其中主要原因是简化模型不考虑互换的替换成本，即假设企业A发生违约了，互换买方C将立即与其他企业进行下一个违约互换来保护参考资产。而在大部分的文献里，只要参考资产的违约强度模型存在跳跃，最后的定价结果通常都存在跳跃的因素。

(三) 参考实体的信用风险受核心企业的违约强度的影响

金融机构视角下存在违约的CDS基础定价中存在核心企业的违约强度，而且地位比较重要。

第五节　金融机构视角下CDO的定价模型

一、隐含的经济关系

该部分模型的CDO类型是指现金流型CDO即CLO,以下都记为CDO。CDO的主要交易流程是:(1) 发起人获得债权;(2) 发起人将资产组合出售给具有特殊目的的载体SPV;(3)SPV同银行通过CDO托管人将资产组合重组后进行风险分割成为收益凭证;(4) 将收益凭证产品出售给投资者。在这个流程里,SPV和CDO托管人是核心,银行担任信用核心和账户管理角色,因此SPV、托管人、银行可以抽象为金融中介的角色。可以用图6－2来表示CDO参与方的关系:

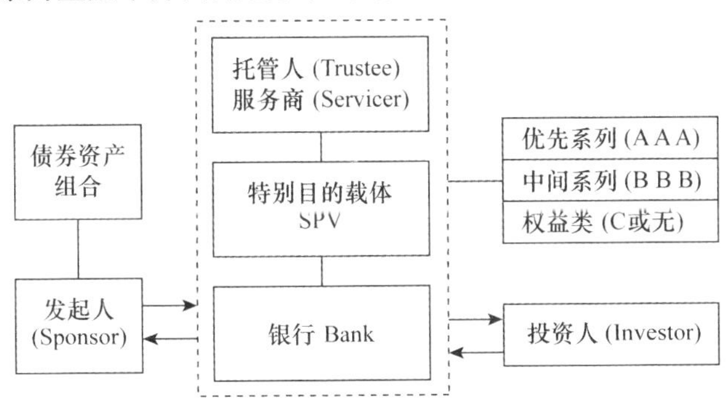

图6－2　CDO中参与方之间的关系

因为股份企业是可分割的并且被投资人所持有,所以企业的拥有者其实是社会上的投资人。投资人购买企业的产品,是消费者。因此,CDO合约关系仍然可以概括为两个市场、三种角色、四种产品。

两个市场——产品市场和资本市场。产品市场中企业向投资人提供产品。投资人数量多且同质化,因此是产品的价格接受者。产品市场通过产品的供需关系形成均衡。金融中介向投资人吸收存款,向企业提供贷款,同时发行CDO。投资人购买CDO,投资人数量多且同质化,因此是价格接受者。存贷款和CDO的买卖形成资本市场的供需平衡。

三种角色——产品市场中的投资人是资本市场CDO中的投资人,是企业的股东,同时也是存款的提供方。投资人同质化、数量多、风险规避,以效用最大化为目标。金融中介为企业提供贷款、向投资人吸收存款、发行银行贷款组合 CDO,其目标是提供资金服务,促进资金的流通,保障经济稳定。企业向投资人提供产品,并向金融中介融资,是举债主体,也是 CDO 参考实体。企业的投入要素只有资本,企业的目标是利润最大化。

四种产品——企业提供的产品、银行提供的贷款、投资人提供的存款、金融中介发行的 CDO。

二、投资人

(一) 预算约束

根据经济关系分析,投资收益包括预期费用和预期收入,见表 6-4:

表 6-4 投资人的预期收入和预期费用

预期费用	$B^d_{i,t}\sum_{j=1}^{N}(L_{\tau_j}-L_{\tau_{j-1}})\exp(-r_D\,\tau_j)$
预期收入	$r_t\,B^d_{i,t}\sum_{\tau=1}^{T}(1-L_{\tau})\exp(-r_D\tau)$

i 表示第 i 个投资人,t 表示第 t 期。

投资人的下期的财富包括累积财富 $W_{i,t}$,以及预期收入减去预期支出。预期支出包括当前消费 $p_t\ C^d_{i,t}$,以及股票收入 $d_t\ S_{i,t}$;预期成本包括存款利息收入 $r_D\ D^s_{i,t}$,加上 CDO 预期投资收益。

累积财富:$W_{i,t}$ 代表投资人当前持有的名义累积财富总额,p_t 代表当前价格水平,$\rho_{i,t+1}$ 代表市场随机利率。

预期收益:预期收益包括预期存款收益、信用违约互换预期收益和预期股权收益。预期股权收益用 $d_t\ S_{i,t}$ 表示,其中 d_t 为股票分红。预期存款收益用 $r_D\ D^s_{i,t}$ 表示,r_D 表示存款利率。市场随机利率、存款利率均属于外生变量,存款利率为无风险利率。CDO 预期费用是名义本金总额扣除信用损失的剩余价值,预期收入是每一期 CDO 剩余名义总额的利息支付,预期费用和预期收入都需要考虑时间价值。其中 τ 表示违约时间,而 τ_j 代表互换第 τ_j 个付息日。$B^d_{i,t}$ 为 CDO 名义本金额。τ_j 表示违约时间,j 表示第 j 个付息日,L_{τ_j} 表示当前分券在 τ_j 时刻前产生的总损失,L_T 为期末总损失,T 为 CDO 到期日。CDO 信用会发生损失,当前 CDO 的预期成本为总金额扣掉平均信用损失贴现后的剩余价值净现值,CDO 的预期收入为 CDO 剩余名义总额的票息支付净现值。则投资人的预算约束可以表示为：

$$W_{i,t+1} = (1+\rho_{i,t+1})\{W_{i,t} - p_t C_{i,t}^d + d_t S_{i,t} + r_D D_{i,t}^s - B_{i,t}^d \sum_{j=1}^{N}(L_{\tau_j} - L_{\tau_{j-1}})\exp(-r_D \tau_j) + r_t B_{i,t}^d \sum_{\tau=1}^{T}(1-L_\tau)\exp(-r_D\tau)\} \quad (6-49)$$

（二）效用函数

投资人的目标是两期的效用最大化，具体包括消费效用、投资效用、财富效用，即储蓄产生的收益效用，与承担信用担保的负效用，与下期预期财富效用净现值。因此效用函数可以表示为：

$$U_{i,t} = a\ln C_{i,t}^d + c(\ln D_{i,t}^s - \ln B_{i,t}^d) + b\,E_{i,t}\ln(\frac{\hat{W}_{i,t+1}}{p_{t+1}}) \quad (6-50)$$

a 表示当前消费在总效用函数中的权重，c 表示当前投资在总效用函数中的权重，由于储蓄与 CDO 投资都属于投资，所以它们在效用函数的权重一致，b 表示期望下期财富在总效用函数中的权重。投资人当前效用由当前消费、当期投资和累积期望财富决定。在预算约束下的投资人目标规划为：

$$\max_{C_{i,t}^d, B_{i,t}^d, D_{i,t}^s} U_{i,t} = a\ln C_{i,t}^d + c(\ln D_{i,t}^s - \ln B_{i,t}^d) + b\,E_{i,t}\ln(\frac{\hat{W}_{i,t+1}}{p_{t+1}})$$

$$\text{s.t. } W_{i,t+1} = (1+\rho_{i,t+1})\{W_{i,t} - p_t C_{i,t}^d + d_t S_{i,t} + r_D D_{i,t}^s - B_{i,t}^d \sum_{j=1}^{N}(L_{\tau_j} - L_{\tau_{j-1}})\exp(-r_D \tau_j) + r_t B_{i,t}^d \sum_{\tau=1}^{T}(1-L_\tau)\exp(-r_D\tau)\} \quad (6-57)$$

求解以上的规划得到 CDO 名义本金总额$B_{i,t}^d$、存款需求总额$D_{i,t}^s$ 和消费需求量$C_{i,t}^d$ 见表 6－5：

表 6－5　投资人的 CDO 需求、存款数量、消费需求

$D_{i,t}^s$	$-\frac{c(W_{i,t}+d_t S_{i,t})}{r_D(a+b)}$
$B_{i,t}^d$	$\frac{c(W_{i,t}+d_t S_{i,t})}{(a+b)[r_t\sum_{\tau=1}^{T}(1-L_\tau)\exp(-r_D\tau) - \sum_{j=1}^{N}(L_{\tau_j}-L_{\tau_{j-1}})\exp(-r_D\tau_j)]}$
$C_{i,t}^d$	$\frac{a(W_{i,t}+d_t S_{i,t})}{p_t(a+b)}$

其中社会财富总额表示为个体累积财富$W_t = \sum_i W_{i,t}$，社会股票总值为

$S_t = \sum_i S_{i,t}$，存款总值为$D_t^s = \sum_i D_{i,t}^s$。CDO 名义本金总额表示为个体 CDO 名义本金总额的加总$B_t^d = \sum_i B_{i,t}^d$。

三、企业

（一）生产函数和利润函数

为了简化计算过程，我们的生产函数将不涉及劳动要素。因此使用本章第三节的道格拉斯生产函数的紧凑形式作为生产函数。假设企业生产只有资本投入，根据经济关系的分析，企业违约跟资本与债务无关，因此生产函数不需要考虑违约问题，可以得到企业的生产函数和利润函数：

$$Y = C = k\,Loan^{\beta} \tag{6-51}$$

$$\max_{C_t^s, Loan_t^d} \pi_t = p_t C_t^s - r_L Loan_t^d \tag{6-52}$$

这里p_t 代表 t 时刻的产品价格，与投资人预算约束一致。r_L 代表无风险的贷款利率。企业当期的利润π_t 都分配到每个消费者手中。因此投资人的股权投资收益$d_{t+1} = \pi_t$，股东的股利收益率为$\frac{\pi_t S_{i,t+1}}{S_0}$。

（二）最优产量和最优融资总额

企业对产品市场提供消费商品总量C_t^s，同时对资本市场有融资需求总额$Loan_t^d$。求解利润函数的一阶最优条件可以得到企业总产量C_t^s 和融资$Loan_t^d$：

$$Loan_t^d = (k\beta)^{\frac{1}{1-\beta}} \left(\frac{r_L}{p_t}\right)^{\frac{1}{\beta-1}} \tag{6-53}$$

$$C_t^s = k^{\frac{1}{1-\beta}} \beta^{\frac{\beta}{1-\beta}} \left(\frac{r_L}{p_t}\right)^{\frac{\beta}{\beta-1}} \tag{6-54}$$

四、金融中介

存款利率为r_D，贷款利率为r_L，且$r_L > r_D$，两者均为外生变量。存款支出$r_D D_t^d$，贷款收入$r_L(Loan_t^s - L_t)$，L_t 为信用损失。CDO 价格为r_t，因此金融中介对于发行的 CDO 产品，每一期有成本$r_t(B_t^s - L_t)$，违约的时候有 CDO 收益$(1-R)(L_t - L_{t-1})$，同时也有债权剩余价值 $R(L_t - L_{t-1})$，R 为外生变量，表示违约回收率。金融中介起到平衡资本市场的作用，所以其发行的 CDO 产品和吸收的存款要与贷款平衡。所以金融中介的利润可以表示为：

$$\pi_t = r_L(Loan_t^s - L_t) - r_D D_t^d - E r_t(B_t^s - L_t) + ER(L_t - L_{t-1})$$
$$\text{s. t. } Loan_t^s = B_t^s + D_t^d \tag{6-55}$$

五、违约概率函数

关于违约概率函数的构建可以选择使用随机违约概率下 CDS 的一般均衡定价方法的建模方式，这里就不再重复。

六、违约损失额

假设 CDO 基础资产池内有 N 笔债务资产，第 ε 个债务的债务资产名义价值为A_ε，一旦债务 ε 违约，该债务回收率为 R，到期时刻为 T。因此，基础资产池的总价值为：$V_0 = \sum_\varepsilon A_\varepsilon$。第 ε 个债务发生违约时，损失额为：$L_{(\varepsilon)} = (1-R)A_\varepsilon$。假设第 ε 笔债务的违约时间为τ_ε，$N_\varepsilon(t) = I_{\{\tau_\varepsilon < t\}}$为违约时间的计数过程，$I_{\{\tau_\varepsilon < t\}}$为示性函数，其值为 1 或 0，$t$ 时间内发生违约则为 1，t 时间内不发生违约则为 0。则整个资产池在 t 时间内累计发生损失的数额为：

$$L_t = \sum_{\varepsilon=1}^{N} N_\varepsilon(t) L_{(\varepsilon)} \tag{6-56}$$

假设某 CDO 结构有分层结构$[x\%, y\%]$，其中$0 \leqslant x \leqslant y \leqslant 100$，分别表示该层债券数额占总债券数额份额的上下限，当组合损失在$X = x\% V_T < L(t) \leqslant y\% V_T = Y$之间时，该层债券会遭受一定的损失。则该层债券的预期损失数额为：

$$M_{X,Y}(t) = (L_t - X) I_{\{L_t \in [X,Y]\}} + (Y - X) I_{\{L_t \in [Y,V_T]\}} \tag{6-57}$$

因此蒙特卡洛模拟出来的违约损失和累计损失为：

$$DL = \sum_{j=1}^{N} (L_{\tau_j} - L_{\tau_{j-1}}) \exp(-r_D \tau_j) \tag{6-58}$$

$$L_t = (1-R) \sum_{j=1}^{N} I_{\{\tau_j < t\}} \tag{6-59}$$

七、市场均衡

金融中介、投资人、企业在市场中形成竞争均衡，市场出清时必定会满足几个条件：$C_t^d = C_t^s$代表产品市场均衡，$B_t^s = B_t^d$、$D_t^s = D_t^d$、$L_t^s = L_t^d$、$L_t^d = B_t^d + D_t^s$代表资本市场均衡。商品价格p_t是产品市场总需求和总供给均衡下的价格水平，r_t代表 CDO 总需求和总供给均衡下的价格水平。由此得到的市场均衡解见

表6－6：

表6－6 CDO市场均衡解

$p_t^{Walrasion}$	$\frac{1}{k}\left(\frac{r_L}{\beta}\right)^{\beta}\left[\frac{a(W_t+d_t S_t)}{a+b}\right]^{1-\beta}$
$r_t^{Walrasion}$	$\frac{1}{\sum_{\tau=1}^{T}(1-L_T)\exp(-r_D\tau)}\left[\sum_{j=1}^{N}(L_{\tau_j}-L_{\tau_{j-1}})\exp(-r_D\tau_j)+\frac{r_D r_L c}{a\beta r_D+c r_L}\right]$

可以看出，金融机构视角下CDO的价格通过投资偏好系数、资本产出弹性与产品市场联系，通过利率、违约强度、回收率与资本市场联系。因此理论上金融机构视角下的CDO价格能够反映两个市场的风险。同时可以发现，此时的定价相当于简化模型的CDS定价加上一个修正项。

$$r_t^{Walrasion}=\frac{1}{\sum_{\tau=1}^{T}(1-L_T)\exp(-r_D\tau)}\left(\sum_{j=1}^{N}(L_{\tau_j}-L_{\tau_{j-1}})\exp(-r_D\tau_j)+\frac{r_D r_L c}{a\beta r_D+c r_L}\right)=\left(\frac{r_D r_L c}{a\beta r_D+c r_L}+EDL\right)\frac{1}{EPL}=\Delta r+r_t^{no\text{-}arbitrage} \quad (6-60)$$

八、模型结论

投资者、企业、金融中介在资本市场、产品市场同时均衡的条件下得到一般均衡的CDO定价。与无套利定价结果相比，一般均衡视角下的CDO定价特点有：

（一）优化的风险刻画能力

从修正项$\Delta r=\frac{r_D r_L c}{(a\beta r_D+c r_L)EPL}$可以发现，两个市场的因素都能在CDO定价中体现，这是一般均衡方法的最大特色和优点。产品市场风险可以通过资本产出弹性来体现，消费的影响可以通过投资偏好系数来体现，资本市场的信贷风险可以通过利差体现，而无套利方法无法刻画这些风险。资本市场风险可以通过利率来体现，违约风险和回收风险也均有相应的违约率和回收率来体现，这是一般均衡方法和无套利方法均能够刻画的风险。

（二）中性的金融中介

金融中介的效用函数$\pi_t(x_B)$不是以最优化为目标，而是以投融资平衡为目标，这主要是出于金融中介的政策性考虑。在正常情况下，金融中介就是为了维护货币供给和需求的平衡，让需要融资的人得到资金，需要投资的人得到投资渠道。虽然个体金融机构是以利润最大化为目标，但金融中介的整体却是为了实现资本市场的平衡和稳定而存在的。

（三）对无套利定价法的修正

由$r_t^{Walrasion} = \Delta r + r_t^{no\text{-}arbitrage}$可知一般均衡定价相当于无套利定价加上一个修正项，因此可以分割为资本市场信用风险和产品市场信用风险，其中无套利定价我们定义为资本市场信用风险，修正项定义为产品市场信用风险。因此一般均衡定价具有更丰富的刻画能力。

本章小结

本章构建金融机构视角下信用衍生品定价的一般均衡模型，市场均衡条件下得到的解表现出几种特点，是多个市场均衡条件下的均衡：

（1）这是两个市场的均衡，包括资本市场和产品市场。

（2）这是对简化模型定价的调整：一般均衡解中蕴含着简化模型的定价，然而又对简化模型定价进行了修正。

（3）可以把简化模型定价部分定义为资本市场信用风险，而把修正项定义为产品市场信用风险。

（4）以产品市场风险为焦点：产品市场中的风险能够在均衡中得到体现，如投资偏好系数和投资产出弹性。

（5）以利率为不同市场信用风险的纽带：产品市场信用风险和资本市场的信用风险以市场利率为联系纽带。

（6）有刻画风险的优势：一般均衡定价能够刻画比无套利均衡定价更多种类的风险，具有丰富的风险表现能力。

本章同时构建了金融机构视角下CDS定价的违约传染模型，从市场均衡条件下得到的解可以发现具有违约传染的信用风险与支付频率有关，基础定价不受违约的跳跃影响，但受核心企业的违约影响。

第七章 金融机构视角下信用衍生品定价效率

第一节 效率分析概述

一、效率分析的含义

定价效率也称为信息效率，是指证券价格反映信息的能力，或者说是价格反映所有相关信息的速度和准确性。就信用衍生品定价来说，其反映的信息是信用风险，因此信用衍生品的定价效率就是信用衍生品价格反映信用风险的速度和准确性。因此针对信用衍生品定价的效率分析应该要针对信用衍生品定价对于各种信用风险的反映速度和准确性，进行评价与分析，而压力测试是衡量定价效率的有效方法（详见下），因此本书选择压力测试作为衡量定价效率的手段。

二、压力测试的含义

（一）压力测试的定义

压力测试（Stress Tests）指基于以往经验，由测试人主观设定几种特殊的情景，假设研究对象处于这种情景中，然后详细分析该研究对象在该种情境下的表现形式，测试研究对象能否承受住该极端情景。

（二）压力测试的方法

压力测试的方法主要有两种，分别是敏感性分析与情景模拟。其中，敏感性分析较适合于具体金融主体的个别风险测量，而对于综合性风险来说，使用情景模拟更为合适。下面对两种方法分别予以介绍。

1. **敏感性分析**

敏感性分析，一般仅考虑单个风险因素改变所引起的变化，操作起来相对简便、快捷，如测试仅利率风险因素变化情景下（如上调 10% 或下调 10%）标的证券价格的变化。这种方法常在传统银行业务的风险测量中使用。

2. **情景模拟**

情景模拟大多是指在一些极端的情形下，两个或者两个以上风险因素同时发生变化时，银行等经济实体的风险暴露程度及实体本身承受风险能力的大小。情景模拟主要有历史情境与假定情景两种。历史情境是指把历史事件中确实发生过的冲击模拟出来，用来衡量被测试的对象在该种条件下所受到的影响。而假定情景是模拟发生概率极小的特殊事件，衡量被测试对象所受的影响，假定情景与被测单位本身的具体情形有密切的联系，所以参考价值极高。大多数测试组织采用两种方式相结合的方法，在假定情景操作中，使用历史上的真实的市场波动数据作为根据，但又不单纯与某一特定的历史事件相联系，对历史事件的适度使用，有助于调整价格适当的变化幅度及一些比较难设定的参数。同时，测试组织在实际操作中也要考虑假定情景测试的客观性及可行性，并在实践中适度调整或修改。

（三）压力测试的意义

（1）压力测试是对 VaR 测试方法的补充

风险价值简称 VaR，通常被用来衡量企业在现有的财务状况下当出现不利情形时风险程度的一个统计指标，该指标的主要目的是量化企业在正常情况下的潜在损失，其中的正常是指置信水平通常在 99%。通常来说，若置信水平提高，即可分析出数额较大但发生的概率较小的损失。但在实践中，VaR 的衡量是基于已经发生的历史事件，不大可能发生极端情况，而压力测试的目的是突出那些不寻常的情景。因此与风险价值 VaR 相比较，压力测试简单又直观，所以在现实意义上更优于 VaR 方法。概括 VaR 方法的缺陷与压力测试对 VaR 方法的补充，可以用表 7－1 表示：

表 7－1　VaR 方法的缺陷与压力测试对 VaR 方法的补充

VaR 的缺陷	压力测试的补充
为反映市场的价格变化，给出在特定的置信水平下的估计值，缺乏最大可能损失的估计和分布尾部的处理。	主要研究非正常的市场环境中，VaR 模型所忽略的尾部即极端情况风险。

（续表）

VaR 的缺陷	压力测试的补充
对于缺乏历史数据的新产品的各种情况或未知的各种经济情况，无法用历史数据来衡量。	可以用敏感性分析和情景模拟的方法对未来的经济情况和新产品的情况进行理性的预测。
有些假设并不符合现实市场的情况，例如关于股价报酬率服从正态分布的假设，而实际的股价报酬率常有厚尾现象。	修改 VaR 模型中的正态分布假设，主要使用敏感性分析。
无法衡量非线性资产的风险。	在衡量风险承受度方面可以为管理层提供直观、准确的依据。
对风险的衡量不满足一致性。	对风险的衡量可以满足一致性。

(2) 压力测试是对银行加强风险管理的要求

压力测试可以评估银行的整体风险，暴露银行系统的脆弱性。一般来说，定性与定量分析都被用来做银行体系的评估，其中，定性分析的内容包括经济制度与经济结构，金融制度与金融结构等，定量分析的内容则包括银行资产负债表指标、银行稳定性指标、压力测试等。定性分析具有一定的主观性，主要是从宏观角度研究；定量分析则主要从微观角度进行研究，用于直观地反映银行面临的风险大小。

(3) 压力测试可作为监管部门进行监管的重要参考

从压力测试的主要应用情况来看，各国监管部门已经把压力测试的结果作为各大小银行应该增资多少及增资结构的直接依据。对我国来说，为了进一步提高商业银行的风险管理水准，提高银监会的风险管控能力，2007 年银监会发布的《商业银行压力测试指引》，明确要求各个银行引进压力测试。《商业银行压力测试指引》强调，压力测试对及时监控银行风险、了解银行应对风险的能力等方面起到了极显著的指引作用，压力测试能使银行深入地了解自身财务状况与金融财务风险之间的关系，从而为监管机构及时意识到整个银行业的风险情况提供参考。《指引》还指出对于银行的日常业务的风险管理，应采用的各类计量风险的模型，压力测试可作为其重要的补充。

第二节　确定违约概率下 CDS 定价的敏感性分析

确定违约概率的 CDS 定价可以分割为资本市场的信用风险利差和产品市场的信用风险利差两个部分。其中违约率是两个利差的联系纽带,同时影响两个市场的信用利差。对于 CDS 的定价即公式(5 - 8),可以将两个市场的信用风险利差对单个因素的敏感性进行对比:

一、违约概率的敏感性

由于$\frac{\partial r^{asset}}{\partial f} = \frac{\partial \frac{\lambda}{1/f - 1}}{\partial f} > 0$,$\frac{\partial r^{product}}{\partial f} > 0$,确定违约概率的CDS的资本市场信用风险利差和产品市场信用风险利差均随着违约率的提高而增大。由于$\frac{\partial r^{Walrasion}}{\partial f} = \frac{\partial r^{asset}}{\partial f} + \frac{\partial r^{product}}{\partial f}$,一般均衡条件下的信用风险利差比简化模型的利差对违约强度的敏感度会更大。从经济意义上,可以认为企业的信用等级降低时,一般均衡条件下的 CDS 定价由于增加了产品市场信用风险,信用风险利差提高的效果大于简化模型定价的信用风险利差提高的效果,反之亦然。

二、利率的敏感性

$\frac{\partial r^{asset}}{\partial r_L} = 0$,$\frac{\partial r^{asset}}{\partial r_D} = 0$,说明贷款利率和存款利率的改变均不会让资本市场的信用风险受影响;$\frac{\partial r^{product}}{\partial r_L} = 0$,$\frac{\partial r^{product}}{\partial r_D} = 0$,意味着贷款利率和存款利率的变化都将使得产品市场的信用风险与其同方向变动。说明资本市场整体的风险会通过产品市场来影响信用风险。

三、损失率的敏感性

$\frac{\partial r^{asset}}{\partial \lambda} > 0$,信用违约互换的资本市场信用风险利差会与损失率同时增加或同时减少;而$\frac{\partial r^{product}}{\partial \lambda} = 0$,说明信用违约互换的产品市场信用风险利差将不会受损失率和回收率变化的影响。说明在固定违约概率下损失率或回收率的改变只会造成信用违约互换的资本市场信用风险利差的改变，不会影响产品市场的信用风险利差。

四、投资偏好系数的敏感性

由于$\frac{\partial r^{asset}}{\partial c} > 0, \frac{\partial r^{product}}{\partial c} > 0$，投资偏好系数会影响信用违约互换的产品市场信用风险，但不会影响信用违约互换的资本市场信用风险，并且两者之间呈现正相关非线性关系。

五、消费偏好系数的敏感性

由于$\frac{\partial r^{asset}}{\partial a} = 0, \frac{\partial r^{product}}{\partial a} < 0$，消费偏好系数会影响信用违约互换的产品市场信用风险，但无法影响信用违约互换的资本市场信用风险，并且两者之间呈现负相关非线性关系。

六、资本产出弹性的敏感性

由于$\frac{\partial r^{asset}}{\partial \beta} = 0, \frac{\partial r^{product}}{\partial \beta} < 0$，说明资本产出弹性会影响信用违约互换的产品市场信用风险，但无法影响信用违约互换的资本市场信用风险，并且两者之间呈现负相关非线性关系。

将几个影响因素按照市场的不同进行划分，并用箭号标出影响信用风险的方向，得出表7－2：

表7－2　确定违约概率下信用风险的市场分割

市场	影响因素	资本市场信用风险	产品市场信用风险
资本市场	违约率	↗	↗
	利率	–	↗
	损失率	↗	–
产品市场	投资偏好系数	–	↗
	消费偏好系数	–	↘
	资本产出弹性	–	↘

如表 7 - 2 所示,属于产品市场的各种因素(投资偏好系数、消费偏好系数、资本产出弹性)只能影响信用违约互换的产品市场信用风险,属于资本市场的各种因素(违约率、损失率、利率)则可以影响信用违约互换的资本市场或产品市场的信用风险。属于资本市场的各种因素可能会导致信用违约互换的资本市场信用风险以及产品市场信用风险同时非线性上升,因此假设产品市场稳定,属于资本市场的各种因素的变动将使得信用违约互换的资本市场信用风险与产品市场信用风险之间有更为密切的相关性;而属于产品市场的各种因素可能只会带来产品市场信用风险的上升,却无法同时影响信用违约互换的资本市场信用风险,因此假设资本市场较为稳定,属于产品市场的因素变化可能使得信用违约互换的产品市场信用风险与其资本市场信用风险之间的独立性更加显著。

第三节　随机违约概率下 CDS 定价的敏感性分析

从前文的分析可以得到 CDS 在随机违约概率下无套利条件和一般均衡条件的定价,该部分选择将模型推导结果进行对比,结果如表 7 - 3:

表 7 - 3　两种均衡条件下定价的结果

定价方式	定价结果
无套利条件	$r_t^{no\text{-}arbitrage} = \dfrac{(1-R)E[I_{\{\tau<T\}}\exp(-rt)]}{\sum_{i=1}^{n}(t_i - t_{i-1})\exp[-(r+\lambda_i)t_i]}$
一般均衡条件	$r_t^{Walrasion} = \dfrac{1}{E\sum_{j=1}^{T} e^{-r_D\tau_j}(\tau_j - \tau_{j-1})I_{\{\tau<t_j\}}}[E e^{-r_D\tau} I_{\{\tau<T\}}(1-R) + \dfrac{r_D r_L c}{a\beta r_D + c r_L}]$ $= r_t^{no\text{-}arbitrage} + \Delta r$

1. 一般均衡框架的 CDS 定价体现经济的整体性和系统性

由定价结果可以发现,金融机构视角下 CDS 定价与原有定价有共同的变量,如一般均衡结果与无套利定价结果都有用到无风险利率、回收率、违约强度、时间,两者也有自己的变量,如一般均衡定价有用到资本产出弹性、投资系数、消费系数等。在这些决定因素中,可以把无风险利率、违约强度、违约率归为资本市场因素，而把资本产出弹性、投资系数、消费系数归为产品市场因素。因此发现，传统的无套利的 CDS 定价只与资本市场有关，而一般均衡模型的 CDS 定价不仅考虑到资本市场因素也有产品市场的因素，也就是说一般均衡模型认为 CDS 定价受产品市场和资本市场相互作用的影响。生产率的高低、投资人的具体行为会影响一般均衡 CDS 定价，体现其对经济思考的整体性、系统性。

2. 产品市场因素比资本市场因素对一般均衡定价影响更复杂

在决定要素的影响方向上，资本市场因素对 CDS 定价的影响方向整体上比较一致，影响程度不一致，而产品市场对 CDS 定价的影响方向和影响程度则比较复杂，需要进一步讨论。在敏感性分析中，由于简化模型与一般均衡定价的结果相似性更大，本书以简化模型作为无套利定价的代表，与一般均衡定价进行对比来具体说明问题。

一、违约风险的敏感性

假设无风险的存款利率 0.5%，$a=b=c$，贷款利率 0.7%，违约强度 [0.1,0.9]，回收率 0.1，资本产出弹性 0.8，时期为 5 年。图 7－1 中的虚线代表一般均衡条件下 CDS 定价和简化模型 CDS 定价之差，实线代表简化模型定价，横轴为违约强度，纵轴为信用价差。设定基本参数，代入 CDS 的简化模型定价公式与一般均衡条件下的定价公式，得出两种模型的 CDS 价格。随着违约强度的改变，两种模型的价格随之变化，从图像可以发现两种定价对违约强度的敏感性的区别。

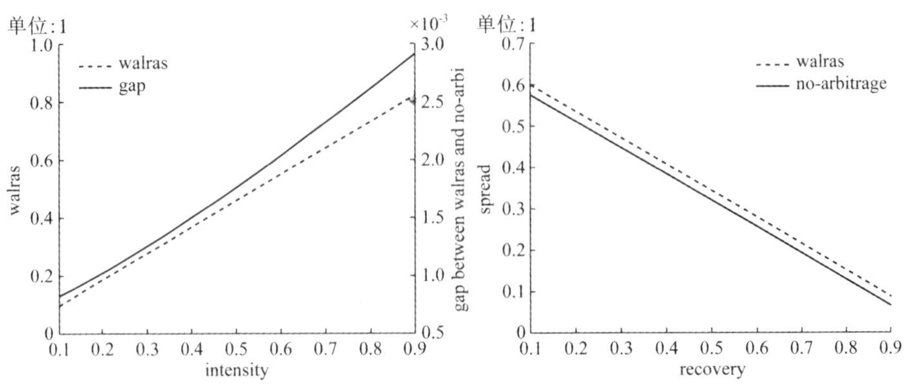

图 7－1　CDS 定价对违约强度敏感性

图 7－2　CDS 定价对回收率敏感性

（一）数值特征

一般均衡条件的CDS定价和简化模型的CDS定价中，CDS的信用价差均与违约强度呈现正相关的变动，在违约强度提高同样数量的条件下，一般均衡条件下CDS定价提高的幅度比无套利均衡条件下定价提高的幅度大。两种定价的差距斜率随着违约强度的提高而增加，说明一般均衡条件下的CDS定价比无套利均衡条件下CDS定价对违约强度更敏感。

（二）经济意义

违约强度是CDS定价中违约风险的主要衡量指标，违约强度越高意味着违约风险越大，因此CDS的信用利差应该要随之提高，这一点上一般均衡条件下的CDS定价与无套利均衡条件下的CDS定价是一致的。由于CDS一般均衡条件下的定价比CDS的无套利均衡条件下的定价对于违约强度的敏感性更高，即对于违约风险的反应更灵敏，因此随着违约强度的增加，两种价格的差距更大，可见违约强度的提高在一般均衡定价的敏感性反应更强烈。在现实中，违约强度的提高使得企业违约风险提高，进而提高CDS的价格。可以说，金融危机时期，违约强度提高，使用一般均衡定价能够比使用无套利定价更快警示信用违约市场和产品市场，促使投资人对市场及时作出反应，预防金融危机的蔓延。

二、回收风险的敏感性

假设无风险存款利率5%，$a = b = c$，贷款利率7%，违约强度为0.06，回收率为[0.1,0.9]，资本产出弹性为0.8，互换期限为5年。图7－2中实线代表无套利均衡条件的CDS定价，虚线代表一般均衡条件下的CDS定价，横轴表示回收率，纵轴代表价差。设定基本参数，分别代入CDS的无套利均衡条件下的CDS定价与一般均衡条件下的CDS定价，得出两者价格。随着回收率的改变，两种均衡条件下的CDS价格随之变化，根据数值变化可以发现两种均衡条件下的CDS价格对回收率的敏感性不同。

（一）数值特征

一般均衡条件下的CDS定价与无套利均衡条件下的CDS定价中，CDS的信用价差均随着违约回收率的增加而降低。两种定价的斜率一致，因此对回收率的敏感性几乎没有差别。

（二）经济意义

CDS 定价的回收风险用回收率指标来衡量，由于违约回收率越高则违约风险越低，信用风险定价理应越小，所以一般均衡条件下的 CDS 定价与无套利均衡条件下的 CDS 定价均能正确反映回收风险与信用风险的相关性。而两者的差距始终是固定的，因此敏感性一样。现实中，回收率的提高使得企业违约后的回收资产增加，降低企业违约后的损失，因此可以降低 CDS 的价格。金融危机时期，违约回收率降低，一般均衡定价与无套利定价对回收率灵敏程度一致，因此在回收风险的反应上没有太大差别。

三、利率风险的敏感性

假设无风险存款利率[0.02,0.18]，$a = b = c$，贷款利率[0.04,0.2]，违约强度0.06，回收率为0.6，资本产出弹性0.8。图7－3中实线代表无套利定价，虚线代表一般均衡定价，横轴表示无风险存款利率，纵轴代表价差。设定基本参数，分别代入 CDS 的无套利定价与一般均衡定价，得出两者价格。随着无风险存款利率的改变，两者价格随之变化，根据数值变化差距可以发现两种定价对无风险存款利率的敏感性差别。

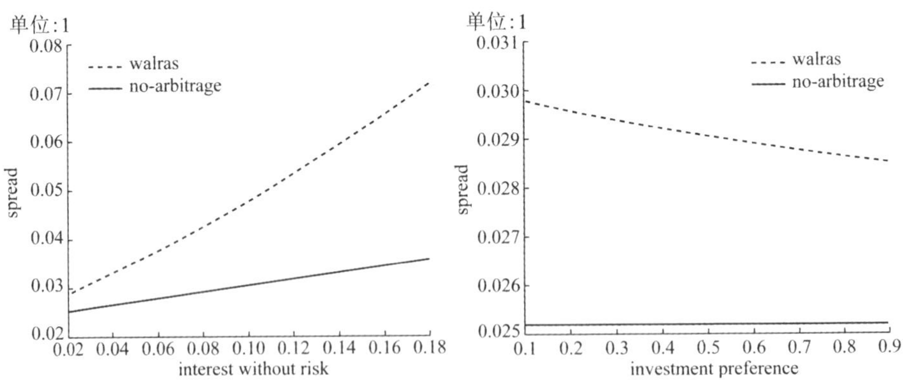

图7－3　CDS 定价对无风险利率敏感性　　图7－4　CDS 定价对资本产出弹性敏感性

（一）数值特征

随着无风险利率的提高，CDS 的一般均衡定价和无套利定价均上升，其中一般均衡定价上升速度慢慢加快，无套利定价有所上升。随着无风险存款利率的提高，一般均衡定价的斜率比无套利定价斜率上升更快，因此一般均衡定价对无风险存款利率的敏感性更高。

（二）经济意义

CDS定价的利率风险主要体现在无风险利率上，在存贷款为无风险利差的前提下，存贷款利率的波动影响CDS的价格，存贷款利率波动越大，CDS价格变化越快，因此一般均衡定价和无套利定价均能正确反映变化方向。但可以发现，存贷款利率变化越大，两种定价之间的差距越大。由于CDS一般均衡定价比CDS的无套利定价对于存贷款利率的敏感性更强，因此对于利率风险的反应更灵敏。金融危机时期，市场无风险利率上扬，一般均衡定价能够比无套利定价更快更灵敏地作出反应，通过对信用市场的警示，防止金融危机的蔓延。

四、产品市场风险的敏感性

假设无风险存款利率0.02，贷款利率0.04，$a=b=c$，违约强度0.06，回收率为0.6，资本产出弹性[0.5,5]，时期为5年。图7-4中实线代表无套利定价，虚线代表一般均衡定价，横轴表示资本产出弹性，纵轴代表价差。设定基本参数，分别代入CDS的无套利定价与一般均衡定价，得出两者价格。随着资本产出弹性的改变，两者价格随之变化，根据数值变化差距可以发现两种定价对资本产出弹性的敏感性差别。

（一）数值特征

随着资本产出弹性的提高，CDS一般均衡定价的信用利差减少。随着资本产出弹性的提高，一般均衡定价的斜率比无套利定价斜率下降更快，说明一般均衡定价对产品市场风险的敏感性更高。

（二）经济意义

CDS定价的产品市场风险主要体现在资本产出弹性上，资本产出弹性越高则产品市场风险越低，因此信用利差应该越小，所以一般均衡定价能够正确反映产品市场风险，且随着资本产出弹性的提高，两种定价差距缩小，说明产品市场风险越小，两种定价差别越小。而无套利定价没有变化，因此无法反映产品市场风险。现实中，产品市场风险通过影响企业的盈利能力，进而影响其偿债能力，最终影响CDS价格。金融危机时期，不同的产业面临的风险不同，且危机影响不同产业致使产出率的变化程度不同，导致企业的信用风险受到影响，此时，CDS的一般均衡定价可以反映出产品市场风险的变化而无套利定价则无法做到。

五、投资偏好风险的敏感性

假设无风险存款利率0.02,贷款利率0.04, $a=[0.1,0.9]$,$b=0.1$,$c=0.1$ 违约强度0.06,回收率为0.6,资本产出弹性0.8,时期为5年。图7-5中实线代表无套利定价,虚线代表一般均衡定价,横轴表示投资偏好系数,纵轴代表价差。设定基本参数,分别代入CDS的无套利定价与一般均衡定价,得出两者价格。随着投资偏好系数的改变,两者价格随之变化,根据数值变化差距可以发现两种定价对投资偏好系数的敏感性差别。

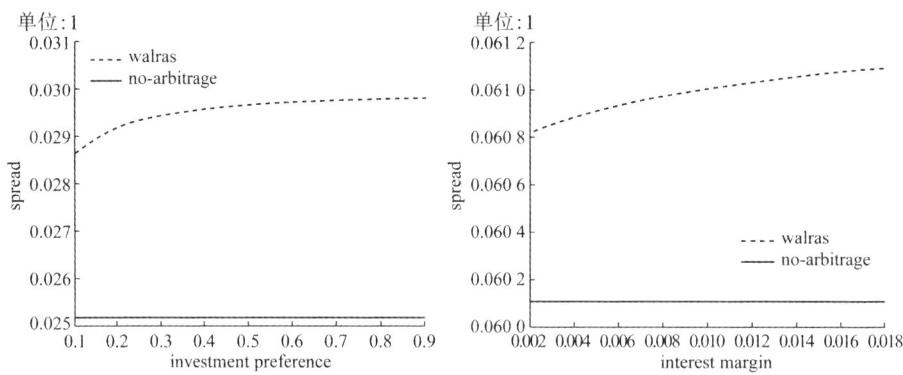

图7-5 CDS定价对投资偏好的敏感性　　图7-6 CDS定价对信贷利差的敏感性

(一)数值特征

随着投资偏好的提高,CDS一般均衡定价提高。随着投资偏好系数的上升,一般均衡定价的斜率有所下降,无套利定价的斜率没有变化,说明一般均衡定价对投资偏好的敏感性更高。

(二)经济意义

CDS产品的定价的投资偏好风险主要体现在投资偏好系数上,随着投资需求的提高,CDS的信用利差会提高,所以一般均衡定价能够正确反映CDS的投资偏好风险,且随着投资偏好系数越大,两种定价差距越大,说明投资偏好的提高会增加两种定价的差别。而无套利定价没有变化,因此无法反映投资偏好风险。现实中,投资人的投资偏好会影响投资人对债券和CDS的需求,进而影响CDS价格。金融危机时期,投资人面临市场环境变化,会相应改变投资态度及投资策略,进而影响市场对各类产品的需求,影响企业的信用风险。CDS的一般均衡定价可以反映出这种微妙的差别,而无套利定价则无法作出相应调整。

六、信贷利差风险的敏感性

假设无风险存款利率0.005,信贷利差[0.002,0.018],$a=b=c$,违约强度0.06,回收率为0.6,资本产出弹性0.8,时期为5年。图7-6中实线代表无套利定价,虚线代表一般均衡定价,横轴表示信贷利差,纵轴代表价差。设定基本参数,分别代入CDS的无套利定价与一般均衡定价,得出两者价格。随着信贷利差的改变,两者价格随之变化,根据数值变化差距可以发现两种定价对信贷利差的敏感性差别。

(一)数值特征

随着信贷利差的提高,CDS一般均衡定价提高。随着信贷利差的上升,一般均衡定价的斜率有所下降,无套利定价的斜率没有变化,说明一般均衡定价对信贷利差的敏感性更高。

(二)经济意义

信贷风险主要体现在信贷利差上,随着信贷风险的提高,信贷利差增大。由于CDS也是一种投资品,信贷风险也应该在CDS上得到体现,所以一般均衡定价能够反映CDS的信贷风险,而无套利定价无法反映该风险,且随着信贷利差的提高,两种定价差距增大,这说明信贷风险的提高会增加两种定价的差别。现实中,信贷利差会影响企业的贷款需求,也会影响投资人的债券投资需求,通过影响债券市场的供求,最终影响CDS价格。金融危机时期,银行面临市场变化会做出相应的信贷策略调整,一般会增大信贷利率差距,这种信贷利差会影响企业的融资决策和利润,进而影响企业的信用,CDS的一般均衡定价可以反映出这种差别,而无套利定价无法做出调整。

第四节　违约传染下CDS定价的敏感性分析

一、违约强度的敏感性

(一)基础参数设定

$r=0.015$、$\Delta T=0.25$、$\delta=0.1$、$\hat{R}=0.35$、$L=0.02$

（二）经济意义

图7－7绘制了CDS基础定价与核心企业信用等级之间的关系。可以发现随着a_0的增加，CDS基础定价逐渐提高。在同一个a_0下，b_0的调整会很大程度上改变CDS价格；而同一个b_0下，a_0的调整可以改变但只能是微弱地改变CDS价格。可以发现b_0是影响CDS价格的主要因素，a_0属于次要因素。因此虽然核心企业的违约风险不是影响信用评级的主要因素，但随着核心企业的违约风险提高，与之相关的同一个上游企业组合的违约风险会有更大的差距。这说明，虽然核心企业的违约强度在CDS定价中占次要地位，但核心企业的违约强度对CDS定价的影响会随着非核心企业违约强度的提高而增加。

图7－8绘制CDS基础定价与非核心企业信用等级之间的关系。可以发现随着b_0的增加，CDS基础定价逐渐提高。在同一个b_0下，a_0越大则CDS基础定价对b_0的变化越剧烈。从经济意义上看，在具有同一个核心企业的经济环境中，参考实体的自身信用等级越低，其CDS定价对核心企业的信用等级敏感度越高；参考实体的自身信用等级越高，CDS定价对核心企业的信用等级敏感度越低。这说明参考实体自身的信用等级越低，则核心企业的信用等级在CDS定价中所起的作用就越明显，此时核心企业的信用等级可以为参考实体的债务评级加码。

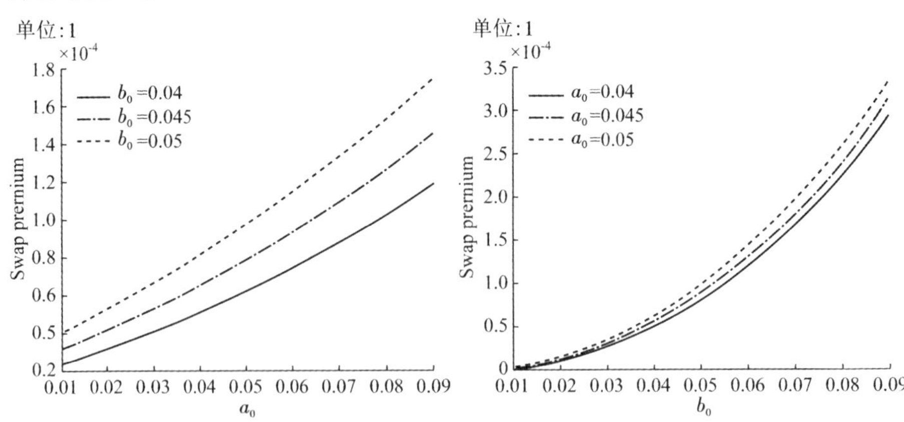

图7－7　核心企业信用等级与基础定价　　图7－8　非核心企业信用等级与基础定价

二、清算风险的敏感性

（一）清算风险

清算风险是指在CDS交易结算时，因某些问题造成不能按结算期进行结算的风险。即购买 CDS 即使可以对冲到期日之前的违约风险，却有可能就在到期日与清算期之间违约，导致风险。假设 A 不会发生违约，则$\lambda_t^B = b_0$ 互换的定价公式将被替代为：

$$\sum_{i=1}^{n} E[\exp(-r T_i)\bar{S} I_{\{\tau^B > T_i\}}] + \bar{S}E\bar{A}_1(\tau^B)$$

$$= (1-\hat{R})E\sum_{i=1}^{n}[\exp(-r(\tau^B+\delta)) I_{\{T_{i-1}<\tau^B<T_i\}}] - \hat{R}LE\bar{A}_1(\tau^B) \quad (7-1)$$

进一步计算得到新的 CDS 价格为：

$$\bar{S} = \frac{\Delta T(1-\hat{R})[1-\exp(-\Delta T(r+b_0))] - \hat{R}L[\frac{1}{r+b_0} - (\Delta T + \frac{1}{r+b_0})\exp(-\Delta T(r+b_0))]}{\frac{\Delta T(r+b_0)\exp[r\delta - (r+b_0)\Delta T]}{b_0} + [\frac{1}{r+b_0} - (\Delta T + \frac{1}{r+b_0})\exp(-\Delta T(r+b_0))]}$$

$$= \frac{\Delta T(1-\hat{R})(r+b_0)[1-\exp(-\Delta T(r+b_0))] - \hat{R}L[1-(\Delta T(r+b_0)+1)\exp(-\Delta T(r+b_0))]}{\frac{\Delta T(r+b_0)^2\exp[r\delta-(r+b_0)\Delta T]}{b_0} + [1-(\Delta T(r+b_0)+1)\exp(-\Delta T(r+b_0))]}$$

$$= \frac{\Delta T\beta(1-\hat{R})[1-\exp(-\beta\Delta T)] - \hat{R}L[1-(\Delta T\beta+1)\exp(-\beta\Delta T)]}{\frac{\Delta T\beta^2\exp(r\delta-\beta\Delta T)}{\beta-r} + 1 - (\Delta T\beta+1)\exp(-\beta\Delta T)} \quad (7-2)$$

其中，$\beta = r + b_0$。可以发现，新的 CDS 价格已经不包含a_0，这是由于在作为核心企业的卖方不发生违约假定下，企业 A 的违约强度不再影响企业 B 的违约强度，所以企业 B 的违约分布独立于企业 A 的违约时间。则清算风险溢价表示为：

$$spread = \bar{S} - S \quad (7-3)$$

从理论上说，由于保护卖方可能违约，则对于保护买方来说，可以支付更低的保护价格来购入信用违约互换。然而由于 $E[A_2(\tau^B)] \leqslant E[\bar{A}_2 \tau^B]$，也就是说在卖方无违约的情况下，当 B 发生了违约，保护买方也可以得到更多的补偿金额。另一方面，为了更高的收益，保护买方所支付的保险费也更高，即：

$$\sum_{i=1}^{n} E[\exp(-r T_i)\bar{S} I_{\{\tau^B > T_i\}}] + \bar{S}E\bar{A}_1(\tau^B) \geqslant \sum_{i=1}^{n} E[\exp(-r T_i) S I_{\{\tau^B \wedge \tau^A > T_i\}}] + SE[A_1(\tau^B)] \quad (7-4)$$

清算风险衡量的是清算期违约风险与合约有效期违约风险之间的差别。清算风险溢价不是一个严格正值，这点从图 7－9、7－10 也可以看出来。新的

CDS 价格虽然不包括 a_0，然而 a_0 影响基础定价，进而影响清算风险。且清算风险更多来源于意外，与核心企业的违约强度仍然有较大关系，因此应该重点考察核心企业违约强度与清算风险的关系。

（二）基础参数设定

$$r = 0.015, \Delta T = 0.25, \delta = 0.01, \hat{R} = 0.3, L = 0.02$$

（三）经济意义

图 7 - 9 绘制了核心企业信用等级与清算风险溢价之间的关系。随着核心企业的违约强度增大，清算风险溢价逐渐减小，甚至为负，说明清算风险溢价对核心企业的违约强度还是很敏感的。且随着非核心企业自身的违约强度的增大，清算风险溢价对核心企业的违约强度的变化趋势越陡峭，这说明非核心企业自身违约强度越大，其清算风险溢价对核心企业违约强度越敏感。从经济意义上可以说，在同一个核心企业的经济环境中，参考实体的自身违约强度越大，其对应的清算风险对核心企业违约强度越敏感。这说明在制定具有供应链违约传染的 CDS 价格时，不仅要关注相应的支付周期、参考实体的信用等级、回收率等关键参数，也应该注重核心企业的信用状况，否则进入信用违约互换会具有比较大的清算风险。在具有同一个核心企业的经济环境中，企业自身的信用等级越低，核心企业信用等级在 CDS 定价中的作用越明显，因此企业的信用等级越低，信用增级机构在其债券评级中的作用越大。

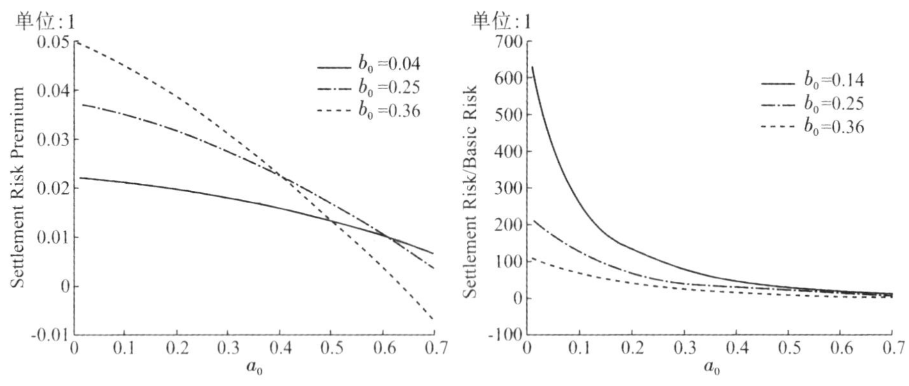

图 7 - 9　信用等级与清算风险　　**图 7 - 10　清算风险的重要性**

图 7 - 10 绘制了清算风险与信用风险基础定价之间的关系。随着核心企业违约强度的增加，清算风险在信用风险定价中所占的比重逐渐减少，无限趋近于 0。这说明虽然清算风险不是恒为正的，但仍然是信用风险中一个极为重要的部分。尤其在核心企业违约强度较低的情况下，清算风险几乎可以决定信

用风险定价。因此可以说，清算风险是信用风险中一个重要的部分。在核心企业违约可能性较低的前提下，清算风险几乎可以决定信用风险大小；若核心企业的违约程度较高，则清算风险对信用风险的影响程度较小。并且参考资产的违约强度越高，清算风险在信用风险中的重要性越弱。

三、替换成本的敏感性

（一）替换成本

在该部分模型的假设中保护卖方不存在违约的可能，若保护卖方 A 发生了违约，保护买方 C 可以立即进入下一个互换。现在假设 A 违约了，保护买方 C 为了避免再次发生卖方违约，选择了可靠的保护卖方进行交易，如可靠的政府。此时，由于 A 已经发生了违约，参考资产 B 的违约强度依赖于 A 的违约情况，表示为$\lambda_t^B = b_0 + b_1$，此时新的 CDS 价格已经发生了变化，则替换后的 CDS 价格为：

$$\hat{S} = \frac{\Delta Tm(1-\hat{R})(1-\exp(-m\Delta T)) - \hat{R}L[1-(m\Delta T+1)\exp(-m\Delta T)]}{\frac{\Delta T\, m^2\exp(r\delta - m\Delta T)}{m-r} + 1 - (m\Delta T+1)\exp(-m\Delta T)} \tag{7-5}$$

保护卖方改变，可以理解为卖方违约后，引入的第三方担保。此时的替换后的 CDS 价格可以理解为 CDS 卖方违约后，第三方担保的信用风险的差值。可以发现，违约的跳跃率出现在定价公式中，这是因为在企业 A 发生违约的条件下，企业 B 信用风险受到了影响。也就是说b_1 其实代表的是企业 B 信用等级的调整系数。其中 $m = r + b_0 + b_1$，则替换成本溢价可以表示为：

$$replacement\ cost = \hat{S} - S \tag{7-6}$$

替换成本溢价可以理解为第三方担保承担的信用风险与原 CDS 卖方承担的信用风险的差值。与清算风险溢价相同，替换成本也是一个不能确定正负的值。此外核心企业的违约强度已经从新定价中消失，这主要是因为此时核心企业已经发生了违约，因此不能影响替换后的定价。而跳跃率在新定价和替换成本中变得举足轻重，因此要着重考察跳跃率对替换成本的影响。

（二）基础参数设定

$r = 0.015, \Delta T = 0.25, \delta = 0.01, \hat{R} = 0.7, L = 0.01, a_0 = 0.02$

（三）经济意义

图7－11绘制了替换成本与违约跳跃率之间的关系，可以发现随着 b_1 的提高，替换成本溢价逐渐上升。说明随着违约跳跃率的提高，进入下一个违约互换时的参考资产的违约可能性提高了，也就相应提高了替换成本。在同一个违约跳跃率下，如 $b_1 = 0.1$，b_0 从0.4变化为0.9，替换成本从0.031变化为0.025，说明参考资产的违约可能性提高了，但替换成本降低了。这说明参考资产自身违约率变高不仅提高CDS基础定价，同时进入下一个互换时的自身违约率也变高，表示参考资产的违约强度提高将会导致CDS更容易进入新的违约互换。因此可以说明，参考资产的信用等级恶化得越快，则CDS的替换成本下降得越快。

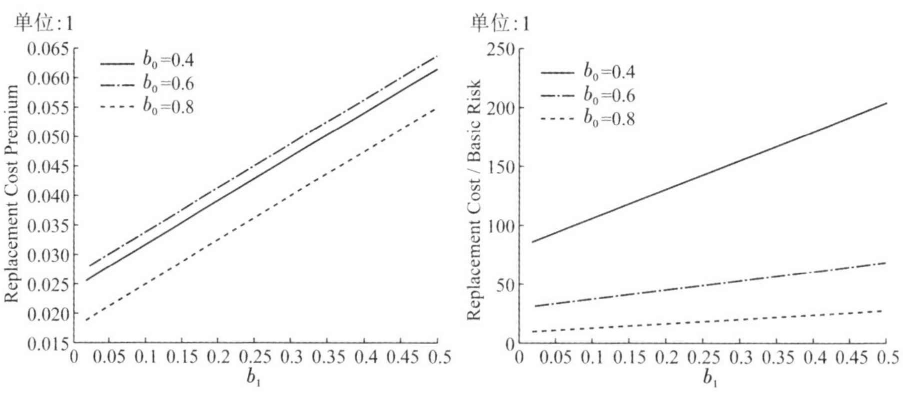

图7－11 等级转换与替换成本溢价　　　**图7－12 替换成本的重要性**

图7－12绘制了替换成本与CDS基础定价之间的关系，可以发现随着跳跃率的提高，替换成本占信用风险基础定价的比例升高。替换成本也是信用风险中一个重要的组成部分。在跳跃率较低时，替换成本占信用风险比率较低，跳跃率较高时，替换成本占信用风险比率较高。从经济意义上说，如果核心企业与参考资产的联系较为紧密，势必导致跳跃率较高，此时信用风险几乎取决于替换成本；若核心企业与参考资产的联系较少，则替换成本对信用风险的影响也比较小。如果存在第三方担保，虽然无法完全避免行业风险的影响，但仍然可以有效将行业风险进行转移和控制。

第五节　随机违约概率下 CDO 的敏感性分析

由于 CDO 的一般均衡定价只是无套利定价加上一个修正项，其中违约损失是完全一致的，所以该部分模型在进行 CDO 的敏感性分析时，抽出两者的信用损失和信用利差来进行对比。

一、违约相关风险的敏感性

假设无风险借款利率 0.5%，贷款利率 0.7%，违约强度 0.06，资产比例为[0.1，0.2，0.7]，回收率为 0.6，自由度 5，分别按照[0.1，1]不同的相关系数，资本产出弹性 0.8，每一种资产有 100 个债务，模拟 1000 次。（图 7-13、7-14）

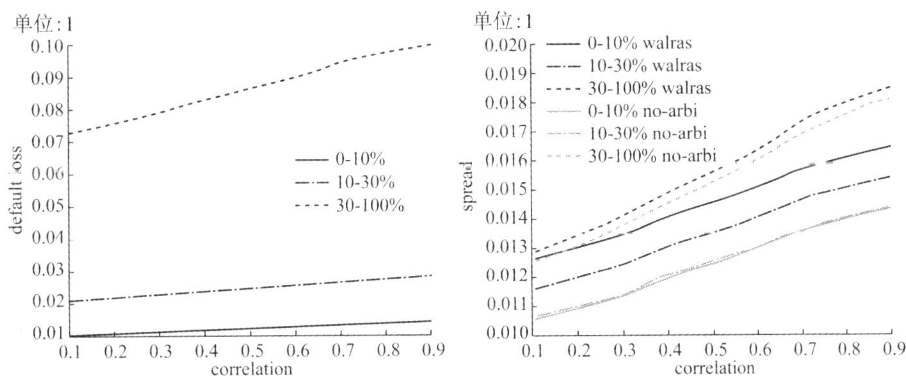

图 7-13　信用损失对违约相关系数的变化　　图 7-14　价差对违约相关系数的变化

（一）数值特征

CDO 三个分券信用损失随着违约相关性的提高而增加，其中次级券信用损失增加最快，其次是中间层，最后是优先层。CDO 三个分券的一般均衡定价和无套利定价的信用利差也存在同样的变动方向，仍是按照次级、中间、优先三个层次的顺序递减，其中每个券的一般均衡定价变动幅度都比无套利定价变动幅度大。

（二）经济意义

违约相关风险主要体现在违约相关性上，违约相关性越大，CDO 的违约相关风险应该要越大，因此 CDO 的信用利差要变大。因此无套利定价和一般均衡定价均正确反映了违约相关风险，而在灵敏度上，CDO 三个分券的一般均衡定价均优于无套利定价。

二、违约风险的敏感性

假设无风险借款利率 0.5%，贷款利率 0.7%，违约强度［0.01，0.09］，资产比例为［0.1，0.2，0.7］，回收率为 0.6，自由度 5，相关系数 0.8，资本产出弹性 0.8，每一种资产有 100 个债务，模拟 1000 次。（图 7－15、7－16）

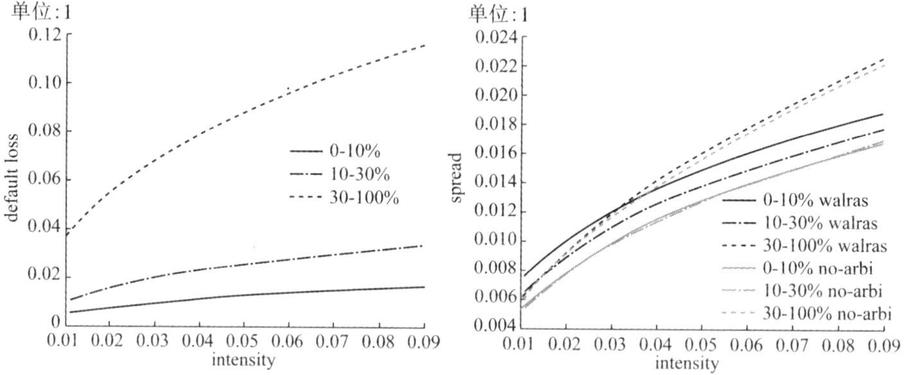

图 7－15 信用损失对违约强度的变化　　图 7－16 价差对违约强度的变化

（一）数值特征

CDO 三个分券信用损失随着违约强度的提高而增加，其中次级券信用损失增加最快，其次是中间层，最后是优先层。CDO 三个分券的一般均衡定价和无套利定价的信用利差也存在同样的变动方向，仍是按照次级、中间、优先三个层次的顺序递减。

（二）经济意义

违约风险主要体现在违约强度上，违约强度越大，CDO 的违约风险应该要越大，因此 CDO 的信用利差要变大。因此无套利定价和一般均衡定价均正确反映了违约相关风险，但在违约强度更高时，一般均衡定价的分券之间价差比无套利定价价差更大，所以一般均衡定价灵敏度更高。

三、回收风险的敏感性

假设无风险借款利率 0.5%，贷款利率 0.7%，违约强度 0.06，资产比例为［0.1，0.2，0.7］，回收率为［0.1，0.9］，自由度 5，相关系数 0.6，资本产出弹性 0.8，每一种资产有 100 个债务，模拟 1000 次。（图 7－17、7－18）

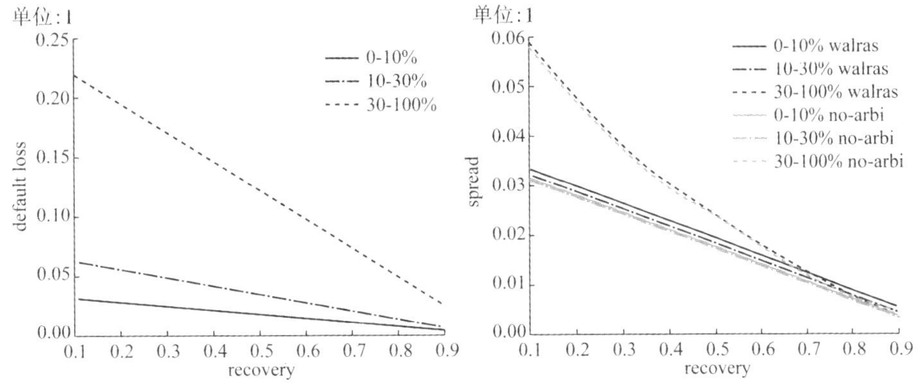

图 7-17　信用损失对回收率的变化　　**图 7-18　价差对回收率的变化**

（一）数值特征

CDO 三个分券信用损失随着回收率的提高而减少，其中次级券信用损失减少最快，其次是中间层，最后是优先层。CDO 三个分券的一般均衡定价和无套利定价的信用利差也存在同样的变动方向，仍是按照次级、中间、优先三个层次的顺序递减。

（二）经济意义

回收风险主要体现在回收率上，回收率提高，违约风险降低，所以回收风险降低应该使得 CDO 价格降低，所以一般均衡定价和无套利定价均正确反映了回收风险的变动方向。但在回收率更低时，一般均衡定价的分券之间价差比无套利定价价差更大，所以一般均衡定价灵敏度更高。

四、利率风险的敏感性

假设无风险借款利率[0.001,0.009]，贷款利率[0.004,0.012]，违约强度0.06，资产比例为[0.1,0.2,0.7]，回收率为0.6，自由度5，相关系数0.8，资本产出弹性0.8，每一种资产有100个债务，模拟10000次。(图7-19、7-20)

（一）数值特征

随着无风险利率的提高信用损失增大，CDO 一般均衡定价提高，无套利定价几乎不变。

（二）经济意义

利率风险主要体现在无风险利率上，利率的提高表示利率风险提高，所以 CDO 价格应该要提高，因此一般均衡定价对利率风险的反应灵敏，而无套利定价不怎么灵敏。

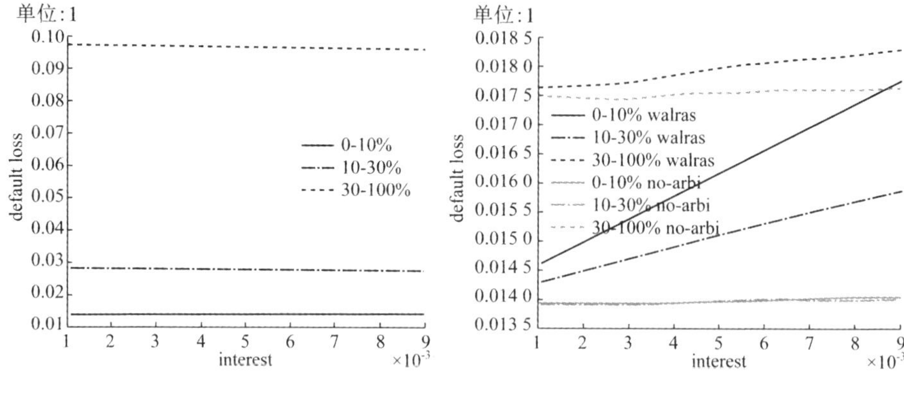

图7－19　信用损失对利率的变化　　图7－20　价差对利率的变化

五、产品市场风险的敏感性

假设无风险借款利率0.5%，贷款利率0.7%，违约强度0.06，资产比例为[0.1，0.2，0.7]，回收率为0.6，自由度5，相关系数0.8，每一种资产有100个债务，资本产出弹性[0.5，5]，模拟1000次。（图7－21、7－22）

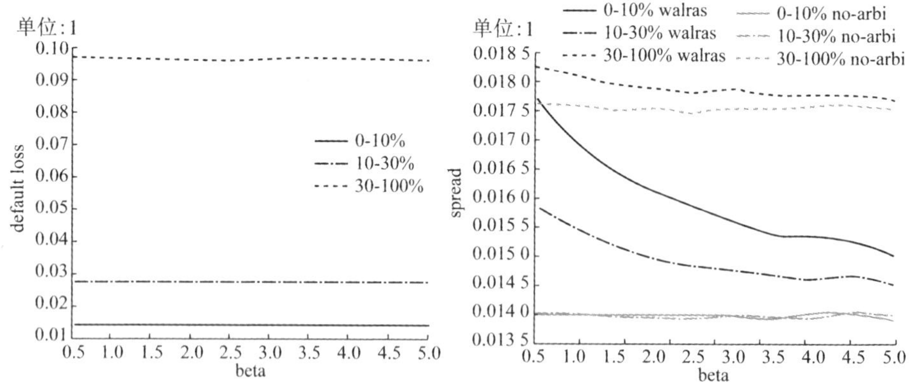

图7－21　信用损失对资本产出弹性的变化　　图7－22　价差对资本产出弹性的变化

（一）数值特征

随着资本产出弹性的提高，信用损失不变，无套利定价不变，一般均衡定价有所降低。

（二）经济意义

产品市场风险主要体现在资本产出弹性上，资本产出弹性提高则企业面临的产品市场风险降低，因此一般均衡的CDO定价能够正确反映产品市场风险的变化，而无套利定价不能。

六、信贷利差风险的敏感性

假设无风险借款利率0.5%,信贷利差[0.2%,1.8%],违约强度0.06,资产比例为[0.1,0.2,0.7],回收率为0.6,自由度5,相关系数0.8,资本产出弹性0.8,每一种资产有100个债务,模拟1000次。(图7－23、7－24)

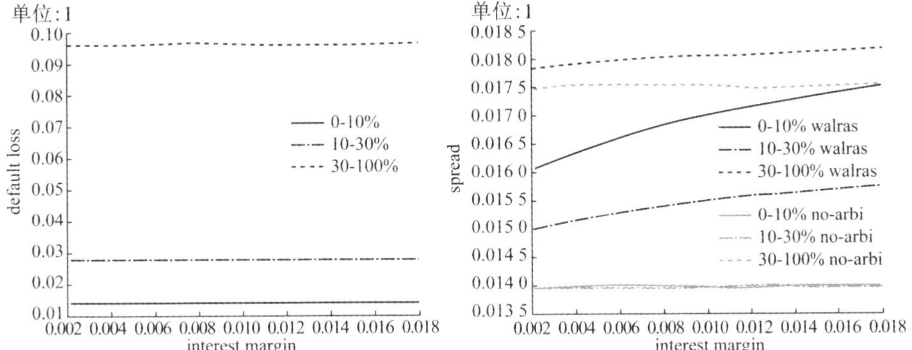

图7－23　信用损失对利差的变化　　**图7－24　价差对利差的变化**

(一)数值特征

随着利差的增加,信用损失基本不变,无套利定价不变,一般均衡定价增加。

(二)经济意义

信贷风险主要体现在信贷利差上,信贷利差提高意味着企业面临的信贷风险提高,CDO风险提高,因此一般均衡的CDO定价能够正确反映利差风险的变化,而无套利定价不能。

七、小结

从CDO定价的敏感性分析来看,一般均衡模型在刻画CDO的参考资产的违约风险、回收风险、利率风险方面对比无套利定价模型都有比较明显的优势,特别是在刻画产品市场风险、投资偏好风险和信贷风险的影响程度上,一般均衡模型有着无套利定价难以企及的绝对优势。因此,我们可以认为一般均衡模型的CDO定价可以适用于刻画资产违约风险、回收风险、利率风险、产品市场风险、利差风险对CDO定价的影响程度。

第六节　金融机构视角下的两种定价的情景模拟比较

一、CDS 的两种定价的情景模拟比较

（一）指标的选取

欧债危机从2009年爆发，一直持续到2013年爱尔兰退出欧债危机纾困机制成为首个脱困国家才略有缓和。欧债危机影响全球各个国家的经济，因此可以选择欧盟发达国家主权CDS作为例子，针对2012—2014年的CDS利差进行模拟。从时间来看，以2012年为金融危机情况，2013—2014年为正常情况，分时期进行对比。这样有助于发现一般均衡定价与无套利定价在金融危机中的表现，探讨其定价方式优劣。

（二）数据的获取

该部分的实证从道琼斯指数网站获取欧盟发达国家主权CDS及全球发达国家主权CDS的相关数据，时间从2012－3－5到2014－12－31，共707笔数据（图7－25）。因此我们以年份为标准划分为2012、2013、2014年三个时期。

表7－4　CDS描述性统计

变量	均值	标准差.	偏度	峰度	JB值	概率
EURO	125.6024	68.5729	1.098047	3.174682	142.9714	0
INTERNATION	98.25058	53.97548	1.171833	3.285236	164.2046	0

由表7－4描述性统计结果可以发现，两组CDS数据均存在有偏、尖峰肥尾现象，符合现实数据情况，因此可以在模拟中用于参数的估计。

（三）参数的估计及定价结果

以欧盟发达国家主权CDS为例，估计违约强度，使用以下估计方法：

$$\gamma = \frac{spread}{1 - recovery}$$

期限为5年，从wind资讯获取利率数据，穆迪网站获取回收率数据，假设资本产出弹性0.8，可以计算2012—2014年关于欧盟发达国家主权CDS的一

般均衡定价和无套利定价。(表7－5,图7－26)

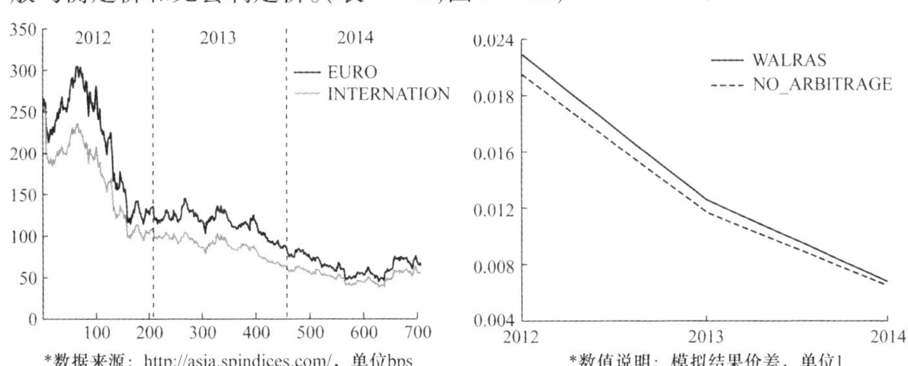

图7－25　两种CDS价差时间序列　　图7－26　两种方法的CDS定价结果

表7－5　2012—2014年与CDS定价有关的参数与定价①

变量＼年份	2012	2013	2014
基准利率%	0.75	0.5	0.25
贷款利率%	1.5	1	0.4
违约强度	0.070329517	0.03856324	0.0214196
5年违约回收率	0.7	0.7	0.7
资本产出弹性	0.8	0.8	0.8
一般均衡定价	0.0229	0.0126	0.0068
无套利定价	0.0215	0.0117	0.0065

CDS的无套利定价结果整体上小于一般均衡定价结果,也就是说在同样的风险环境中一般均衡定价衡量风险的程度整体高于无套利定价。而一般均衡定价模型其实是无套利定价加上修正项,但由于在资本产出弹性和投资偏好的系数假定上都是一致的,所以修正项的风险并未在该情景模拟中体现。

在变化趋势上,一般均衡定价与无套利定价的观点一致。2012年因为正处于欧债危机的扩散时期,欧债危机已经从基本面差的希腊、葡萄牙和爱尔兰,蔓延至基本面有一定支撑的西班牙和意大利。持续的债务危机导致银行信贷紧缩与政府财政紧缩,使得2012年期间内各国经济普遍放缓、温和衰退。欧

① 数据来源:基准利率、贷款利率来源于世界银行,使用道琼斯网站的发达国家主权CDS估计信用利差,*Default and Recovery Rates for Project*(1983—2013)可提供回收率,资本产出弹性假设为0.8。

债市场面临严重的市场质疑,并且市场低迷的预期是长期性的,企业的融资风险高所以定价高,而2013—2014年风险呈下降趋势,因此信用价差也逐年降低。

在金融危机时期,一般均衡定价结果与无套利定价结果差别较大,而正常时期两者差距较小。这说明高风险时期,一般均衡定价对风险的表现程度更高,对风险的敏感度更高,此时无套利定价的负泡沫较大;低风险时期,一般均衡定价与无套利定价基本一致,说明低风险时期的无套利定价的负泡沫较小。可以看出,对于金融机构或监管机构来说,金融危机时期的无套利定价对于管理信用衍生品的风险具有一定的缺陷。

二、CDO的两种定价的情景模拟比较

为了方便起见,也为了观察金融危机在一般均衡定价和无套利定价中的反映,在CDO定价的情景模拟中,使用道琼斯指数(S&P Dow Jones Indices)提供的数据,为CDO定价。

(一) 参数的估计

CDO的违约相关性是指违约事件发生的相关程度,我们使用欧元区发达国家主权CDS和国际发达国家主权CDS的相关性来估计违约相关性。从直观来看,2012—2013年欧元区发达国家主权CDS和国际发达国家主权CDS的收益率差距偏大,2014年两者的差距较小。

表7-6 收益率变化率(daily changed)的正态性检验

变量	Mean	Std. Dev.	Skewness	Kurtosis	Jarque-Bera	P值
DEURO	-0.001533	0.028445	0.449398	7.48854	616.4212	-0.001533
DINTER	-0.001848	0.024004	-0.349521	14.56736	3950.437	-0.001848

从两种CDS指数收益率变化率的正态性检验结果(表7-6)来看,收益率的偏度都不为0,峰度都大于3,B统计量显示在1%概率下拒绝正态性假设,也就是说所选CDSOTR指数收益率变化率的分布都存在有偏、尖峰肥尾现象。因此有理由认为数据均拒绝正态分布。

表7-7 收益率变化率的单位根检验

变量	ADF值	1%临界值	P值	结论
DEURO	-23.09241	-3.970401	0.0000	平稳
DINTER	-23.54293	-3.970401	0.0000	平稳

ADF 检验结果来看(表 7 - 7),几个序列都不存在单位根,即日收益率序列均是平稳序列,因此欧元区发达国家主权 CDS 收益率和国际发达国家主权 CDS 收益率变化率序列均是非正态的平稳序列。

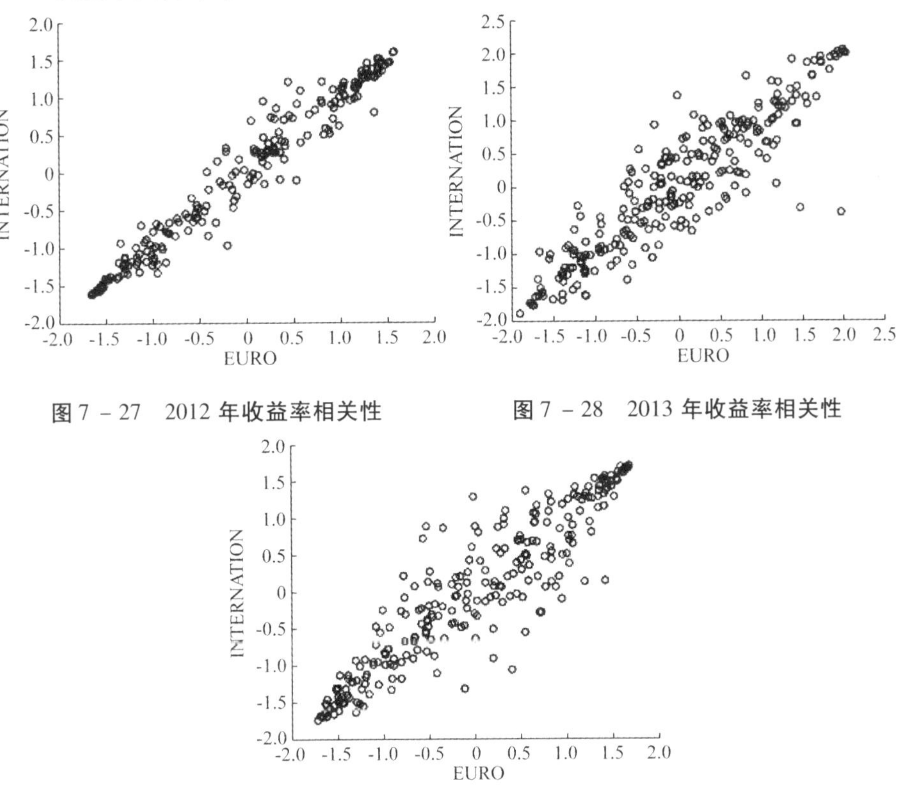

图 7 - 27　2012 年收益率相关性

图 7 - 28　2013 年收益率相关性

图 7 - 29　2014 年收益率相关性

从原始收益率变化率来看,欧元区发达国家主权 CDS 与国际发达国家主权 CDS 的相关性在尾部部分有比较小的相关性。对标准化收益率序列进行概率积分变化,画出各收益率变化率序列间散点图。观察收益率变化率相关关系(图7 - 26、7 - 27、7 - 28),从直观来看,两者之间的尾部相关性比较明显,2012 年和 2014 年的尾部密集度更高,2013 年尾部密集度较低。2012 年金融危机期间,两者收益率相关性特别高,2013—2014 年相关性则相对较低。总体来说,收益率分布都相对密集,相关性高。

要进行 Copula 函数的参数估计,首先要进行其边缘分布的检验。本书使用核密度估计方法,选择正态核函数,对标准化收益率序列进行概率积分变化并对估计结果进行 KS 检验,以检验所估计的边缘分布函数在样本点处的函数值是否服从[0,1]的均匀分布。检验结果显示 KS 概率值均接近 1,这表明非参数核密度的拟合度非常高。检验结果(见表 7-8)发现三大行业的序列均以高度概率服从[0,1]的均匀分布,因此满足条件,可以进行 Copula 函数的参数估计。

表 7-8 收益变化率的 KS 检验结果

变量	KS 统计量	P 值	是否[0,1]均匀分布
DEURO	0.0247	0.7415	是
DINTER	0.0233	0.8034	是

因此该部分选取 Gaussian - Copula、T - Copula、Frank、Gumbel - Copula、Clay - Copula 函数形式,分别计算 2012-2014 年欧元区发达国家主权 CDS 收益变化率和国际发达国家主权 CDS 收益变化率间的线性相关参数。(表 7-9)

表 7-9 收益变化率之间五种 copula 相关系数估计和欧氏距离

年份	指标	Gaussian	T 自由度	Frank	Gumbel	Clay
2012	相关系数	0.9774	0.9830 1.3764	32.9533	8.9725	12.2975
	欧氏距离	0.0942	0.0818	0.1041	0.0963	0.1550
2013	相关系数	0.9099	0.9266 2.0347	13.9055	4.1593	4.6314
	欧氏距离	0.1319	0.1173	0.1915	0.1730	0.2724
2014	相关系数	0.9226	0.9241 1.1175	14.8326	4.6305	5.5554
	欧氏距离	0.1351	0.1172	0.2134	0.1823	0.2493

其中,5 种尾部的 Copula 中,选择欧氏距离最小的 T-Copula 作为模拟函数。用 matlab 产生相应相关系数和自由度的 T-Copula 密度函数图像(图 7-30、7-31、7-32)。

该部分用尾部相关性来估计违约相关性,主要是由于违约基本上都是由收益率的暴涨或暴跌导致的,因此有理由认为以尾部相关性估计两个 CDS 的违约相关性比用收益率相关系数估计更合理,如表 7-10。

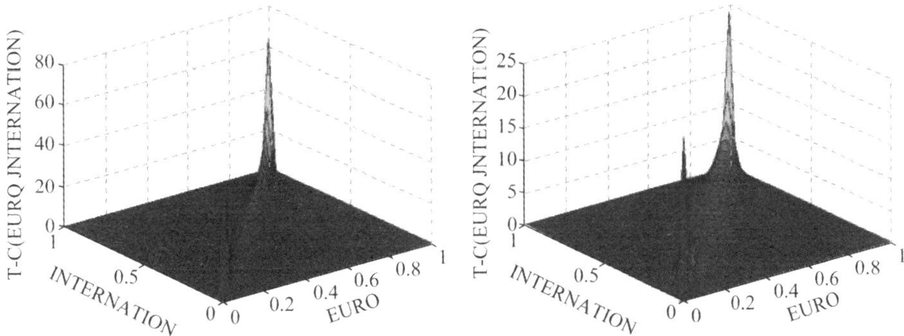

图 7 - 30　2012 年的 T-copula 模拟密度函数　图 7 - 31　2013 年的 T-copula 模拟密度函数

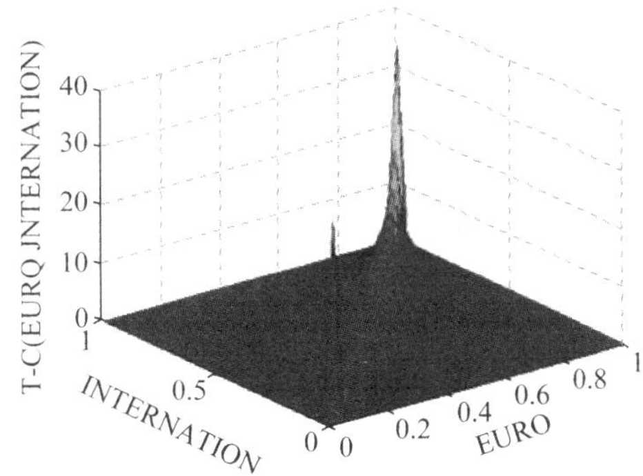

图 7 - 32　2014 年的 T-copula 模拟密度函数

表 7 - 10　2012—2014 年收益率的尾部相关性

年份 尾部相关性 尾部概率	2012 年	2013 年	2014 年
0. 1	85. 08%	69. 20%	95. 76%
0. 07	84. 72%	66. 51%	94. 18%
0. 05	82. 77%	63. 14%	95. 77%
0. 04	82. 89%	60. 71%	94. 42%
0. 03	83. 70%	58. 68%	94. 89%
0. 01	83. 67%	48. 94%	92. 67%

总体来说，双尾的尾部相关性随着尾部的缩小，有降低的趋势。因此我们把 0. 1 的双尾相关性作为所估计的违约相关性。

按照[0. 1,0. 2,0. 7]的资产结构，期限为 5 年，及以下相关的系数估计(表 7 - 11)，可以用蒙特卡洛方法模拟出 2012—2014 年欧盟发达国家主权 CDO 定价。

表 7-11 2012—2014 年与 CDO 定价有关的参数①

参数 \ 年份 值	2012 年	2013 年	2014 年
基准利率%	0.75	0.5	0.25
贷款利率%	1.5	1	0.4
违约强度	0.070329517	0.03856324	0.0214196
违约相关性%	85.08	69.20	95.76
5 年违约回收率	0.7	0.7	0.7
资本产出弹性	0.8	0.8	0.8

(二)信用损失和信用利差

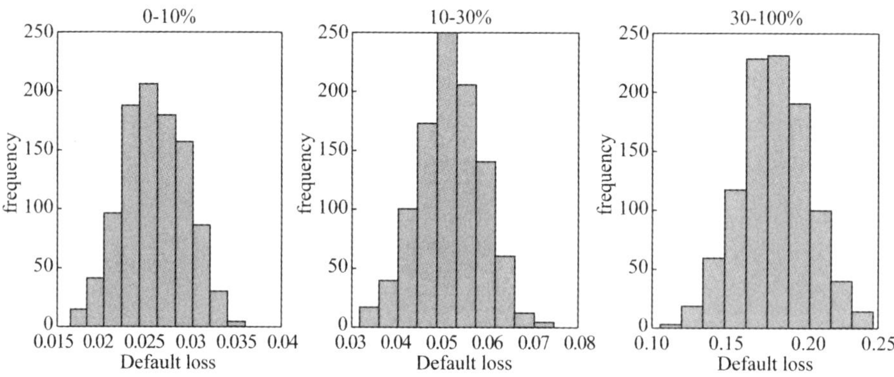

图 7-33 2012 年信用损失分布

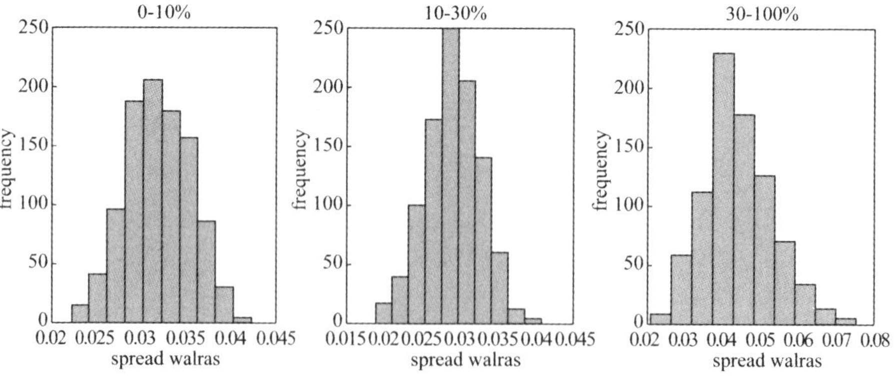

图 7-34 2012 年一般均衡定价的信用利差分布

① 数据来源:基准利率、贷款利率来源于世界银行,使用道琼斯网站的发达国家主权 CDS 估计信用利差,*Default and Recovery Rates for Project* (1983—2013)可提供回收率,资本产出弹性假设为 0.8。

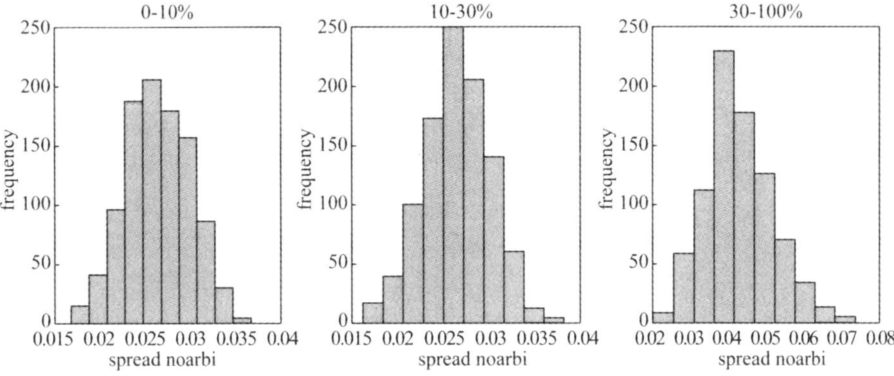

图 7－35　2012 年无套利定价的信用利差分布

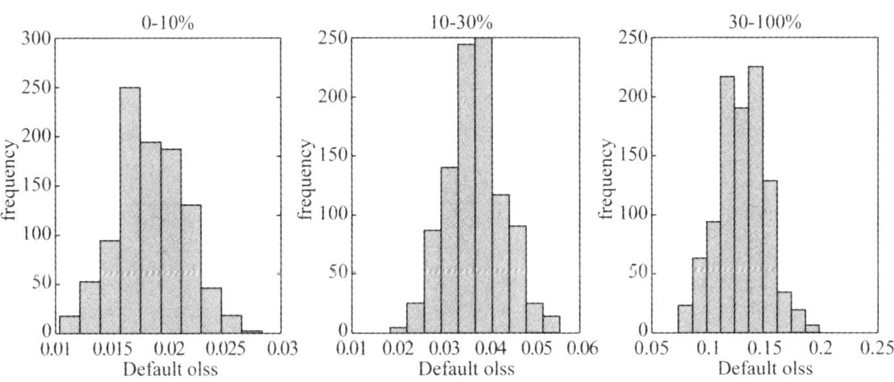

图 7－36　2013 年信用损失分布

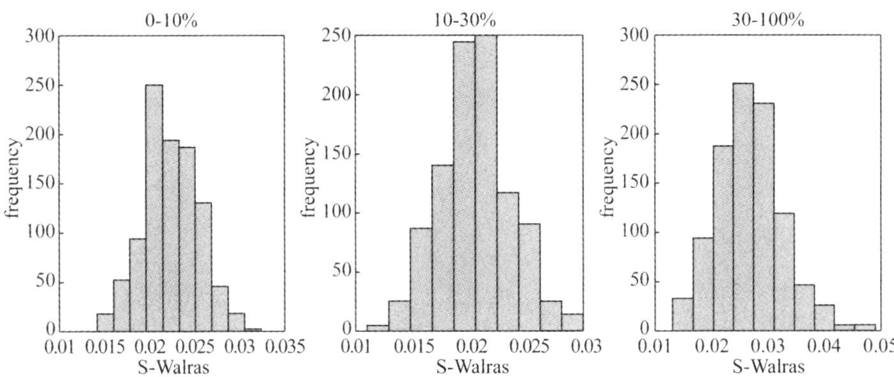

图 7－37　2013 年一般均衡定价的信用利差分布

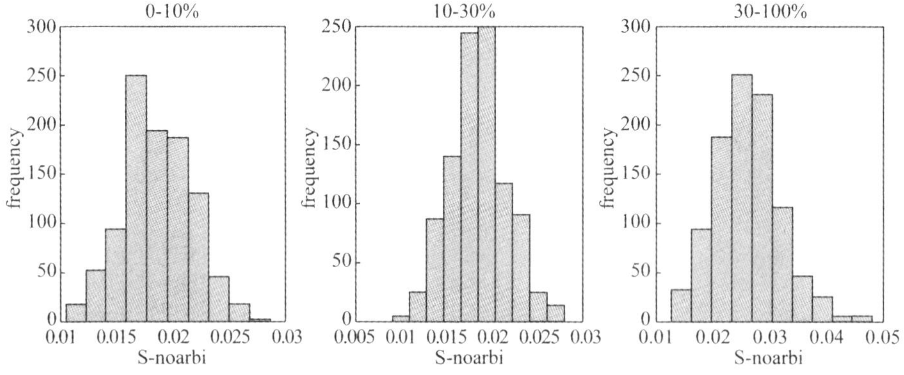

图 7－38　2013 年无套利定价的信用利差分布

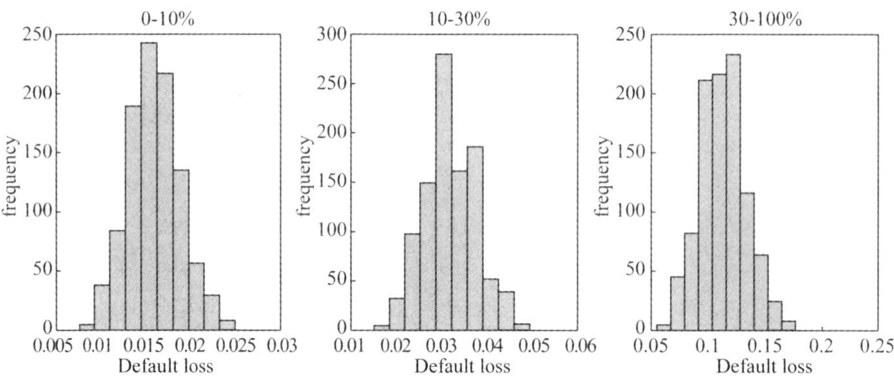

图 7－39　2014 年信用损失分布

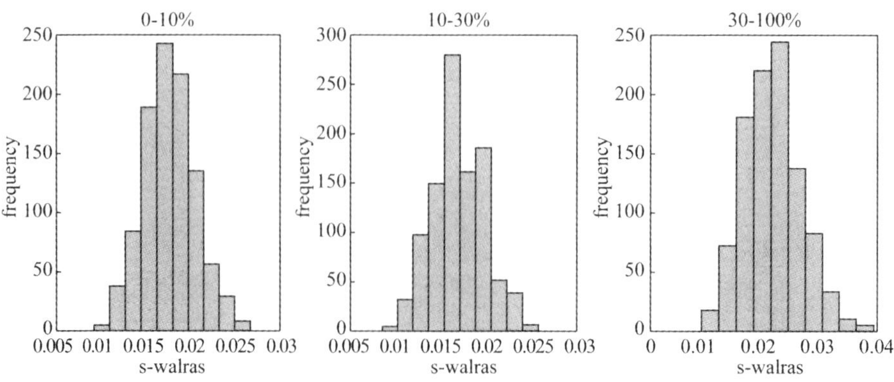

图 7－40　2014 年一般均衡定价的信用利差分布

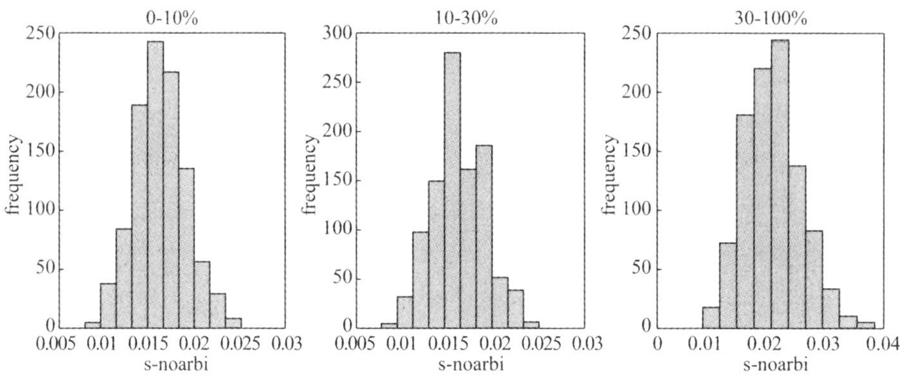

图 7－41　2014 年无套利定价的信用利差分布

(三)情景模拟小结

用两种方法模拟出来的 CDO 价差做分布柱状图(图 7－33 到 7－41),可以发现,无套利定价方法和一般均衡定价法计算出来的信用利差分布,右尾的长度往往长于左尾,其中次级层特征体现最明显,信用产品的尾部相关性及次级层的风险集中性符合实际。

(1)一般均衡的定价更能够突出信用衍生品定价的尾部特征

从时间顺序来看,2012 年,信用利差尾部很长,且右尾坡度较缓,左尾坡度较陡,信用利差都高,且信用损失高度集中于次级层,CDO 风险很高。2013 年,右尾与左尾坡度都比较缓,信用利差分布都集中在较低水平,CDO 风险较低。2014 年,信用利差分布较为集中,右尾较短且坡度缓,信用利差分布集中在较低水平,CDO 风险较低。可以认为金融危机期间,信用损失分布相对分散,信用风险和信用利差很高。而正常时期,信用损失集中在较低水平,信用利差都比较低。且在同一个损失分布下,一般均衡的定价结果的利差分布与无套利的定价结果相比,右尾拖得更长,这点在金融危机时期更为明显。这也进一步说明,一般均衡的定价结果在金融危机时期更能够突出信用衍生品定价的尾部特征,有利于尾部相关性的观察。同时也说明,一般均衡定价有利于金融机构对信用风险的监测,有利于监管机构对信用风险的监管。

(2)信用衍生品的无套利定价在金融危机时期比正常时期存在更大的定价风险

从定价结果看,2012—2014 年每一层,一般均衡定价均大于无套利定价,且在风险较高时期差别更大，说明这三年期间无套利定价低估了 CDO 的风险。可以认为金融危机时期，一般均衡定价与无套利定价之间的价差更为突出，这说明一般均衡定价在金融危机时期更能反映标的资产的信用风险。相对的，无套利定价很可能在金融危机时期存在着较大的定价风险，而正常时期的定价风险较小。这说明金融机构在金融危机时期应该更注重信用衍生品的一般均衡定价的市场表现。

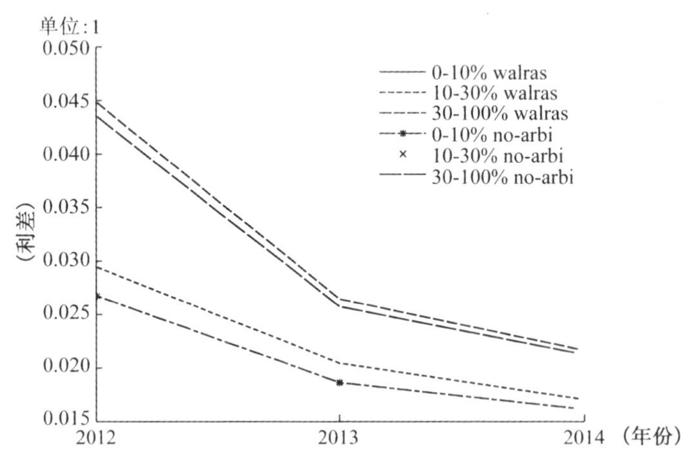

图 7－42 期望信用利差(一般均衡定价、无套利定价)

(3)一般均衡定价可提供更灵活的信用风险管理方式

从定价结果(图 7－42)看，每一分券，每一个时期，一般均衡定价均大于无套利定价，且每一个分券的信用利差变化都更显著。金融危机时期，一般均衡定价与无套利定价之间的价差更为突出，这说明一般均衡定价在金融危机时期更能反映标的资产的宏微观风险，同时也说明了一般均衡定价可以给予投资人更灵活的管理风险的方式。

三、金融机构视角下两种定价的情景模拟小结

(一)无套利定价在金融危机期间相比正常时期存在更大的定价风险

从情景模拟来看，CDS 的一般均衡定价的信用利差均高于其无套利定价，这说明一般均衡定价中所蕴含的信用风险要高于无套利定价。在金融危机时期，CDS 的一般均衡定价与无套利定价的信用利差差距比正常时期更大，这说明一般均衡定价在金融危机时期比无套利定价更能反映标的资产面临的各种

风险。同时也可以发现,无套利定价在金融危机期间相比正常时期很可能存在着更大的定价风险。而 CDO 的一般均衡定价的信用利差均高于其无套利定价,这说明一般均衡定价中所蕴含的信用风险要高于无套利定价。在金融危机时期,CDO 的一般均衡定价与无套利定价的信用利差差距比正常时期更大,这说明一般均衡定价在金融危机时期比无套利定价更能反映标的资产面临的各种风险。同时也可以发现,无套利定价在金融危机期间很可能相比正常时期存在着更大的定价风险。而在 Jürgen(2014)的模型中,债券的信用风险越高,长期和短期债券头寸的信用利差回报率越高,在信用风险对信用利差的变动方向上两种模型都是一样的,只是反应程度上有所不同。

(二)一般均衡的定价结果有利于尾部相关性的观察

对于金融危机时期,一般均衡定价与无套利定价相比仍然有其独到之处。金融危机时期,一般均衡定价各个分券除了比无套利定价更高之外,其各个分券之间的利差也比正常时期要高,这也说明了一般均衡定价各个分券在金融危机时期信用风险的差距比无套利定价要明显。因此可以说一般均衡定价在金融危机时期相对于无套利定价有更明显的风险敏感性。且一般均衡的定价结果在金融危机时期更能够突出信用衍生品定价的尾部特征,有利于尾部相关性的观察。

(三)一般均衡定价更适合于综合性的信用风险的管理

由于金融危机时期是各类信用风险集中的特殊时期,CDS 和 CDO 的一般均衡定价对比无套利均衡定价在错综复杂的信用风险的表现力上有更大的优势。因此可以说,CDS 和 CDO 的一般均衡定价对比无套利均衡定价更适合于综合性的信用风险的管理。

本章小结

根据 CDS 和 CDO 定价对各个影响因素的敏感性分析,将结果进行一个归类,可以得出表 7－12:

表 7-12 CDS 和 CDO 定价敏感性

风险类别 \ 风险影响 \ 模型	一般均衡模型	无套利定价
违约风险	正确、更灵敏	正确、不灵敏
回收风险	正确、灵敏	正确、不灵敏
利率风险	正确、更灵敏	正确、不灵敏
产品市场风险	正确、灵敏	无反应
投资偏好风险	正确、灵敏	无反应
信贷风险	正确、灵敏	无反应

(1)CDS 的一般均衡定价比无套利定价有更丰富敏感的风险反应

从敏感性分析来看,CDS 一般均衡定价和无套利定价均对违约风险、利率风险、回收风险有一定的敏感性。不同的是,一般均衡定价对前两种风险的敏感性均高于无套利定价,而对于回收风险两者的敏感性是一致的。且一般均衡定价对信贷风险、产品市场风险、投资偏好同样有敏感性。因此 CDS 的一般均衡定价可以说比无套利定价有着更丰富的风险描述能力且有着更敏感的风险刻画能力。

(2)CDO 的一般均衡定价比无套利定价有更丰富敏感的风险反应

CDO 一般均衡定价和无套利定价均对违约风险、利率风险、回收风险、违约相关性风险有一定的敏感性。刘平(2014)使用结构化模型进行蒙特卡洛模拟,对 CDO 的几种影响因素进行敏感性的分析,发现回收率越大,损失越小,CDO 价格越低;优先类的 CDO 价格随着相关系数的提高而增加;违约强度越大,CDO 价格越高。我们的对比发现这几种变量在 CDO 一般均衡定价中的敏感性更高。目前为止,大多数 CDO 的定价,几乎没有涉及对利率的讨论,而个人消费、企业生产率等因素更是没有提及。

(3)信用衍生品的一般均衡定价对金融机构来说是一种更合理的定价方式

从金融机构的角度来看,信用衍生品作为债务信用事件的定价,理应综合各种导致信用事件发生的因素的影响。本书中信用衍生品的一般均衡定价对违约风险、利率风险的敏感性均高于无套利定价,且一般均衡定价对信贷风险、产品市场风险也有敏感性,在定价上能够更综合地考虑各种导致信用质量变化的因素,因此对金融机构来说信用衍生品的一般均衡定价可以说比无套利定价在信用事件的风险定价上更合理。

金融机构视角下信用衍生品的定价效率应该与原有的无套利定价进行对比。在回收风险的敏感性上,一般均衡方法与无套利方法是一致的。然而一般均衡模型在刻画 CDS 的参考资产的违约风险、利率风险方面对比无套利定价模型都有比较明显的优势,特别是在刻画产品市场风险、投资偏好风险和信贷风险的影响程度上,一般均衡模型有着无套利定价难以企及的绝对优势。因此,我们可以认为一般均衡模型的 CDS 定价可以适用于刻画资产违约风险、回收风险、利率风险、产品市场风险、利差风险、投资偏好风险,有着比无套利定价更丰富的风险描述能力和更深刻的风险警示作用。

金融机构视角下违约传染的 CDS 定价效率需要衡量其无传染时对违约风险的敏感性和对资产清算及清算后的风险转移的反映程度,而最后的结果也是让人较为满意的。可以说,金融机构视角下的 CDS 定价模型从模型的假设、涵盖范围、效率分析来看都具有比原有的模型更能反映现实信用风险的能力,具有一定的优越性。

第八章 金融机构视角下信用衍生品定价的实证分析

第一节 确定违约概率下 CDS 定价的实证分析

求解 CDS 价格的数值解需要几个要素:无风险存贷利率、资本产出弹性、违约概率、回收率。该部分假设存在以中国工商银行为参考对象的 CDS 产品,处于在中国经济环境下,并为这个产品进行定价。我们从国家统计局获取存贷款利率,通过投入产出表求解资本产出弹性,从 BankScope 全球银行与金融机构分析库获取中国工商银行信用评级并从惠誉和标普获取违约率,用于求解 2005—2012 年以中国工商银行为参考对象的 CDS 价格。

周方①(1997)在其文章中利用投入产出表直接计算出资本产出弹性。即:资本产出弹性 = 平均资本成本/产出边际成本

$$\beta = \frac{C_{AK}}{C_M} = \frac{(X^K + D^K)(1 + r^K)/X^K}{(C_{TK}^{K+1} - C_{TK}^K)/(X^{K+1} - X^K)} \tag{8-1}$$

其中,β 表示第 K 年的资本产出弹性,X^K 表示第 K 年中间投入,D^K 表示第 K 年折旧,$X^K + D^K$ 表示第 K 年新增产出,r^K 表示第 K 年实际利率,C_{TK}^{K+1} 表示第 $K+1$ 年总投资。可以得出 2005—2012 年资本产出弹性,为表 8-1:

表 8-1 资本产出弹性历史数据

年份	2005	2006	2007	2008	2009	2010	2011	2012
资本产出弹性	1.478	1.8113	1.359	0.519	2.238	1.197	0.734	0.672

① 周方. 利用投入产出表直接计算资本产出弹性系数和劳动产出弹性系数[J]. 数量经济技术经济研究, 1997(2): 39-40.

假设违约回收率 $\lambda = 0.8$，可以计算出 2005—2012 年的 CDS 价格，为表 8－2：

表 8－2　确定违约概率下 CDS 定价

中国工商银行							
年份	存款利率（%）	贷款利率（%）	资本产出弹性	违约率－惠誉	CDS 价格－惠誉	违约率－标普	CDS 价格－标普
2005	2.07	5.22	1.478338057	0	0.779890875	0	0.779890875
2006	2.25	5.58	1.811325422	0	0.756692327	0	0.756692327
2007	3.78	6.57	1.358565093	0	1.011166752	0	1.011166752
2008	1.98	4.86	0.518778985	0.21	1.43215643	0.31	1.402704888
2009	2.5	5.35	2.237769614	0.4	1.552070408	0.06	1.529176042
2010	2.5	5.35	1.197150867	0	1.030016461	0	1.030016461
2011	3.3	6.1	0.733528494	0	0.819866306	0	0.819866306
2012	3.05	5.6	0.672314629	0	1.251159802	0	1.251159802

历年贷款利率和两种价格的变化显示为图 8－1、图 8－2：

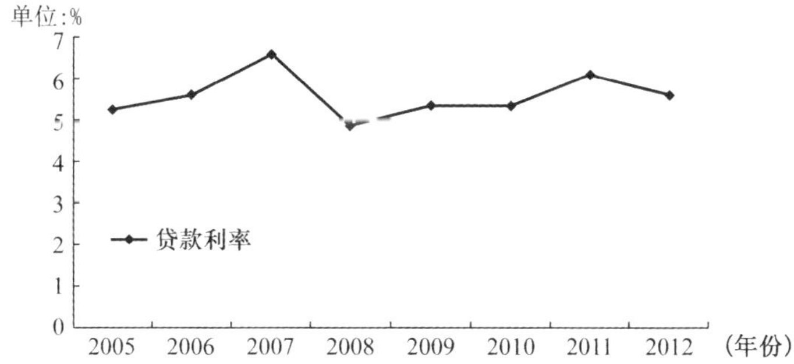

图 8－1　历年贷款利率和资本产出弹性

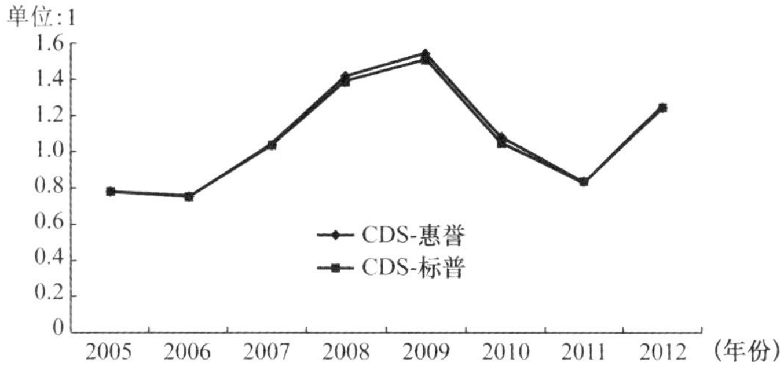

图 8－2　历年一般均衡视角下的 CDS 价格

从历年一般均衡下CDS价格、贷款利率、资本产出弹性变化中可以发现:

从CDS价格变动看,从2007年开始CDS的价格开始出现巨大波动,这反映出市场风险的提高;CDS价格在2009年出现一个制高点,反映2009年金融危机中违约风险的增加带来CDS价格提高;CDS价格在2012年出现一个明显的提高,说明市场的风险正在急剧累积中。

从导致CDS价格变动的因素看,一般均衡下CDS价格并不与无风险利率变化同步。2005—2007年CDS价格的增长主要由于无风险利率的提高,导致资本市场风险提高;2008—2009年CDS价格的增长主要由于资本产出弹性降低,导致产品市场风险提高;2010—2011年虽然无风险利率有所提高,但由于资本产出弹性的较高增长,CDS价格降低。由此可以看出,一般均衡的CDS定价能够考虑资本市场的共性影响,同时也能考虑企业面临产品市场风险的个性影响,因此在对信用风险定价上更为全面。

第二节　随机违约概率下CDS定价的实证分析

一、参数的估计与定价结果

针对CDS的定价,该部分的实证选用华特迪斯尼(WALT DISNEY)单名CDS作为算例。使用一般均衡下的CDS模型求解CDS价格的数值解需要几个要素:存款利率、贷款利率、资本产出弹性、违约率、违约回收率。

使用公式8-1及Wind数据库获取的华特迪斯尼公司相应年份的通胀、利率、公司年报数据①,通过公式8-1可以得出2012—2014年资本产出弹性。

由于华特迪斯尼公司的信用评级一直维持在A以上,该部分实证选择2012—2014年S&P/ISDA CDS U. S. Investment Grade A and Above的利差数据

① 通胀、利率可以从wind的宏观数据取得,公司年报为2011—2014年Disney公司的10K文件。其中,总投资为Net cash(used in) provided by investing activities,中间投入为Total operating *expenses*,累计折旧为Depreciation of property and equipment。

和穆迪的债务违约回收率①统计数据，通过公式(5-22)来估计违约强度，并通过公式(5-24)得出无套利模型的CDS定价，公式(4-15)得出一般均衡的CDS定价。因此可以算出CDS的参数和定价结果。(表8-3，图8-3)

表8-3 2012—2014年华特迪斯尼CDS定价

变量 \ 年份	2012	2013	2014
回收率	0.7	0.7	0.7
价差	0.0210	0.0117	0.0065
违约强度	0.07	0.039	0.021666667
存贷利差%	2.97	2.7	2.58
基准利率%	0.95	0.95	0.95
资本产出弹性	0.309904772	0.58579407	1.934776668
一般均衡定价	0.0236	0.0138	0.0080
无套利定价	0.0215	0.0120	0.0067
产品市场信用利差	0.0021	0.0018	0.0013

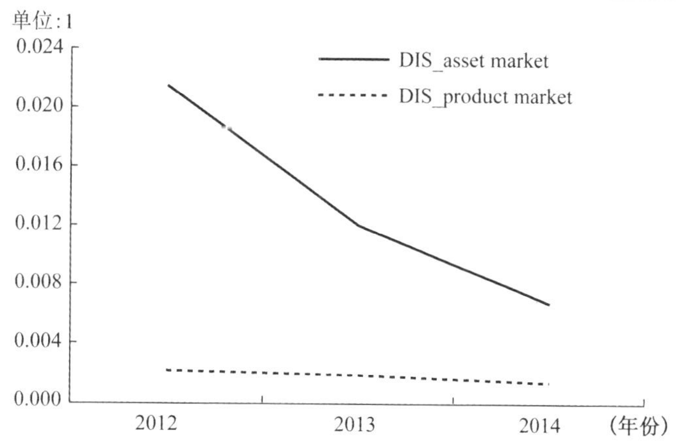

图8-3 2012—2014年华特迪斯尼CDS定价

二、CDS的两种定价结果与比较分析

由于无套利定价相当于资本市场的信用风险，而一般均衡定价与无套利

① 数据来源：CDS U. S. Investment Grade A and Above的利差数据来自http://asia.spindices.com/index-family/credit-default-swap/all. 债务违约回收率数据来自穆迪的研究报告*Default and Recovery Rates for Project*（1983—2013）。

定价之间差距为产品市场的信用风险，所以定价结果同样也可以用图8－3来表示。CDS的定价可以分为产品市场部分和资本市场部分，实线表示资本市场的信用风险，虚线表示产品市场的信用风险，这样更容易看出产品市场信用风险与资本市场信用风险的差别。可以得出以下结论：

（一）两种定价反映一致的市场风险变化趋势

从价格变化趋势来看，华特迪斯尼单名CDS的一般均衡定价与无套利定价在变化趋势上是一致的，即2012年金融危机时的定价高，而2013—2014年相对正常时期定价低。这主要是由于2012年正是欧债危机扩散时期，世界市场预期低迷，而2013—2014年市场情况有所缓和，市场负面与正面预期均存在，因此可以说两种定价均反映出市场风险的变化趋势。

（二）CDS的无套利定价存在很小的定价风险

从单名CDS的产品市场信用利差来看，存在着类似的变化趋势。也就是说，2012年金融危机的扩散时期，CDS的产品市场信用利差较大，2013年至2014年间，风险较低时期，CDS的产品市场信用利差较小。这说明，对金融机构和监管部门来说，金融风险较高期间，CDS的无套利定价存在较大的定价风险，而金融风险较低期间，该定价存在的定价风险较小。而从产品市场信用利差的绝对值来看，相对于资本市场信用利差小得多，因此也可以说，从金融机构的角度看，单名CDS的无套利定价的定价风险是很小的。

（三）CDS的一般均衡定价可以有效降低定价风险

从变化大小来看，从2012年到2014年，单名CDS的一般均衡定价的变化幅度无疑比无套利定价的变化幅度要大，这说明一般均衡视角下的单名CDS定价比无套利定价对同时期风险的反应更加灵敏。同时也说明一般均衡视角下的单名CDS定价能够反映出更多的风险因素，使得单名CDS的定价风险更低，因此对金融机构和监管部门来说，一般均衡视角下的信用衍生品定价可以有效降低定价风险，给予相应监管部门和金融机构更明显的风险警示作用。

第三节　违约传染下 CDS 定价的实证分析

关于违约传染效应的实证，目前已经有比较多样的方法，最广泛的属 VAR 以及 VAR 变形，然而金融资产收益率典型特征是波动性聚集、尖峰肥尾。而传统计量模型的正态分布、T 分布假设就显得不那么切合实际。因此对于传染效应的研究，较受重视的当属 Copula 方法，其中最受关注的是时变 Copula 方法，分为对称的 DCC-MVGARCH 模型和 Patton①（2006）提出的非对称的条件 Copula 函数的相关系数动态化方法。目前已经有比较多的文献使用时变 Copula 方法，如 Xiaoqian②（2012），李堪③（2013）。本书以 2018 年神雾环保发生的一系列债务违约事件为例，使用时变 Copula 方法研究信用传染下核心企业与担保企业之间的收益率相关性，以验证违约后核心企业与担保企业收益率相关的变化。

一、违约传染的实证模型

（一）Copula 函数

Copula 函数是描述两个随机变量的相关性结构的一种灵活有效的工具。根据 Sklar 定理，一个二维联合分布函数 G，具有连续的边缘分布 F_X 和 F_Y，其有着唯一的 Copula 表达式 $G(x,y)=C[F_X(x),F_Y(y)]$。并且对于一个联合分布函数，由 Copula 所表示的边缘分布和相关结构可以被区分开。

$R_{c,t}$ 表示 t 时刻核心企业股票日收益率，$R_{i,t}$ 表示 t 时刻关联企业股票日收益率。两类收益率都是随机变量，且它们的条件累积分布分别为 $F_c(F_{c,t}|\psi_{t-1})$，$F_i(F_{i,t}|\psi_{t-1})$，其中 ψ_{t-1} 表示过去的收益信息。条件 Copula 函数 $C_t(u_t,$

① Patton A J. Modeling Asymmetric Exchange Rate Dependence[J]. International Economic Review, 2006(2): 527－556.

② Wen X, Wei Y, Huang D. Measuring Contagion between Energy Market and Stock Market during Financial Crisis: A Copula Approach[J]. Energy Economics, 2012(34): 1435－1446.

③ 李堪．欧洲主权债务危机传染效应研究——基于时变 Copula 方法[J]．世界经济与政治论坛，2013(4): 93－110.

$v_t|\psi_{t-1}$)表示核心企业股票日收益率与关联企业股票日收益率的时间变化的条件 Copula 函数$u_t = F_c, v_t = F_i$服从 0 - 1 连续均匀分布。

(二)边缘分布模型

金融产品收益率有许多特点,如肥尾、杠杆作用、自相关性。由于 GJR 模型并不对随机分布进行特定假设,因此具有许多优于 GARCH 模型的特点。我们使用 GJR 模型来捕捉各种收益率的特征,企业股票日收益率的边缘分布均使用 AR(1) - GJR(1,1) - skewed - T 模型进行拟合,模型具体如下:

$$R_{i,t} = \mu_i + \varphi_i R_{i,t-1} + \varepsilon_{i,t} \tag{8-2}$$

$$\varepsilon_{i,t} = \sigma_{i,t} z_{i,t} \tag{8-3}$$

$$\sigma_{i,t}^2 = \omega_i + \alpha_{i1}\varepsilon_{i,t-1}^2 + \alpha_{i2} I[\varepsilon_{i,t-1} < 0] + \beta_i \sigma_{i,t-1}^2 \tag{8-4}$$

$$z_{i,t} \sim skewed - t(z_i | \eta_i, \varphi_i) \tag{8-5}$$

或者 GJR(1,1) - skewed - T 模型:

$$R_{i,t} = \sigma_{i,t} z_{i,t} \tag{8-6}$$

$$\sigma_{i,t}^2 = \omega_i + \alpha_{i,1} R_{i,t-1}^2 + \alpha_{i2} I[R_{i,t-1} < 0] + \beta_i \sigma_{i,t-1}^2 \tag{8-7}$$

$$z_{i,t} \sim skewed - t(z_i | \eta_i, \varphi_i) \tag{8-8}$$

第一个方程表示 t 时刻收益率可以分为常量μ_i,滞后一期的收益率用于控制序列相关性和残差 $\varepsilon_{i,t}$。第二个算式将残差分为条件波动率和更新。第三个方程表示杠杆,可以使用示性函数$I_{i,t-1}$捕捉杠杆影响,当$\varepsilon_{i,t-1}$为负则示性函数的值为 1,当$\varepsilon_{i,t-1}$为正则示性函数的值为 0。除此之外,Brooks①(2002)表明 GARCH 族模型滞后一期足够描述资产收益率的波动率,极少金融论文使用更高阶的滞后项,因此 AR 项的阶数和 GJR 模型的滞后阶数定为 1。第四个方程假设标准化残差服从 skewed - T 分布,其密度是正态和学生 T 密度的适当扩展,自由度η_i,偏斜度φ_i。两种从正态扩展出的最普通的偏离是肥尾(峰度不为 3)和有偏(偏度不为 0),正态函数的峰度和偏度为 3 和 0。虽然学生 T 密度可以捕捉超额的峰度,但 skewed - T 密度可以捕捉有偏及肥尾。

若正态性检验显示资产回收率均存在尖峰肥尾并有偏的现象,此时使用 skewed - T 密度可以更准确地描述资产回收率分布。

skewed - T 分布的密度函数为:

---

① Brooks. Introductory Econometrics for Finance[M]. New York: Cambridge University Press, 2002.

$$\text{skewed}-\mathrm{T}(z|\eta,\varphi)=\begin{cases}bc\left(1+\frac{1}{\eta-2}\left(\frac{bz+a}{1-\varphi}\right)^2\right)^{-\eta+1/2}, z<-a/b\\ bc\left(1+\frac{1}{\eta-2}\left(\frac{bz+a}{1+\varphi}\right)^2\right)^{-\eta+1/2}, z\geqslant -a/b\end{cases}$$

$$a=4\varphi c\frac{\eta-2}{\eta-1}, b=1+3\varphi^2-a^2, c=\frac{\Gamma(\eta+1/2)}{\sqrt{\pi(\eta-2)}\Gamma(\eta/2)} \quad (8-9)$$

η 是峰度参数($2\leqslant\eta$),表示自由度大小,φ 值在正负 1 之间,是对称参数,若为负意味着存在负的收益率更大。为了刻画收益率之间的动态过程,我们设序列之间为非线性动态自回归过程。

Patton①(2006a)指出 Copula 类的模型要求边缘分布为 0 - 1 均匀分布。

(三)二元 Copula 函数

AR(1) - GJR(1,1) - skewed - T 的边缘参数估计的第一步是提供u_t和v_t的估计值。这些值随后可以用于第二步的 Copula 相关性结构的估计中。对于相关性结构一个通常的选择是椭圆 Copula,以下是高斯 Copula 和学生 T - Copula 的分布函数,表示为:

$$C_t^{Gaussian}(u_t,v_t;\rho_t)=\Phi(\Phi^{-1}(u_t),\Phi^{-1}(v_t)),$$
$$C_t^{Student-t}(u_t,v_t;\rho_t,v^c)=T(t_{v^c}^{-1}(u_t),t_{v^c}^{-1}(v_t)) \quad (8-10)$$

在高斯 Copula 分布函数中,Φ 为具有相关系数为ρ_t($-1<\rho_t<1$)的二元标准正态分布函数,$\Phi^{-1}(\cdot)$表示标准正态函数的反函数,而 T 是二元学生 t 的累积分布函数,自由度为v^c,相关系数为ρ_t,$t_{v^c}^{-1}(\cdot)$为一元学生 t 分布的反函数。

在多元背景中的肥尾现象通常称为尾部相关性,意思是联合密度在一个或两个尾部厚度大于多元正态分布的密度。考虑随机事件 $X<v$,假设 $Y<v$ 同样发生了,则尾部相关性公式表示为:

$$\lambda_L(v)=\lim_{v\to0}[X\leqslant F_X^{-1}(v)|Y\leqslant F_Y^{-1}(v)]=\lim_{v\to0}\frac{C(v,v)}{v},$$

$$\lambda_U(v)=\lim_{v\to1}[X\geqslant F_X^{-1}(v)|Y\geqslant F_Y^{-1}(v)]=\lim_{v\to1}\frac{1-2v+C(v,v)}{1-v} \quad (8-11)$$

高斯 Copula 和学生 T - Copula 的特点是存在对称的尾部相关性。

① Patton A J. Modeling Asymmetric Exchange Rate Dependence[J]. International Economy Review, 2006(47):527 - 556.

$$\lambda_U^{\text{Gaussian}} = \lambda_L^{\text{Gaussian}} = 0, \lambda_U^{\text{Student-t}} = \lambda_L^{\text{student-t}} = 2\, t_{v+1}\left(\frac{-\sqrt{v+1}\sqrt{1-\rho}}{\sqrt{1+\rho}}\right) > 0 \tag{8-12}$$

t_{v+1}是 X 与 Y 之间自由度为 $v+1$、相关系数为 ρ 的学生 t 分布的累积分布函数。

对称的尾部相关性意味着尾部相关性随着极好和极坏的条件而改变的程度是一致的。然而,事实未必如此。一般来说,市场在熊市中对坏消息的反应和在牛市中对好消息的反应度比较大,对其他的则反映比较一般。因此研究非对称的尾部相关性符合现实意义。

Joe-Clayton-Copula(SJC)同时考虑上下尾相关性。该函数的相关性估计既可以是对称性也可以是非对称性的尾部。函数的分布函数公式为:

$$C_t^{SJC} = (u_t, v_t; \lambda_U^{SJC}, \lambda_L^{SJC}) = 0.5[C_t^{JC}(u_t, v_t; \lambda_U^{JC}, \lambda_L^{JC}) + C_t^{JC}(1-u_t, 1-v_t; \lambda_U^{JC}, \lambda_L^{JC}) + u_t + v_t] \tag{8-13}$$

对于高斯 Copula 和学生 T - Copula,可以说在 DCC(1,1)模型中其线性相关性系数ρ_t会随着时间而改变,DCC 模型具体为:

$$Q_t = (1-\bar{\alpha}-\bar{\beta})\bar{Q} + \bar{\alpha}\,\xi_{t-1}\xi_{t-1}^T + \bar{\beta}\, Q_{t-1}\rho_t = Q_t^{*-1} Q_t Q_t^{*-1} \tag{8-14}$$

其中Q_t为第一步的标准化残差向量的方差矩阵,AKQ - 是无条件方差,Q_t^* 是对角矩阵,ρ_t为条件相关性,是时变相关系数矩阵,变量间的动态相关性即通过对其建模来实现。

而对于非对称时变 Copula 函数的相关系数,通常使用 Kendall 的 τ 来反映随机变量的动态相关性结构。$\Lambda(x) = (1+e^{-x})^{-1}$ 为 Logistic 转换函数,该函数使得 Kendall - $\tau \in (0,1)$,因此 SJC - Kendall - τ 的使用公式为:

$$\tau_{U,t}^{SJC} = \Lambda\left(\varpi_U + AK\beta -_U \tau_{U,t-j}^{SJC} + AK\alpha - D_U \frac{1}{10}\sum_{j=1}^{10} |u_{t-j} - v_{t-j}|\right)$$

$$\tau_{L,t}^{SJC} = \Lambda\left(\varpi_L + AK\beta -_L \tau_{L,t-j}^{SJC} + AK\alpha - D_L \frac{1}{10}\sum_{j=1}^{10} |u_{t-j} - v_{t-j}|\right) \tag{8-15}$$

二、违约传染的实证分析

(一)数据与描述性统计

本书以 2018 年 3 月 26 日到 2018 年 9 月 28 日为违约后样本。选取神雾环保为核心企业，渤海股份为担保企业。日收益率使用对数收益率，所有数据均来自 RESSET 数据库，实验工具主要采用 Eviews8 和 Matlab2012 的动态 Copula 工具箱。

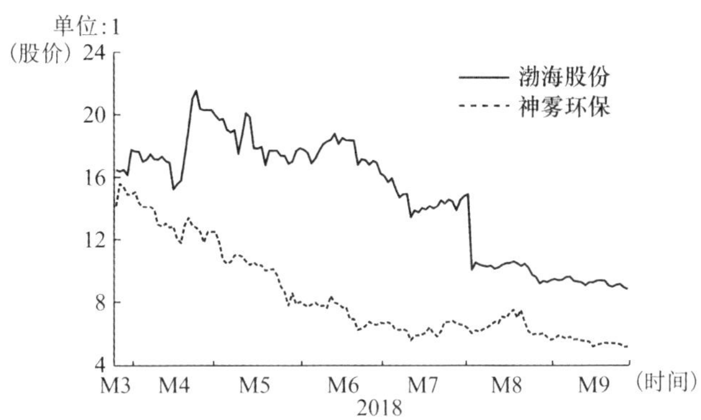

图 8－4　违约后股票价格变动

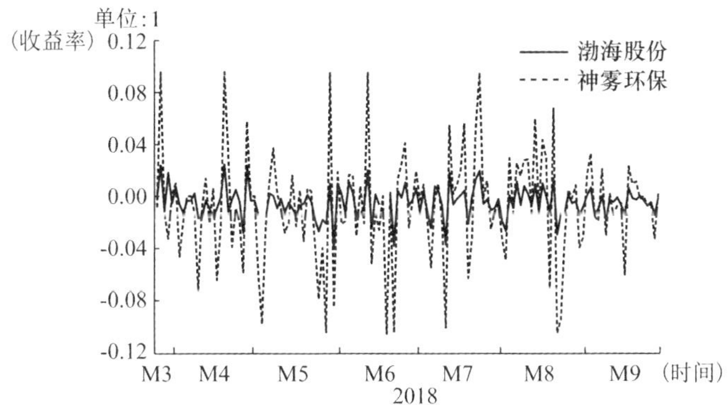

图 8－5　违约后股票收益率数据

从图 8－4、8－5 上看，违约后的神雾环保和渤海股份在股价变动上有时期上的不一致，从 3 月到 7 月之间波动方向不尽相同，而在 8 月以后波动方向较为一致。在 3 月到 9 月之间，神雾环保的股价波动较大，渤海股份相对波动较小。

表 8－4　股价收益率正态性检验

股票名称	Mean	Std. Dev.	Skewness	Kurtosis	Probability
渤海股份	－0. 0049	0. 048019	－4. 01959	34. 52989	0
神雾环保	－0. 00688	0. 0405	－0. 00343	3. 816325	0. 157776

从正态性检验(表 8-4)来看,各个指数都存在明显的有偏、肥尾现象,因此 JB 指标都是显著的,股票收益率都不符合正态分布的假设。各组收益率均值都不为 0,且较为离散。偏度显示违约后的渤海股份、神雾环保有明显的左拖尾。峰度显示违约后的所有收益率都是尖峰。这说明违约后这些收益率数据都很集中。从金融数据的情况来看基本符合现实,因此使用 skewed-T 作为边缘分布符合现实。

(二)单位根检验

表 8-5 收益率的单位根检验结果

股票名称	ADF5%	t-Statistic	Prob. *
渤海股份	-2.88307	-12.1693	0***
神雾环保	-2.88307	-12.5495	0***

从 ADF 检验结果(表 8-5)来看,一阶差分序列的 ADF 值都小于 5% 的显著性水平,所以都是平稳序列。因此四组收益率序列无论是违约前还是违约后都属于非正态平稳序列。

(三)边缘分布检验

要进行 Copula 函数的参数估计,首先要进行其边缘分布的检验。该部分我们使用核密度估计方法,选择正态核函数,对标准化收益率序列进行概率积分变化并对估计结果进行 KS 检验,以检验所估计的边缘分布函数在样本点处的函数值是否服从[0,1]的均匀分布。检验结果显示 KS 概率值均接近 1,这表明非参数核密度的拟合度非常高。检验结果(见表 8-6)发现三大行业的序列均以高度概率服从[0,1]的均匀分布,因此满足条件,可以进行 Copula 函数的参数估计。

表 8-6 收益变化率的 KS 检验结果

股票名称	KS 统计量	P 值	是否[0,1]均匀分布
渤海股份	0.0559	0.7709	是
神雾环保	0.0389	0.892	是

(四)LM 检验

由于所有的收益率时间序列均不存在一阶单整,从表 8-7 可以发现股票收益率均不存在自相关性。

表 8－7 收益率的 LM 检验

滞后	渤海股份				神雾环保			
Lag	AC	PAC	Q－Stat	Prob	AC	PAC	Q－Stat	Prob
1	－0.057	－0.057	0.4479	0.503	－0.088	－0.088	1.074	0.3
2	－0.04	－0.043	0.6656	0.717	0.02	0.012	1.1307	0.568
3	－0.08	－0.085	1.5595	0.669	－0.101	－0.099	2.5674	0.463
4	0.033	0.021	1.7134	0.788	0.014	－0.004	2.5951	0.628

（五）异方差检验

将渤海股份、神雾环保几组收益率数据构建多元自回归模型，发现向量自回归模型的残差单位根符合要求。后进行模型误差项的异方差检验，结果如表 8－8：

表 8－8 异方差检验结果

Chi－sq	df	Prob.
44.19283	24	0.0072

即存在自相关、异方差。从正态分布图来看，均存在不对称性但不是很明显。因此可以使用对称性时变 Copula 和非对称性时变 Copula 进行参数估计。

（六）边缘模型参数估计

表 8－9 边缘模型参数估计

模型参数	渤海股份	神雾环保
ARMA		
μ_i	－0.00492	－0.00857
	－1.6569046*	－1.908295*
φ_i	－0.12373	－0.07376
	－4.8556393***	－0.8068778
GJR		
ω_i	0.001279	0.001048
	1.8960091*	0.8195606
$\alpha_{i,1}$	0.249344	0.149139
	88.4687699***	0.2335694

（续表）

模型参数	渤海股份	神雾环保
ARMA		
β_i	0. 315438	0. 231694
	1. 83836777 *	0. 3373372
$\alpha_{i,2}$	-0. 24934	0. 249568
	-1792. 0429 ***	0. 3715837
η_i	2. 428039	3. 822092
	7. 89498683 ***	1. 8951451 *
φ_i	-0. 20484	-0. 09313
	-1. 8096268 *	-0. 8918113
LL	543. 425	477. 74
AIC	-520. 183	-454. 497
BIC	279. 7126	246. 8698

注：*、**、*** 分别表示该值在 10%、5%、1% 的显著性水平下显著。

从表 8-9 可以发现在 AR(1)-GJR(1,1)-skewed-T 模型中，较多参数显著性较高，并且误差显著不为正态分布。模型的最大似然值较大，基本满足要求，其中渤海股份的杠杆项系数为负，说明这期间渤海股份股价下跌会降低股价波动；神雾环保的杠杆项系数为正，说明神雾环保股价下跌会加剧股价波动。前期条件波动率的影响比残差的影响更小，并且可以发现神雾环保的前期波动和残差的影响比渤海股份更小，但是杠杆作用为加倍波动，因此在下跌的行情中，神雾环保的波动极为剧烈，而渤海股份即使受到神雾环保的影响，也相对平稳。为了确定误差的分布性质，我们对误差项进行正态性检验（表 8-10）。

表 8-10 误差项正态性检验

股票名称	Mean	Std. Dev.	Skewness	Kurtosis	Probability
渤海股份	0. 511931	0. 293326	-0. 07283	1. 868015	0. 009653
神雾环保	0. 501124	0. 288649	-0. 02758	1. 864415	0. 010003

可以发现两组误差序列均值不为零，方差较大，且呈现明显左偏、平峰的性质，显著不呈正态分布。

(七)DCC-Copula 模型参数估计

表 8-11 时变 Copula 模型参数估计

模型 参数	T Gaussian	T DCC	模型 参数	Tv SJC	
v^c		19.82743 (0.008259)	$\varpi_U-\varpi_L$	-10 (191118***)	-10 (191118***)
$\bar{\alpha}$	7.05E-06 (0.039661)	8.4E-07 (430410.6***)	$\bar{\alpha}_U-\bar{\alpha}_L$	0.182984 (-985.97***)	-2.96882 (0.06818)
$\bar{\beta}$	0.833036 (15400.32***)	0.716986 (0.839217)	$\bar{\beta}_U-\bar{\beta}_L$	9.709897 (-11.453***)	1.063831 (0.013392)
AIC	0.545912	2.123453		-3.80901	
BIC	6.356461	10.83928		13.62264	
LogL	1.727044	1.938273		7.904506	

如表 8-11 所示,本书使用 Gaussian、T、Skew-T 分布,进行动态相关性建模。对比三种模型的 AIC、BIC、LogL 发现 time varying SJC 模型的值更高,并且模型的参数估计也有较好的显著性,因此使用 Skew-T 分布作为 Copula 的连接分布函数,使用该模型估计出来的动态相关系数考察违约传染情况。

在时变 Copula 的对称模型的参数估计中,DCC 学生 t 模型和 DCC-Gaussian 模型的参数 $\bar{\alpha}+\bar{\beta}<1$,然而对数似然函数值为 1.72 和 1.93,与时变 SJC 模型的似然函数值相比太小。另一方面时变 SJC 模型的参数估计也较为显著,因此时变 SJC 模型是估计动态相关系数比较好的选择。

(七)违约传染性分析

本部分通过 AR(1)-GJR(1,1)-skew-T-Copula 模型以神雾环保和担保企业渤海股份的动态相关性对债券违约时核心企业对非核心企业的传染性进行分析。由于神雾环保的净资产远大于渤海股份,从影响力而言,神雾环保应属于渤海股份的核心企业,而渤海股份又为神雾环保的担保企业之一。如图 8-6。

1. 核心企业的影响

神雾环保在三月底到四月初之间有一系列维持其信用等级的好消息,如私募债务违约期未到,获得 70 亿资金融资等。在神雾环保与渤海股份净资产差距较大的情况下,此举相当于提高了神雾环保的相对信用等级,而降低了渤海股份的相对信用等级。此时满足渤海股份作为非核心企业信用等级较低的情况,使得其对渤海股份的传染性有所增加,体现为动态相关系数的提高。而四月初,神雾环保季报巨亏,相当于提高了渤海股份的相对信用等级。此时渤海股份满足非核心企业等级较高的情况,使得其对渤海股份的影响力有所下降,体现为动态相关系数的降低。

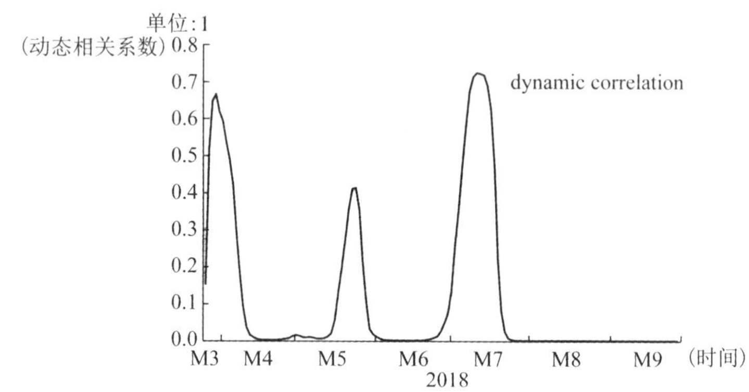

图 8-6 动态相关性时间序列

2. 替换风险的影响

7 月 13 日后,一系列环保上市公司的债务违约,触发了核心企业发生违约事件的条件,从理论上看,核心企业的违约将会导致非核心企业摆脱核心企业的影响。从图像上看,7 月 13 日后,神雾环保等企业的债务危机导致渤海股份的股票收益率走势逐渐脱离神雾环保股票的影响,表现为动态相关系数快速下降,最终接近于 0。

三、违约传染的实证小结

从实证结果看,作为核心企业的神雾环保的确可以在信用等级上升的时候对非核心企业渤海股份产生较为显著的影响,说明核心企业在正常状态的确对非核心企业的信用风险具有传染作用。当核心企业发生了违约后,作为核心企业的神雾环保逐渐失去对非核心企业渤海股份的影响力,此时若持有神雾环保子公司的债务更容易受担保企业渤海股份的影响。这也归功于渤海股份的行业性质与神雾环保有一定的区别。因此本书关于金融机构视角下具有传染性的信用衍生品定价是基本成立的。

第四节　随机违约概率下 CDO 定价的实证分析

一、TICC CLO 2012 －1 介绍及参数估计

（一）TICC CLO 2012 －1 简介

选用穆迪（Moody's）的 TICC（TICC Capital Corp）公司 2012 年第一期的 CLO（担保贷款凭证，为 CDO 担保债务凭证的一种主要品种）产品，穆迪机构代码为 723162798。该 CLO 的基本情况是无担保，因此不涉及信用增级的问题，只采用该 CLO 原来系列的评级来计算相关数据。TICC CLO 2012 －1 产品基本情况为（见表 8 －12）：

表 8 －12　TICC CLO 2012 －1 各系列基本特征

CLO 系列	信用级别	发行规模	总量占比	预计到期日
Class A －1	Aaa	176	55%	25 Aug 2023
Class B －1	Aa2	20	6. 25%	25 Aug 2023
Class C －1	A2	23	7. 1875%	25 Aug 2023
Class D －1	Baa2	21	6. 5625%	25 Aug 2023
Subordinated	NR Ba	80	25%	25 Aug 2023

（二）参数估计

CDO 的违约相关性是指违约事件发生的相关程度，本书使用 iTraxx Sovx G7 和 CDX NA HY① 的相关性来估计违约相关性。

从两种指数的收益率变化率的正态性检验结果（表 8 －13）来看，收益率的偏度都不为 0，峰度都大于 3，JB 统计量显示在 1% 概率下拒绝正态性假设，

① 数据说明：信用违约互换指数（CDS indicds）通常被机构投资者用于了解信用违约互换市场绩效。iTraxx 为 Markit 编制的覆盖欧洲与亚洲地区的流动性高的可交易主权 CDS 指数，CDX 为覆盖北美与新兴市场的一系列可交易 CDS 指数，具有多个收益分券。举例来说，CDX. NA. HY 说明 100 个北美高收益等级的参考债券组合的信用利差，每半年 Markit 会重组一次信用违约互换指数内的参考债券组合。

也就是说所选两种指数收益率变化率的分布都存在有偏、尖峰肥尾现象。因此有理由认为数据均拒绝正态分布,符合金融数据一般特征。

表 8-13　收益率变化率(daily changed)的描述性检验

变量	Mean	Std. Dev.	Skewness	Kurtosis	Jarque-Bera	Probability
DCDX	-0.000716	0.017533	1.620682	15.23116	5070.081	0
DITRAXX	-0.001204	0.029804	1.275335	16.58119	6046.893	0

从 ADF 检验结果(见表 8-14)来看,几个序列都不存在单位根,即日收益率序列均是平稳序列,因此两种指数的收益率变化率序列均是非正态的平稳序列。

表 8-14　收益率变化率的单位根检验

变量	ADF 值	1% 临界值	P 值	结论
DCDX	-24.38362	-3.970189	0.0000	平稳
DITRAXX	-21.14153	-3.970205	0.0000	平稳

从原始收益率变化率来看,两种指数都有显著相关性,在尾部部分相关性较小,显著相关部分大部分在左下方。对标准化收益率序列进行概率积分变化,画出各收益率变化率序列间散点图。观察收益率变化率相关关系(图 8-7、8-8、8-9),从直观来看,两者之间的尾部相关性比较明显,2012 年的尾部密集度最高,其次是 2014 年的尾部,2013 年的尾部密集度最低。2012 年金融危机期间,两者收益率相关性特别高,2013—2014 年相关性则相对较低。

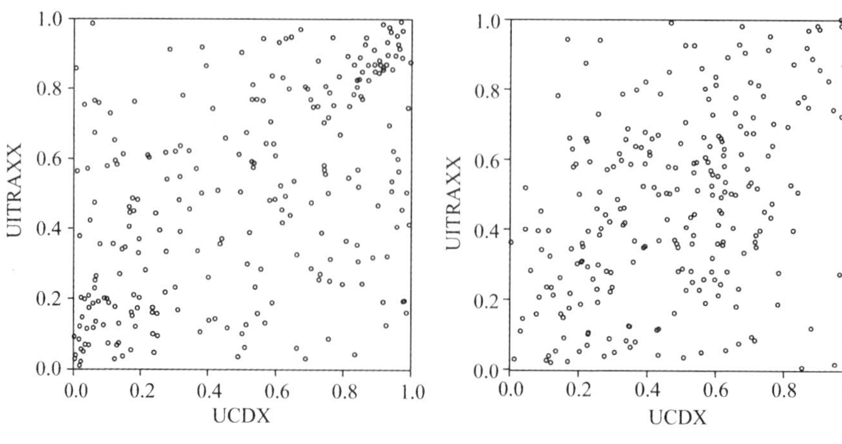

图 8-7　2012 年收益率相关性　　图 8-8　2013 年收益率相关性

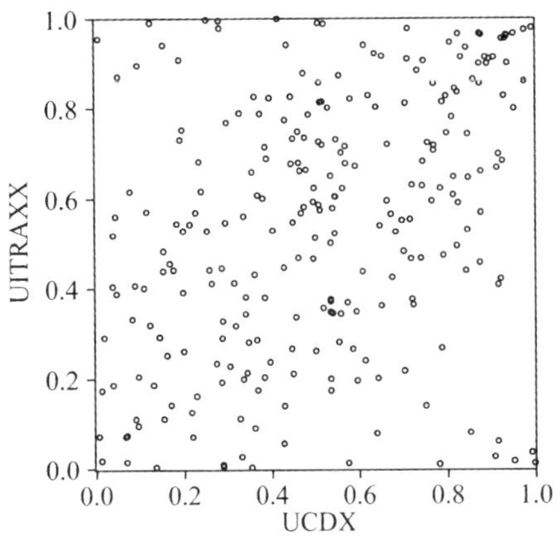

图 8－9 2014 年收益率相关性

要进行 Copula 函数的参数估计，首先要进行其边缘分布的检验。本书使用核密度估计方法，选择正态核函数，对标准化收益率序列进行概率积分变化并对估计结果进行 KS 检验，以检验所估计的边缘分布函数在样本点处的函数值是否服从[0,1]的均匀分布。检验结果显示 KS 概率值均接近 1，这表明非参数核密度的拟合度高。检验结果（见表 8－15）发现两组指数序列均以高度概率服从[0,1]的均匀分布，因此满足条件，可以进行 Copula 函数的参数估计。

表 8－15 收益变化率的 KS 检验结果

变量	KS 统计量	P 值	是否[0,1]均匀分布
DITRAXX	0. 0264	0. 6550	是
DCDX	0. 0260	0. 6748	是

选取 Gaussian-copula、T-copula、Frank、Gumbel-copula、Clay-copula 函数形式，分别计算 iTraxx Sovx G7s 和 CDX NA NY 两种指数收益变化率间的线性相关参数。（见表 8－16）

表 8－16 收益变化率之间五种 Copula 相关系数估计和欧氏距离

年份	指标	Gaussian	T 自由度	Frank	Gumbel	Clay
2012	相关系数	0. 5048	0. 5669 1. 2446	3. 967	1. 7913	1. 3571
	欧氏距离	0. 1663	0. 1704	0. 1582	0. 2212	0. 2796
2013	相关系数	0. 3943	0. 4261 2. 1138	2. 8530	0. 4715	0. 7300
	欧氏距离	0. 1425	0. 1326	0. 1853	0. 1879	0. 2240

（续表）

年份	指标	Gaussian	T 自由度	Frank	Gumbel	Clay
2014	相关系数	0. 3364	0. 4065 1. 5212	2. 6957	1. 4746	0. 6860
	欧氏距离	0. 1762	0. 1361	0. 1433	0. 1862	0. 2158

其中，5 种尾部的 Copula 中，选择总体欧氏距离最小的 T-Copula 作为模拟函数。用 matlab 产生相应相关系数和自由度的 Copula 密度函数图像（见图 8－10、8－11、8－12）。T-Copula 函数具有对称尾部性质。从图中也可以看出，2012 年的 Copula 函数的尾部相关性更高，2013 年和 2014 年的尾部相关性相对较低。

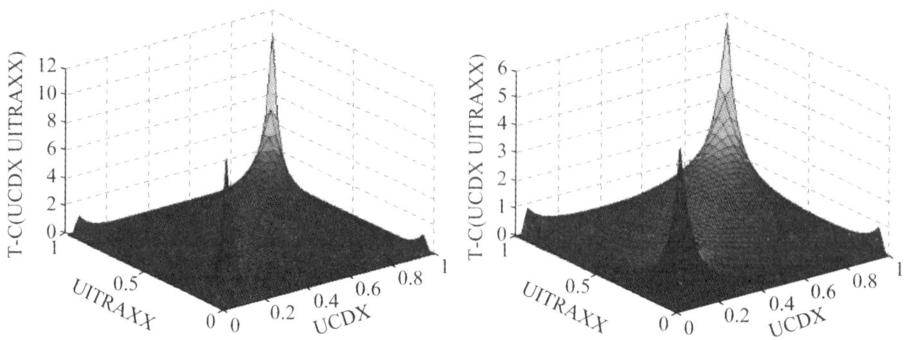

图 8－10　2012 年的 T-copula 模拟密度函数　图 8－11　2013 年的 T-copula 模拟密度函数

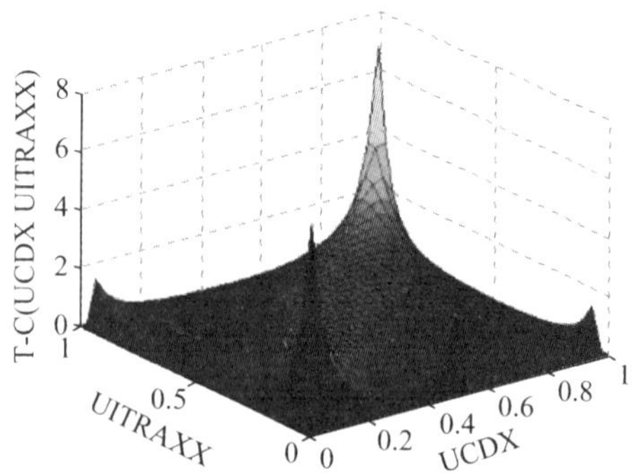

图 8－12　2014 年的 T-copula 模拟密度函数

本书用尾部相关性来估计违约相关性，主要是由于违约基本上都是由收益率的暴涨或暴跌导致的，因此有理由认为以尾部相关性估计两个指数的违约相关性比用收益率相关系数估计更合理，如表 8－16。

表 8－16　2012—2014 年收益率的尾部相关性

尾部概率＼尾部相关性＼年份	2012	2013	2014
0. 1	90. 11%	68. 47%	80. 71%
0. 07	89. 67%	64. 15%	77. 84%
0. 05	89. 04%	61. 12%	76. 45%
0. 04	89. 06%	59. 98%	75. 28%
0. 03	88. 42%	56. 76%	72. 52%
0. 01	87. 50%	44. 32%	70. 55%

总体来说，双尾的尾部相关性随着尾部的缩小，有降低的趋势。因此我们把 0. 1 的双尾相关性作为所估计的违约相关性。

估计资本产出弹性使用与单名 CDS 一样的过程①。存贷款利率、回收率均可以使用表 7－5 的数据，使用 iTraxx SovX 指数及公式（4－12）计算违约强度，因此根据公式得出以下的定价参数：

表 8－17　TICC CLO 2012－1 的两种定价过程

变量＼值＼年份	2012	2013	2014
基准利率%	0. 95	0. 95	0. 95
贷款利率%	3. 92	3. 65	3. 53
iTraxx SovX② G7%	1. 2747	0. 7453	0. 4393
违约强度	0. 04249	0. 02484	0. 01464
违约相关性%	90. 11	68. 47	80. 71
5 年违约回收率	0. 7	0. 7	0. 7
资本产出弹性	－1. 279497913	2. 135614301	6. 660836343

就 2012—2014 年的欧盟来说，在欧洲持续债务危机的阴影下，其经济增长一直都处于较低的状态，GDP 增长率从 2012 年的 0. 37% 到 2014 年的 2. 13%；③而全球经济虽然也受欧洲债务危机的影响，但相对较小，GDP 增长

① 数据来源：公司年报来自 Wind 数据库 2011—2014 年的 TICC 公司的 10K 文件。其中总投资为 Net cash（used in）provided by investing activities，中间投入为 Total operating expenses，累计折旧为 Depreciation of property and equipment。使用公式（8－1）计算资本产出弹性。

② 数据说明：iTraxx SovX indices 是覆盖全球市场的一组主权 CDS 指数，类似于 CDO，具有多个收益分券，通常被机构投资者用于判断信用违约互换市场的绩效。本书使用该指数估计违约强度，主要是由于 TICC 公司的投资项目遍布全世界，而该指数覆盖面广，普适性强。

③ 数据说明：欧元区国内生产总值，现价，数据来自世界银行。

率从 2012 年的 2.18% 到 2014 年的 2.19%。因此世界投资环境的违约强度与欧盟相比要低很多。

2010 年美国颁布《制造业促进法案》,2012—2014 年三年间美国经济得到强劲复苏,GDP 增长率从 2010 年的 -2.04% 到 2014 年的 4.20%①,与此同时投资环境也得到明显改善。因此 TICC 公司的资本产出弹性在这三年间得到显著提高。

美国的基准利率这几年内都没有太大变化,而贷款利率变化较大,出现逐年降低的现象。这主要也来源于促进经济增长的国家政策,同时也由于经济增长进而使得投资风险降低。

二、CLO 的两种定价结果及比较分析

根据参数估计结果对 TICC CLO 2012-1 使用公式(4-15)进行无套利定价,用公式(4-28)计算一般均衡定价,可以得到 2012—2014 年三年中两种方法下每个分券的定价结果(表 8-18):

表 8-18 TICC CLO 2012-1 两种定价结果

年份	CLO 系列	一般均衡定价	无套利定价	产品市场信用风险
2012	Class A-1	0.0094	0.0077	0.0017
	Class B-1	0.0221	0.0077	0.0143
	Class C-1	0.0202	0.0077	0.0125
	Class D-1	0.0214	0.0077	0.0137
	Subordinated	0.0224	0.0154	0.0070
2013	Class A-1	0.0066	0.0059	0.0007
	Class B-1	0.0122	0.0059	0.0063
	Class C-1	0.0114	0.0059	0.0055
	Class D-1	0.0119	0.0059	0.0060
	Subordinated	0.0121	0.0096	0.0025
2014	Class A-1	0.0056	0.0052	0.0004
	Class B-1	0.0088	0.0052	0.0036
	Class C-1	0.0083	0.0052	0.0031
	Class D-1	0.0086	0.0052	0.0034
	Subordinated	0.0092	0.0079	0.0013

① 数据说明:美国国内生产总值,现价,数据来自世界银行。

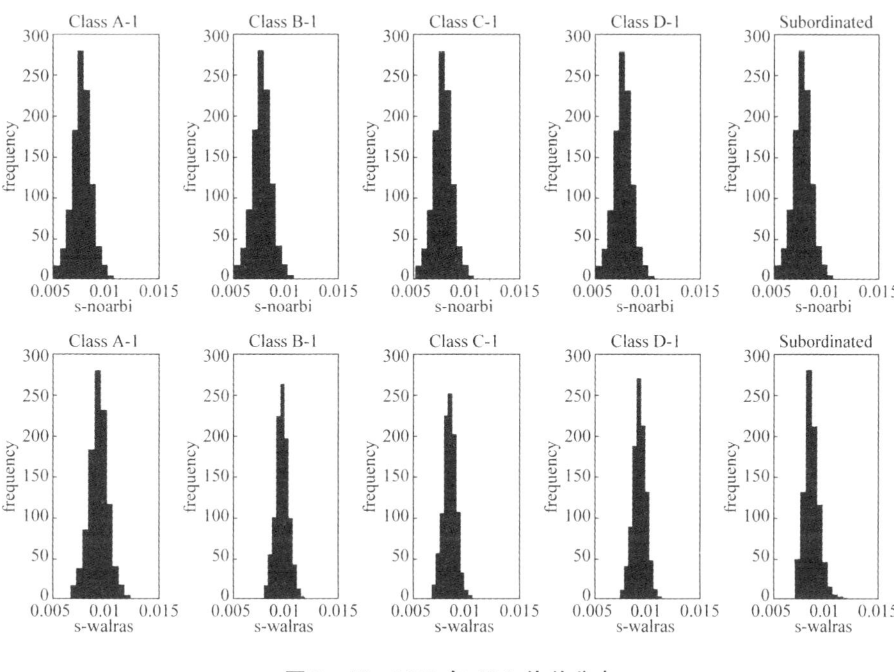

图 8－13　2012 年 CLO 价差分布

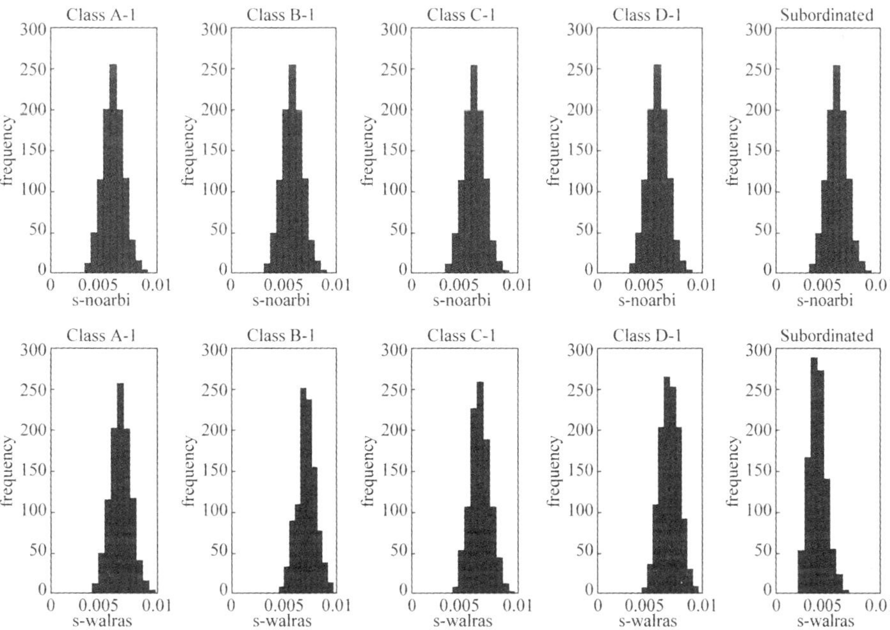

图 8－14　2013 年 CLO 价差分布

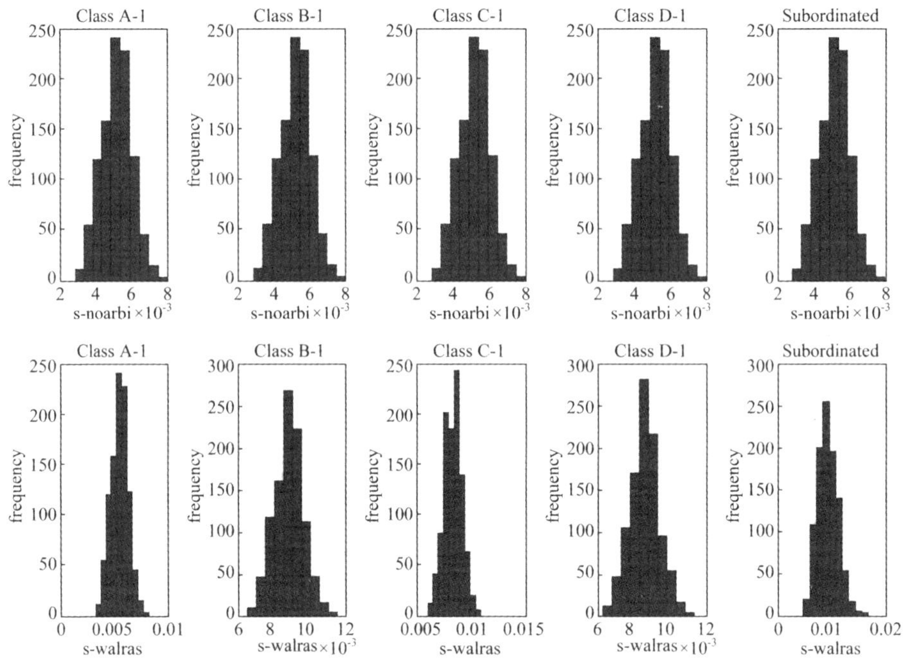

图 8-15　2014 年 CLO 价差分布

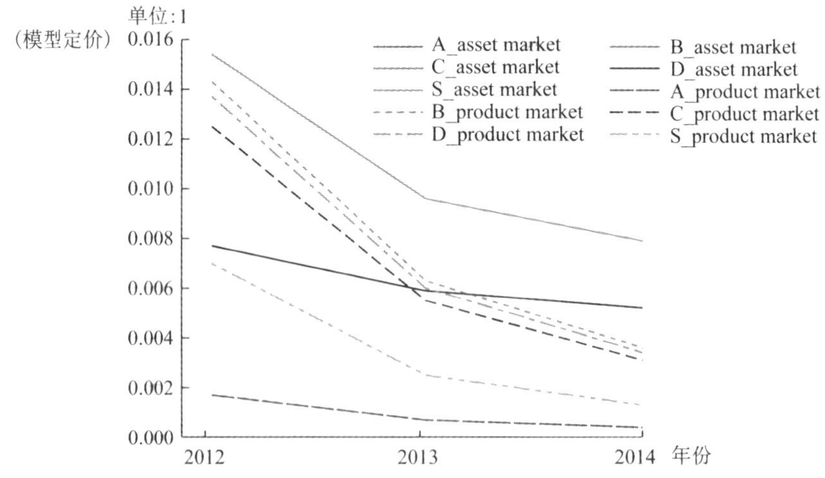

图 8-16　2012—2014 年 TICC CLO　2012-1 的两种定价结果

由于无套利定价相当于资本市场的信用风险，而一般均衡定价与无套利定价之间差距为产品市场的信用风险，所以两种市场的信用风险同样也可以用图 8-16 来表示。CDS 的定价可以分为产品市场部分和资本市场部分，其中实线表示资本市场的信用风险，虚线表示产品市场的信用风险，这样更容易看出产品市场信用风险与资本市场信用风险的差别。

(一)两种定价的信用风险预期趋势一致但不同时期差别较大

从二年间的变化趋势来看(图 8－14),一般均衡视角下的 CLO 定价和无套利定价下的五个分券的利差都存在同样的变化趋势,从 2012 年到 2014 年逐步下降,且 2012 年到 2013 年之间下降幅度最大。这主要是由于市场预期的变化,2012 年到 2013 年两种定价之间有明显的风险预期差别,而 2014 年两种定价之间虽然有差别,但没有那么明显。在金融危机时期,使用不同的 CDO 定价可能会有不同的市场风险预期。

(二)CDO 的无套利定价存在较大的定价风险

在三年间,产品市场信用风险虽然比资本市场信用风险整体更低,但存在着同样的变化趋势。并且可以发现产品市场信用风险在这三年间的变化幅度比资本市场信用风险的变化幅度要更大。这也进一步说明了,从金融机构或监管机构的角度来看,从产品市场信用风险更容易观察到市场总体信用风险的变化。从产品市场信用风险的绝对值来看,相对于资本市场信用风险还是足以进行比较的,因此可以说,从金融机构角度看,CDO 的无套利定价存在着较大的定价风险。

(三)CDO 的一般均衡定价是监测信用利差分布的重要指标

从利差分布(图 8－15、8－16)来看,产品市场的信用风险的利差分布与资本市场信用风险的利差分布相比会有更大的变化。因此可以说对于监管机构来说,由于其作为整个经济的监督和观测部门,产品市场信用风险是其监测的重要指标,信用衍生品的产品市场的信用风险是不可忽略的重要指标,进一步说明了一般均衡视角下 CDO 定价对于监测利差分布的重要性。

(四)CDO 的一般均衡定价可以有效降低定价风险

从各分券定价大小来看,三年间产品市场信用风险的变化仍然都大于资本市场信用风险,这说明由于一般均衡的定价框架能够将产品市场和资本市场同时考虑进定价模型中,从金融机构和监管机构的角度来说,能够在模型中考虑更多的导致信用风险的因素,能够有效降低定价风险。因此可以说,一般均衡视角下的信用衍生品定价可以有效降低定价风险,提高风险监控和警示能力。

(五)总量比例越小的 CDO 分券的无套利定价风险越高

三年间,从分券之间的差距来看,A－1 系列和 Surbordinated 分券的两种定价之间的差距较小,而其他分券的两种定价之间的差距较大。这说明了总量比例越高的分券,其无套利定价的定价风险较低,而总量比例较低的分券,其无套利定价的定价风险较高。因此也说明了资金规模越小的 CDO 产品越需要一般均衡定价来预防定价风险。

(六)CDO 的一般均衡定价是监测尾部风险的重要指标

从价差分布情况来看,三年间资本市场和产品市场的信用风险价差分布都存在尖峰肥尾的特点,且右尾较长较厚,左尾部较短。并且一般均衡的信用价差尾部比无套利定价的尾部特点更明显。这说明一般均衡定价更适合用来观察 CDO 的尾部风险。

(七)CDO 的一般均衡定价是监测峰部特征的重要指标

从图 8-11、8-13、8-15 来看,各个分券的 CDO 的一般均衡定价利差的分布差别很大,不仅是尾部差别很大,峰部的差别也很大。而相比之下,无套利定价的利差很难观察出峰部的区别。虽然尾部特征常用于极限情形的风险分析,但峰部特征也存在着一定的观测必要。从这个角度来说,CDO 的一般均衡定价也是监测峰部特征的重要指标。

本章小结

从实证结果中信用衍生品的定价结果的对比来看,可以发现一般均衡定价相对于无套利定价的几个优势:

第一,能够更清晰地观察到产品市场和资本市场信用风险的变化;

第二,一般均衡视角下的信用衍生品定价可以有效降低定价风险,带来不同的风险预期,提高风险监控和警示水平;

第三,一般均衡定价更适合用来观察信用衍生品的尾部风险、峰部特征;

第四,一般均衡定价是比无套利定价更合适的信用利差分析工具。

同时,从信用风险传染的信用风险实证分析来看,核心企业对非核心企业的传染的确与核心企业的信用等级有关。此外,核心企业很可能在违约后失去对非核心企业的控制,同时担保企业应该选择与核心企业具有一定行业差距的企业,这样可以有效降低资产组合的风险。

第九章
研究结论、建议与展望

第一节　研究结论

从金融机构的角度，在信用衍生品定价中，引入实体经济有利于防范信用衍生品的定价风险，且有利于丰富信用衍生品定价的研究，具有重要的理论意义与实践意义。因此本书从金融机构的视角，以信用衍生品定价为主题，引入实体经济，综合考虑资本市场和产品市场，探讨一般均衡原理在信用衍生品定价中的应用，通过构建一般均衡的 CDS 和 CDO 定价模型，阐述金融机构视角下信用衍生品的定价相对于无套利定价的异同点和实际应用上的优势。由此得出了几个结论：

一、信用衍生品定价对于金融机构和监管机构来说存在风险

目前的信用衍生品定价均是基于无套利原理，然而无套利原理局限于资本市场，定价中忽视了参考实体所面临的风险。然而对于金融机构和监管机构来说，产品市场风险是不可忽略的，因而对两者来说信用衍生品定价存在风险。引进实体经济意味着从无套利原理向一般均衡原理的重大思路转变，且从理论上看，一般均衡条件蕴含无套利条件，由一般均衡条件得出的资产定价一定也是无套利条件下的定价。因此要想改进信用衍生品定价，防止定价风险，可以在原有的定价模型中使用一般均衡框架，从金融机构的角度为信用衍生品定价。金融机构视角下的信用衍生品定价对于信用衍生品定价有深刻的理论意义，对于金融机构防止系统性风险、监管机构监测市场均有着重要的实践意义。

二、一般均衡定价框架对于金融机构是个良好的监测工具和管理工具

从金融机构的角度，一般均衡框架下 CDS 和 CDO 的定价模型以产品市场风险为焦点，以多种均衡为特征，是对无套利均衡的调整，且具有刻画风险的优势，有利于预防信用衍生品的定价风险，对金融机构和监管机构而言具有重要的风险监测作用。CDS 和 CDO 的一般均衡定价在金融危机时期比无套利定价更能反映标的资产面临的各种风险，由于其对产品市场和资本市场的风险都有比传统定价更好的反映能力，因此在金融危机中有突出的风险警示作用，对于金融机构和监管机构而言是个良好的信用风险监测工具和信用风险管理工具。

三、一般均衡定价框架在风险管理上有更灵活的处理方式

对于投资人来说，由于一般均衡框架下 CDS 和 CDO 的定价在个体风险和组合风险上都有较优异的表现能力，因此更适合投资人进行信用风险的管理，在风险管理上有更灵活的处理方式。

四、一般均衡定价框架是比无套利定价方式更好的信用风险分析工具

在观察金融市场变化中，信用衍生品的一般均衡定价能够更清晰地表现出产品市场和资本市场信用风险的变化，有助于金融危机的预警。对于同一个资产池而不同分层的信用衍生品，产品市场的信用风险比资本市场的信用风险有更大的区别，因此一般均衡定价框架是比无套利定价方式更好的信用风险分析工具。

第二节 相关建议

一、信用衍生品的应用应该注意衍生及结构复杂程度

对比 CDS 和 CDO 的一般均衡定价和无套利定价，可以发现 CDS 无套利定价的定价风险比 CDO 无套利定价的定价风险更低一些。而在不同时期之

间，市场风险越高，信用衍生品的无套利定价的定价风险越高，市场风险越低，信用衍生品的无套利定价的定价风险越低。因此信用衍生品的应用应该注意衍生及结构复杂程度，过度衍生和过度复杂化更容易造成定价风险。

二、密切注意参考实体的行业风险与违约传染

核心企业的信用等级是影响参考资产的信用违约互换定价的重要因素，参考资产原始信用等级越低，核心企业的信用等级在信用违约互换定价中的影响程度越大。因此在以同一个企业为核心的区域经济中，核心企业的个体违约风险越高，很可能导致该地区的违约传染越严重。正因为核心企业对违约传染的意义重大，为防止区域经济的短期流动性紧缩以至于出现传染性的问题，区域经济应该要特别重视对核心企业投资项目的审核与政策性支持；其次区域经济要特别注意产业结构，适当引进与原有单一产业结构相互补的产业链，防止产业结构过于单一造成的经济脆弱性。

三、预防清算期的供应链债务集体违约

清算风险是 CDS 定价中的一个重要组成部分。核心企业的违约强度越低，则信用风险越低，清算风险越高，清算风险在信用风险中所占的比率越大。因此核心企业的违约强度越低，互换在合约期间发生违约可能性越小，但清算风险会有所提高。同时也说明，当银行针对同一个核心企业辐射下的多个中小企业提供供应链融资时，在清算期的设置上应该特别注意规避各笔供应链债务中清算期的重叠，避免清算期引发多笔供应链债务同时违约造成的集体违约。

四、利用第三方担保分散行业风险

替换成本衡量的是原 CDS 卖方承担的信用风险与第三方担保承担的信用风险之间的差异。违约的跳跃率的提高会提高替换风险在信用风险中的比重，反过来说，若违约的跳跃率呈正态随机分布，则替换风险的重要性几乎可以忽略不计。因此如果可以为信用违约互换提供第三方担保的是由多个性质完全不同的企业组成的企业集团，则可以通过 CDS 合约将行业风险真正分散化，有效规避行业风险，防止集体违约风险。

五、CDS 对比供应链金融可以有效分散行业风险

供应链金融以核心企业为出发点，为与核心企业有关联交易的中小企业

提供金融服务。虽然可以把中小企业的信用风险转移为整个供应链的风险，然而当整个供应链面临行业风险时，就可能会引起集体违约风险，造成较大的危害。联保融资模式大部分情况下是在同行业的经济主体之间进行，行业风险同样也会引起集体违约风险。与这两种供应链信用风险管理方式对比，CDS 可以通过合约将供应链信用风险转移到与之无关的第三方，实现行业风险的分散化管理，并且使其信用风险可度量，有效管理行业风险和个体风险，这是更为可取而简单的做法。

第三节 研究展望

一般均衡定价是资产定价体系的一个重要分支，在衍生品定价中并没有得到广泛的使用。然而一般均衡定价由于对经济考量的整体性和系统性，是无套利定价的一个补充和完善，对金融机构和监管机构而言是一个重要的定价方法。本书使用一般均衡的框架，从金融机构的视角，对信用衍生品中的典型产品 CDS 和 CDO 进行定价，构建一般均衡视角下的 CDS 和 CDO 的定价模型。然而该模型只是一般均衡视角下信用衍生品定价研究的初步探索，在整个定价体系中仍然有许多理论和方法问题需要进一步的深入学习和探讨。

一、应该进一步完善一般均衡视角下信用衍生品定价模型

其一，针对实际情况完善相关参与人的假设。产品市场关于投资系数和消费系数的确定需要进一步地探讨，而这些参数的估计需要针对特定产品投资群体进行更加详细的参数估计。使用对数函数作为消费者的效用函数是一个简单的假设，目前消费者的效用函数针对不同的消费群体均有相应的函数，而这些效用函数的使用仍然需要针对产品投资群体进行进一步假设，如有限理性等。其二，将一般均衡框架与多种信用风险模型相结合，如 HJM 模型等，并进行效率分析。本书仅使用一种定价模型，虽然可以说明问题，但在准确性和效率上仍然存在很大的发展空间，从这个角度来看，仍然需要更进一步地研究。

二、从定价的角度研究企业资本结构优化的问题

未来可以从定价的角度研究降低交易成本，实现企业资本结构优化的问

题。由于一般均衡分析并不局限于资本市场的内容,它更侧重于整个经济系统的分析,因此一般均衡定价可以应用于参考实体资本结构的管理,例如与Leland 的模型相结合。而且由于一般均衡定价可以是多种产品的供求均衡,因此一般均衡定价可以进行企业具有更多种融资行为的假设,例如使用 Carr(2010)的一致性框架。从这个层面上说,一般均衡视角下的信用衍生品定价在企业生产行为或资本结构优化的问题上,可以有更广阔的研究空间。

三、针对定价对风险管理进行进一步的分析和探讨

由于一般均衡分析其实是从金融机构及监管机构的角度来看信用衍生品的定价,因此理论上该定价应该可以成为金融机构和监管机构在信用风险,特别是导致系统性风险的因素的管理上的有效手段。由于一般均衡视角下的信用风险定价对信用风险的各类因素都有比较高的敏感度,因此可以在违约风险的基础上加入其他的风险,如使用 Vasicek 模型刻画利率风险等,进行相关的风险管理方面的研究。

四、违约传染是金融机构管理资产组合风险必须研究的课题

本书中的违约传染仍然是基于无套利原理的违约传染,而引入实体经济的违约传染势必也要引入一般均衡框架。如何将具有违约跳跃的违约强度及违约概率函数引入信用衍生品的一般均衡框架中,还需要一定的研究基础。这里面包括数理研究和实证研究,在未来的研究领域中会是一个更为实践性的扩展。

参考文献

(一)中文著作

[1]达菲，辛格尔顿，许勤，魏嶷，杜鹃．信用风险：定价、度量和管理[M]．上海：上海财经大学出版社，2009.

[2]史树中．金融经济学十讲[M]．上海：格致出版社，2011.

[3]邹辉文．资产定价原理[M]．北京：经济科学出版社，2010.

[4]高铁梅．计量经济分析方法与建模[M]．北京：清华大学出版社，2006.

[5][美]罗默．高级宏观经济学(第二版)[M]．王根蓓，译．上海：上海财经大学出版社，2003.

[6][美]哈维尔·弗雷克斯．微观银行学[M]．刘锡良，译．成都：西南财经大学出版社，2000.

[7]吴恒煜．信用风险控制理论研究：违约概率度量与信用衍生品定价模型[M]．北京：经济管理出版社，2006.

[8]范希文，孙健．信用衍生品理论与实务：金融创新中的机遇和挑战[M]．北京：中国经济出版社，2010.

[9]赵晓菊．信用风险管理[M]．上海：上海财经大学出版社，2008.

(二)中文论文

[1]谢平，邹传伟．CDS的功能不可替代[J]．金融发展评论，2011(1).

[2]田江，温璐．供应链纵向联贷联保融资模式与策略研究[J]．合肥工业大学学报(社会科学版)，2015(3).

[3]葛志强．联保融资的有效边界：威海钢贸企业集体违约案例[J]．金融发展研究，2014(5).

[4]柳卫静，周圣武，石广平，牛成虎．基于双指数跳扩散过程的公司债券定价[J]．经济数学，2011(1).

[5]陈艺云．违约传染与供应链金融的信用风险测度[J]．统计与决策，2012(1).

[6]张圣忠，喻冬冬，李洋．知识共享对供应链信用风险传染的影响研究[J]．统计与信息论坛，2013(11).

[7]张苏江，陈庭强．对数衰减的信用风险传染模型与定价研究[J]．北京理工大学学报(社会科学版)，2014(3).

[8]赵微，刘玉涛，周勇．金融风险中违约传染效应的研究[J]．数理统计与管理，2014(6).

[9]董太亨．金融资产定价理论的方法比较[J]．数量经济技术经济研究，2002(1)．

[10]陈莹，谭伟强．无套利期权定价模型在一般均衡框架下的一致性研究[J]．经济数学，2007(3)．

[11]张圣忠，杨波．信息共享对两级供应链风险传染的影响[J]．长安大学学报(社会科学版)，2015(2)．

[12]韩天雄，陈建华．巨灾风险证券化产品的定价问题[J]．保险研究，2003(12)．

[13]陈华，周宗放．基于一般均衡的贷款定价研究[J]．求实，2006(z4)．

[14]郑红，郭亚军，曾华．基于供需均衡的保险精算与期权定价相关性[J]．东北大学学报(自然科学版)，2010(7)．

[15]张晓娣．一般均衡框架下的养老保险与公共债务研究[J]．经济科学，2014(3)．

[16]田江，温璐．供应链纵向联贷联保融资模式与策略研究[J]．合肥工业大学学报(社会科学版)，2015(3)．

[17]葛志强．联保融资的有效边界:威海钢贸企业集体违约案例[J]．金融发展研究，2014(5)．

[18]张明．美国次贷危机的根源、演进及前景[J]．世界经济与政治，2008(12)．

[19]邓斌，张涤新．金融危机背景下信用违约互换道德风险研究[J]．经济评论，2011(1)．

[20]高蕾，罗勇．美国住房金融机构与市场及次贷危机的传导[J]．河北经贸大学学报，2012(4)．

[21]张其光．美国住房金融制度及对我国的启示[J]．人民论坛旬刊，2010(20)．

[22]邹辉文，缪莉莉．基于产品构造路径角度的次债信用衍生品的风险分析[J]．福州大学学报，2011(6)．

[23]刘辉，杜姝一．美国次贷危机对金融业的影响[J]．新金融，2008(2)．

[24]王春雷，金哲．金融风险与金融危机[J]．财经问题研究，1999(7)．

[25]白丹丹，初凤荣．后金融危机下企业的财务风险防范问题研究[J]．中外企业家，2016(5)．

[26]周方．利用投入产出表直接计算资本产出弹性系数和劳动产出弹性系数[J]．数量经济技术经济研究，1997(2)．

[27]李堪．欧洲主权债务危机传染效应研究——基于时变Copula方法[J]．世界经济与政治论坛，2013(4)．

(三)外文著作或论文

[1]Merton R C. On the Pricing of Corporate Debt: the Risk Structure of Interest Rates[J]. Journal of Finance, 1974(2).

[2]Black F, Cox J C. Valuing Corporate Securities: Some Effects of Bond Indenture Provisions[J]. The Journal of Finance, 1976(2).

[3]Thomas L C. Modelling the Credit Risk for Portfolios of Consumer Loans: Analogies with Corporate Loan Models[J]. Mathematics and Computers in Simulation, 2009(8).

[4]Katz Y A, Shokhirev N V. Default Risk Modeling beyond the First-Passage Approximation: Extended

Black-Cox model[J]. Physical Review E Statistical Nonlinear and Soft Matter Physics, 2010(1).

[5]Liang G, Jiang L. A Modified Structural Model for Credit Risk[J]. IMA Journal of Management Mathematics, 2012(2).

[6]Longstaff F A, Schwartz E S. A Simple Approach to Valuing Risky Fixed and Floating Rate Debt [J]. The Journal of Finance, 1995(3).

[7]Duffie D, Lando D. Term Structures of Credit Spreads with Incomplete Accounting Information[J]. Econometrica, 2001(3).

[8]Giesecke K. Correlated Default with Incomplete Information[J]. Journal of Banking and Finance, 2004(7).

[9]Leland H E. Corporate Debt Value, Bond Covenants, and Optimal Capital Structure[J]. The Journal of Finance,1994(4).

[10]Leland H E, Toft K B. Optimal Capital Structure, Endogenous Bankruptcy, and the Term Structure of Credit Spreads[J]. The Journal of Finance,1996(3).

[11]Collin-Dufresne P, Goldstein R S. Do Credit Spreads Reflect Stationary Leverage Ratios? [J]. The Journal of Finance, 2001(5).

[12]Hackbarth D, Miao J, Morellec E. Capital Structure, Credit risk, and Macroeconomic Conditions [J]. Ssrn Electronic Journal, 2006, 82(3).

[13]Chen H. Macroeconomic Conditions and the Puzzles of Credit Spreads and Capital Structure[J]. The Journal of Finance, 2010(6).

[14]Gupton G M, Finger C C, Bhatia M. CreditMetrics—Technical Document[J]. JP Morgan, 1997 (3).

[15]Credit Suisse First Boston(CSFB). CreditRisk +: A Credit Risk Management Framework[EB/OL].[1997]Technical document. http://www. csfb. com/creditrisk/

[16]McKinsey Company. Credit Portfolio View, Approach Documentation and User's Documentation [M]. Switzerland: McKin-sey and Company Zurich, 1998.

[17]Jarrow R A, Turnbull S M. Pricing Derivatives on Financial Securities Subject to Credit Risk[J]. The Journal of Finance, 1995(1).

[18]Jarrow R A, Yu F. Counterparty Risk and the Pricing of Defaultable Securities[J]. The Journal of Finance, 2001(5).

[19]Duffie D. Credit Risk Modeling with Affine Processes[J]. The Journal of Banking and Finance, 2005(11).

[20]Millossovich P. An extension of the Jarrow-Lando-Turnbull Model to Random Recovery Rate[J]. Signal Processing, 2003(2).

[21]Lando D. On Cox Processes and Credit Risky Securities[J]. Review of Derivatives Research, 1998(2).

[22]Das S R, Sundaram R K. A Simple Model for Pricing Securities with Equity, Interest-Rate, and Default Risk[J]. Ssrn Electronic Journal, 2004(1).

[23]Carr P, Linetsky V. A Jump to Default extended CEV model: an Application of Bessel Processes

[J]. Finance and Stochastics, 2006, 10(3).

[24]Zhou C. The Term Structure of Credit Spreads with Jump Risk[J]. Journal of Banking and Finance, 2001(11).

[25]Peter C, Liuren W. Stock Options and Credit Default Swaps: A Joint Framework for Valuation and Estimation[J]. Journal of Financial Econometrics, 2010(4).

[26]Duffie D, Singleton K J. Modeling Term Structures of Defaultable Bond[J]. Review of Financial Studies, 1999(12).

[27]Duffie D, Pedersen L H, Singleton K J. Modeling Sovereign Yield Spreads: A Case Study of Russian Debt[J]. The Journal of Finance, 2003(1).

[28]Jarrow R A, Yu F. Counterparty Risk and the Pricing of Defaultable Securities[J]. The Journal of Finance, 2001(5).

[29]Leung S Y, Kwok Y K. Credit Default Swap Valuation with Counterparty Risk[J]. The Kyoto Economic Review, 2005(1).

[30]Wang A, Ye Z. The Pricing of Credit Risky Securities under Stochastic Interest Rate Model with Default Correlation[J]. Applications of Mathematics, 2013(6).

[31]Paula Lourdes Hernandez-Verme. Credit Chains and Mortgage Crises[J]. Review of Development Economics, 2015(2).

[32]Leroy S F, Porter R D. The Present-Value Relation: Tests Based on Implied Variance Bounds[J]. Econometrica, 1981(3).

[33]Basak S, Croitoru B. Equilibrium Mispricing in a Capital Market with Portfolio Constraints[J]. Review of Financial Studies, 2000(3).

[34]Boyd J H, Chang C, Smith B D. Deposit Insurance and Bank Regulation in a Monetary Economy: A General Equilibrium Exposition[J]. Economic Theory, 2004(4).

[35]Mukoyama T. Understanding the Welfare Effects of Unemployment Insurance Policy in General Equilibrium[J]. The Journal of Macroeconomics, 2013(4).

[36]Eichberger J, Rheinberger K, Summer M. Credit Risk in General Equilibrium[J]. Economic Theory, 2014(2).

[37]Sarkar A. Liquidity Risk, Credit Risk, and the Federal Reserve's Responses to the Crisis[J]. Financial Markets and Portfolio Management, 2009(4).

[38]Patton A J. Modeling Asymmetric Exchange Rate Dependence[J]. The International Economic Review, 2006(2).

[39]Wen X, Wei Y, Huang D. Measuring Contagion between Energy Market and Stock Market during Financial Crisis: A Copula Approach[J]. Energy Economics, 2012(34).

[40]Brooks. Introductory Econometrics for Finance[M]. New York: Cambridge University Press, 2002.

[41]Patton A J. Modeling Asymmetric Exchange Rate Dependence[J]. International Economy Review, 2006(47).

后　记

随着企业违约问题的出现和政府地方债务问题的加剧，国内理论界对信用问题的研究受到较多的关注和重视。但是目前大量的研究更多集中在企业视角的违约风险上，很少关注金融机构视角的信用风险度量。而金融机构视角的信用风险度量问题，由于研究框架的约束，很难有进一步的突破。然而金融机构的信用风险其实才是大量信用风险的集中地，这使我对于金融机构视角的信用风险度量问题产生强烈的好奇心，并努力在这一领域进行一番探索。基于这个思路，本研究以信用风险度量和信用衍生品定价理论为基础，以信用衍生品整个合约关系为主要的研究对象，综合运用宏观经济、金融市场数理建模及文献研究、实证研究等方法，对原有的以简化模型和结构化模型为主导的信用风险度量和信用衍生品定价的优缺点加以分析，同时将次贷危机期间的信用衍生品风险溢价进行实证分析，总结目前的信用衍生品定价存在的问题。在此基础上本研究提出金融机构视角下的信用衍生品定价的基本框架，以单名信用违约互换和担保违约债券为例，将传统定价与金融机构视角下的定价进行对比，发现金融机构视角下的信用衍生品的独特之处，这对于信用风险的解释有了更丰富的内容，对于信用风险的度量有了更深层次的思考。其次，本研究从金融机构的角度，对具有传染性质的信用风险进行了相应的信用违约互换定价，从担保、清算等角度分析信用违约互换定价更深层的意义。从微观的层面，本研究给予信用风险更丰富的内容，从资产定价的角度，给予信用衍生品一个更系统的定价框架；从宏观的层面，本研究丰富了金融机构的信用风险管理内容，对金融行业的监管具有一定的现实意义。

2013 年 9 月我入读福州大学经济与管理学院，攻读金融工程学博士学位。6 年以来我深受我的老师邹辉文教授的影响，对信用风险产生浓厚的兴趣。同时又受黄志刚教授、叶阿忠教授、杨广青教授等老师的影响,在博士阶段撰写了与一般均衡的信用衍生品定价有关的一系列论文。各位老师的殷切教导,使我在博士阶段掌握了较为扎实的专业知识和编程知识的基础,并对研究产生了浓厚的兴趣。毕业后来到龙岩学院,正值绿色金融、权证抵押研究的兴起,我又重新关注了信用衍生品等可违约的金融工具的资产定价问题,所以萌生了重新整理有关金融机构视角的信用风险和信用衍生品定价方面专著的愿望,在工作和学习的过程中,不断地积累、学习这方面的资料,不断地研究和探索。

当我对金融机构视角的信用风险度量展开研究的时候,有一部分研究是来自于过去的研究积累,但是仍然遇到很多新的问题。首先,我国理论界对于信用风险的度量虽已经有了一定基础,但是跟信用有关的制度、法律法规内容极为繁杂,我主要涉足的是定价理论,深感积累不足;其次,从金融机构的视角,影响信用衍生品定价的因素很多,如何从哪个角度选择涵盖多市场的影响因素作为信用衍生品的定价模型的外生变量,这对定价建模带来一定的挑战;再次,我国的评估机构对信用风险度量和信用评级的实践经验有限,实证数据难以获取,因此在新的模型构建基础上进行实证研究难度较大。这些问题困扰我多时,一度使我的研究工作停滞不前。

以这些问题为课题,我不断在校内与专家、学者们交流,也走访了业界专家,特别是拜访了武平县林业局局长吴吉富,并听了他关于林权改革的讲座,他对于林业改革的探索、林权流转工作所作出的努力,对林农的真切关怀,对我的帮助很大。我相信,只要对老百姓有用,就是正确的研究方向,只有创新才能够开辟新的发展道路,这使我坚定了研究工作的信心。

本书的一些模型是建立在我从事科研与教学工作以来所积累的成果基础之上的,所选的课题源于我在福州大学攻读博士学位时博士论文的选择,并作出了一些延伸。在此我要特别感谢我的导师邹辉文教授,他严谨、细致的工作作风不断影响我,对我的工作、生活都产生深远的影响。本书得到福州大学邹辉文教授、黄志刚教授、谭振鹏教授、唐勇教授、叶阿忠教授,闽江学院杨广青教授等行业内专家的指导,同时也得到龙岩学院蔡立雄教授、祝群教授的宝贵意见和建议,这使我受到了不少启发。本书的出版,获得了龙岩学院"奇迈书系"出版基金资助。在此,本人一并表示感谢。

我还要感谢我的丈夫蔡晓军、我的婆婆许秀玉、我的妈妈陈百珠等包容我的家人们。这本书从收集资料、构建模型、实证到模拟等，我花费了很多时间，很多时候无暇顾及家人与家务，亏欠了家人，也没有尽好作为一个母亲的责任。但是他们不断地安慰扶持我，鼓励我不断进行自己的科研工作。在这里我要感谢他们的付出和支持。

最后，我要感谢所有帮助和支持我的同事领导，感谢参考文献的作者们，有了他们的成果，才能有我的这本专著。由于本人水平有限，书中难免存在许多纰漏和不足，恳请读者们批评指正。

陈艳声

2019 年 6 月